JIANCHAFA LUNCONG

监察法论丛

（第三辑）

谭宗泽／主编

法律出版社
LAW PRESS · CHINA
北京

图书在版编目（CIP）数据

监察法论丛. 第三辑 / 谭宗泽主编. -- 北京 : 法律出版社, 2025. -- ISBN 978 -7 -5197 -9717 -1

Ⅰ. D922.114.4

中国国家版本馆 CIP 数据核字第 2024CM0736 号

监察法论丛(第三辑)
JIANCHAFA LUNCONG(DI - SAN JI)

谭宗泽 主编

责任编辑 李 群 陈 熙
装帧设计 鲍龙卉

出版发行 法律出版社
编辑统筹 法规出版分社
责任校对 张红蕊
责任印制 耿润瑜
经　　销 新华书店

开本 710 毫米×1000 毫米 1/16
印张 16 **字数** 269 千
版本 2025 年 1 月第 1 版
印次 2025 年 1 月第 1 次印刷
印刷 北京新生代彩印制版有限公司

地址:北京市丰台区莲花池西里 7 号(100073)
网址:www.lawpress.com.cn
投稿邮箱:info@lawpress.com.cn
举报盗版邮箱:jbwq@lawpress.com.cn
销售电话:010 - 83938349
客服电话:010 - 83938350
咨询电话:010 - 63939796

书号:ISBN 978 -7 -5197 -9717 -1
定价:58.00 元

凡购买本社图书,如有印装错误,我社负责退换。电话:010 - 83938349

卷首语

2018年3月20日,《监察法》通过。在党和国家全面推行监察体制改革的背景下,西南政法大学积极响应党和国家号召,于《监察法》通过当天,在全国率先成立了纪检监察(监察法)学院。西南政法大学是中国最早一批成立的高等政法学府,依托我校法学学科的坚实基础,纪检监察学院打破传统的学科壁垒、融合多学科优势,从全校各学科遴选教师组成导师队伍,开展教学与科研活动,持续努力推进纪检监察学学科的筹建、完善和发展,本书的出版发行即是其成果之一。西南政法大学纪检监察学院出版本书的初衷在于,搭建纪检监察学理论研究与学术交流、对话的平台,以推进纪检监察学学科体系、理论体系与学术话语体系的完善发展。为此,我们愿意与理论界同仁一道,共襄盛举。

纪检监察学是一门全新的学科。2024年1月,纪检监察一级学科和二级学科目录发布,集中展现了建构中国自主的纪检监察学知识体系的阶段性成果。随着国家监察体制改革的推进以及纪检监察的实践运行,传统的学科阵型出现了新的格局。随着反腐败斗争的不断深入以及国家监察体制改革深化的步伐,毋庸置疑,坚定不移推进全面从严治党,坚定不移推进党的自我革命,需要不断推进纪检监察学学科体系、学术体系与话语体系建设,推动中国自主的纪检监察学知识体系建构,这必将是今后理论研究不得不认真对待和思考的时代课题。一方面,纪检监察学对传统的法学学科提出了新的课题。从法理学角度,需要思考监察权的哲学前提以及监察权对法治建设的作用和影响;从宪法学与行政法学的角度,需要思考纪检监察机关在党和国家机构中的相互关系和作用;从纪检监察学学科本身角度,需要思考如何推进纪检监察学学科体系、理论体系与学术话语体系建设,构建中国自主的纪检监察学知识体系等问题。此外,其他刑法、民法、经济法研究中涉及纪检监察的问题,也都是纪检监察学研究需要理论应对和回答的问题。另一方面,纪检监察学的出现,拓宽了法学研究的疆域,是法学研究新的学术生长点。以全新的纪检监察学理论研究为契机,如何在党的领导下推进中国法治建设和发展,提高党的执政能力和水平,推荐全面从严治党问题等都是重大的理论问题。

党政军民学,东西南北中,党是领导一切的。中国共产党作为执政党、领导党,是中国特色社会主义事业坚强的领导核心。如何加强党的领导,不断提升党的执政能力和水平,让经历百年历史发展的中国共产党永葆先进性、纯洁性与青春活力,如何让党坚持全心全意为人民服务得到人民坚定的拥护和支持,实现党长期执政、国家长治久安、人民幸福安康,是我们党必须回答好、解决好的一个根本性问题。我们党全面领导、长期执政,面临的最大挑战是对公权力的全方位监督。实现对公权力的有效监督,提高党员领导干部拒腐防变和抵御风险的能力,是我们党必须解决的重大课题。全面从严治党与党领导下的反腐败斗争是一场深刻的革命,关乎党和国家的前途命运,关乎党和人民事业的兴衰成败,更关乎我们党能不能跳出治乱兴衰的历史周期率。我国80%的公职人员、95%以上的领导干部是中共党员,党内监督和国家监察既具有高度内在一致性,又具有高度互补性。国家监察本质上属于党和国家的自我监督,不同于其他形式的外部监督。深化国家监察体制改革,对《监察法》《监察法实施条例》进行调整修改,就是要通过顶层制度设计,补足纪检监察制度短板,推进对所有行使公权力的公职人员全覆盖监督目标实现,真正把公权力关进制度的"笼子",不断推进依规治党与依法治国、党内监督与国家监察有机统一,强化党和国家的监督效能,走出一条具有中国特色,符合中国国情,契合党在长期执政条件下实现自我监督、自我净化、自我提升的有效路径,推动中国自主的纪检监察学知识体系建设，推进国家治理体系和治理能力现代化，把制度优势转化为治理效能。

《监察法论丛（第三辑）》立足于纪检监察学科，着眼于服务党和国家重大战略布局，致力于为党和国家深化监察体制改革建言献策。希望本书的出版，能凝结和积累更多纪检监察学的学术研究成果，拓宽研究思路，促进纪检监察学理论和实践的良性互动，以实践检验学术，以理论研究推进实践发展，推动中国自主的纪检监察学知识体系建构，共同浇灌中国自主知识体系这棵参天大树。纪检监察学向前发展需要广聚智识以达成更多的价值共识，我们期待有更多的力量汇入和得到更多的关注、支持和帮助。

目 录 监察法论丛（第三辑）

为政以德：中国古代监察思想的中华廉洁文化根脉及其当代启示

杨润生*

[摘要] 中国儒家思想中的“为政以德”思想主张仁民德治、端肃政风、尚廉戒腐，是中国古代治国思想中的廉洁文化重要元素，是中国古代监察思想的廉洁文化根脉，反映了中国古代历代为政者对与腐败作斗争、维护政权规律性的认识，是中国古代治理与监督中具有自我发展的文化主体性和文明连续性特性的廉洁文化重要元素，其合理内核当为我们所记取。我们要深刻理解“第二个结合”的重大意义，激活为政以德中的优秀廉洁文化基因，深入推进党的自我革命，进一步加强新时代廉政文化建设，抓好党性党风党纪教育。

[关键词] 为政以德 监察思想 廉洁文化 自我革命 党性党风党纪教育

关于马克思主义基本原理同中华优秀传统文化相结合（以下简称“第二个结合”），习近平总书记强调，“‘第二个结合’，是我们党对马克思主义中国化时代化历史经验的深刻总结，是对中华文明发展规律的深刻把握”①，这是笔者探索中国古代监察思想的动因。笔者是从中国古代治国思想历史源流上去总体把握和考察其廉洁文化根脉的，中国儒家思想中的“为政以德”思想（以下简称为政以德）主张仁民德治、端肃政风、尚廉戒腐，是中华文明古代治国思想的重要元素，是中国古代监察思想的廉洁文化根脉，绵延传承、影响深远，具有中华廉洁文化自我发展的文化主体性和文明连续性特性，这对于我们深刻理解“第二个结合”的重大意

* 杨润生，西南政法大学纪检监察学院研究员。

① 习近平：《在文化传承发展座谈会上的讲话》，载《求是》2023 年第 17 期。

义,从为政以德中汲取和阐发其中华廉洁文化的智慧营养,在党的自我革命历程中持续推动廉洁文化建设,抓好党性党风党纪教育,具有启示意义。

一、史海钩沉:为政以德是中国古代治国思想中廉洁文化的重要元素

中华民族生生不息、向上向善、乐观进取,一直满怀国泰民安、政治清明的家国理想,廉洁文化在中华文化沃土中传承绵延、根深蒂固。学者卜宪群先生指出,作为中华优秀传统文化的重要组成部分,廉洁文化是在中国社会与中华文明不断发展的基础上产生的。[①] 因此,我们要先贯通古今,然后方能古为今用。中华文明素有与腐败作斗争的廉洁文化历史传统,中华廉洁文化植根于中华文明演进历程之中,是在中国古代治国安邦历程中萌芽、形成和发展的,关于中国古代监察思想的学术探究,要先从中国古代治国思想的廉洁文化历史源流上去加以审视和考察,为政以德是中国古代治国思想中廉洁文化的重要元素。

中国古代,三皇五帝时期和夏商周时期是为政以德的发轫期,这一时期的政治家、思想家就已有过关于为政以德的治理思想的观点。据《尚书·大禹谟》记载,五帝中舜的司法官、公认的中国司法鼻祖皋陶主张明刑弼教,"明于五刑,以弼五教",在社会治理上,以"五教"即以父母、兄弟、子女等基本人伦道德关系的教化为主,"五刑"则处于辅助地位,即先晓之以理,对冥顽不从者再绳之以法。西周初年,为政以德在认识上得以深化,据《尚书·蔡仲之命》记载,西周初期统治者认真检讨了强大的殷商败亡的历史教训,提出了"皇天无亲,惟德是辅"的思想,认为殷商败亡的原因是失德虐民,因而"天"收回了代表殷商政权合法性的"天命",将政权交给了以德配天的周王朝,所以,《大学》中才有"殷之未丧师,克配上帝。仪监[②]于殷,峻命不易"之说,也就是说,天命无常、有德者居之,实现了中国古代治国思想从殷商的重鬼神到西周的重人事的转变。

中国儒家思想中关于为政以德的典籍记载,是我国已有史籍中最早的关于为政以德的文献记载。据相关记载,为政以德最早是由中国儒家思想创始人孔子(公元前551年—前479年)明确提出的,最早的记载见于中国儒家典籍《论语·为政篇》中的:"为政以德,譬如北辰,居其所而众星共之。"[③]揆其语义,道德对于

---

① 参见卜宪群:《谈谈我国历史上的廉洁文化》,载《求是》2024年第4期。

② 通"鉴"字。

③ 杨伯峻译注:《论语译注》,中华书局2018年版,第14页。

整个国家的治理极端重要，就像在众多星辰中具有定向功能的北极星，用道德去治理则国家和社会治理就有了准确的方向，譬如众多星辰在拱卫着北极星一样。笔者认为，为政以德作为中国古代治国思想中廉洁文化的重要元素，其具有以下三层含义。

一是主张仁民德治。为政以德主张的仁民德治，就是关注民生，为政宽仁，重视对社会成员的道德教化，这是中国古代治国思想中的廉洁文化基点。孔子对春秋末期礼崩乐坏、天下无道的社会现实深感痛心，于是他提出了以“仁”为核心的政治伦理观，而“仁”总是与“人”“民”密切相关的，是对全体社会成员的道德关注。在《论语·颜渊篇》中，弟子樊迟请教什么是“仁”的时候，孔子的回答简明扼要：“爱人。”张岱年先生认为，孔子所谓“爱人”“立人”“达人”，其中“人”字都是泛称，并非专指贵族。[①] 因而，这个“人”字，是相对于“己”而言的他人，包括贵族、平民和奴隶。在君民关系的认识上，以孔子为代表的儒家学者满怀关切民生的忧患意识，批评了当时诸侯各自为政、对百姓予取予夺的无道之举，提醒他们要关注民生和薄敛赋税，例如，面对鲁国当政权贵季康子“患盗”的忧虑，孔子指出：“苟子之不欲，虽赏之不窃。”[②]在国君鲁哀公询问“年饥，用不足，如之何？”的对策时，孔门弟子有若回答说：“百姓足，君孰与不足？百姓不足，君孰与足？”[③]在《论语·颜渊篇》中，孔子在回答弟子子贡问政时，在足兵、足食、足信三者“何先”的选择问题上，提出“民无信不立”，也就是民心向背决定治理成败。循着“仁民”思路，孔子主张德治，重视对民众的道德教化，在《论语·子路篇》中，孔子在卫国与弟子冉有交流的过程中，发表了从“庶矣哉”（人烟稠密），到“富之”（富民），再到“教之”（教化民众）的思想观点，先重视民生，同时主张要积极教化。后世儒者继承和发展了仁民德治的思想，例如，据现存典籍《孟子》记载，孟子（公元前372年—前289年）提出仁、义、礼、智四端为人固有之，认为“人皆以为尧舜”，他看到了民众是政权和社会的基础，客观地看待人民、江山社稷和君主的关系，提出“民为贵，社稷次之，君为轻”。“民贵君轻”思想具有历史进步意义。宋代理学大师、关学耆儒张载，在中国历史上著名的“横渠四句”中，其中的第二句话就是“为生民立命”，张载心系苍生，关注了社会中的平民百姓，给予芸芸众生同等的道德关怀，他相信

① 参见张岱年：《中国伦理思想研究》，江苏教育出版社2005年版，第83页。

② 杨伯峻译注：《论语译注》，中华书局2018年版，第183页。

③ 杨伯峻译注：《论语译注》，中华书局2018年版，第179－180页。

人能够通过自己的道德努力而在精神价值层面主宰自己的命运。中国古代有作为的执政者都深受为政以德主张仁民德治的影响,例如,唐太宗李世民开创了贞观之治的大唐盛世,在为君之道上,他深刻反思了主贪丧国、臣贪亡身的历史教训,将君与民的关系理解为舟与水的关系,认识到了水能载舟亦能覆舟,意识到民心所向与政权安危密切相关。为此,有关学者在评价唐太宗虚心纳谏的监察思想时说,唐太宗推行的法制体现了"民贵君轻""以宽仁治天下"的特点。[①]

二是主张端肃政风。为政以德主张的端肃政风就是廉为政本,看到了官吏的廉洁品行状况对于国家治理成败的重要性,进而从政权安危角度重视对官吏正直清白的政德要求,讲以上率下,以政风引领社风民风,这是中国古代治国思想中的廉洁文化要点。在中国古代天人合一、代天牧民、家国同构的社会体系下,君主和官吏是天下所有人的表率,上行则下效,为政者自身严于律己、勤政廉洁的德行尤为重要,故而,端肃政风是廉洁文化之要害所在。正人先正己,孔子重视为政者的政德修为对社会风尚的引领作用,他提醒为政者自身要先作政德表率,要以上率下。在季康子问政时,孔子回答"政者,正也。子帅以正,孰敢不正?"[②]在他看来,"其身正,不令而行;其身不正,虽令不从"[③]。因而,居上位者的伦理表率是孔子"为政以德"思想的一个重要维度。[④] 儒家经典《大学》构建了道德"三纲八目"体系,由此,"明明德""亲(新)民""止于至善"这"三纲"即道德原则,以及"格物""致知""诚意""正心""修身""齐家""治国""平天下"这"八目"道德修养要求,在中国古代社会被奉为包括君主和臣民在内的全体社会成员的修身之本。明代儒学宗师王阳明在《传习录》中提出了"知行合一"的观点,在个人修为上主张"致良知"和"破心中之贼",在知行关系上,他强调了个人慎独与积极作为之间的辩证关系。《大学》中讲究为政者的个体道德自律精神,从商代开国之君商汤用盘铭提醒自己在德行上"日日新"即日日精进,至周朝初期统治者"克明德""其命维新",君子(为政者)如切如磋、如琢如磨进而"道盛德至善",以及君子之道的"诚于中,形于外"的慎独道德修养方法等,都是对为政者的个体道德自律要求。在为政以德中以上率下、慎独立志的道德自律精神的影响下,中国古代某些开国君主带头

---

① 参见张晋藩主编:《中国古代监察制度史》(修订本),中国方正出版社 2019 年版,第 138 页。
② 杨伯峻译注:《论语译注》,中华书局 2018 年版,第 183 页。
③ 杨伯峻译注:《论语译注》,中华书局 2018 年版,第 192 页。
④ 参见易学尧:《孔子"为政以德"思想的一个重要维度》,载《伦理学研究》2021 年第 6 期。

俭约自奉,如隋文帝杨坚带头戒奢倡俭,罢斥了自己享乐腐化的三个儿子杨勇、杨俊和杨秀。[①] 中国古代士人中,也涌现出一些爱国利民、敬业勤政的廉洁正直的官吏,其廉洁政风和典型事例昭于史册,为后世景仰与敬重。例如,东汉杨震"四知"(你知、我知、天知、地知)却金的廉洁行为;唐代韩愈劝谏宪宗皇帝佞佛行为,冒死前往镇州王庭凑变兵中宣谕朝廷旨意、奏请赈灾减赋、为百姓驱除鳄鱼之患的担当精神;宋代包拯纠弹官邪、简化放告、疏通河道、不取端砚和诫教子孙的清廉风范;明代王阳明提倡知行合一、重视德治,反对宦官刘瑾擅权乱政,禁止杀良冒功等拨乱反正之举;清代张伯行在《却赠檄文》中将不受一丝一粒、一厘一毫贿赂视为"我之名节"的自砺惕怵精神;林则徐严禁鸦片、反抗侵略、身处逆境时在新疆兴修水利工程惠及百姓的爱国利民品行等。

三是主张尚廉戒腐。为政以德主张的尚廉戒腐就是礼法并用、隆礼重法、整饬吏治、严明纪纲、褒廉惩贪,既有德行的激励,又有惩戒的震慑,这是中国古代治理思想中廉洁文化的重点。在礼法关系上,孔子在《论语·为政篇》指出:"道之以政,齐之以刑,民免而无耻。道之以德,齐之以礼,有耻且格。"[②]这里,孔子将政刑与德礼的治理思路进行了对照,他重视道德教育在治国理政中的重要作用,并没有绝对地排斥"政""刑"的意味,只是说在先后顺序上,务必是先讲"德""礼",在"德""礼"无法感化的情况下,再用"政""刑"。后世儒者中,荀子(约公元前313年—前238年)在治国思想上主张隆礼重法,在《荀子·君道》中,他提出了"隆礼至法则国有常"的观点,在仁民德治思想的基础上又有创新,在重视道德教化的同时,强调政刑(纪法)在治国理政中的重要作用,在德礼和政刑关系上,主张要二者并用、两手抓。的确,隆礼重法主张德主刑辅、德法并用的治国理念,在中国古代传承久远、影响较深。维护国家统一是中国古代监察思想和制度的目的所在,中国古代监察思想中重视官吏德行和制度约束,整肃官吏队伍,激励为官廉洁勤政者,罢斥为官庸劣贪腐者,确保政令畅通,维护国家统一,就融合和运用了德与法"两手"。这一点,反映在中国古代礼法合一之集大成者的唐代《永徽律疏》中,有"德礼为政教之本,刑罚为政教之用,犹昏晓阳秋相须而成者也"的精确注疏。在中国古代历史上,曾经出现过有为的君主隆礼褒廉、重法惩腐的事例,这在当时保

---

① 参见中共甘肃省委宣传部编:《中国廉政史话》(思想卷),甘肃文化出版社2016年版,第126页。

② 杨伯峻译注:《论语译注》,中华书局2018年版,第15页。

持了国家发展和社会稳定。这里,笔者以唐太宗、明太祖为例。① 唐太宗李世民知人善任,重视发挥谏议制度的作用,褒奖了因积极进谏即"不许我为非"而成全了自己君德的诤臣魏征,魏征去世后,因失去了魏征这一为唐太宗自己"明得失"的"人镜",唐太宗深表痛惜;在依法办事上,唐太宗功过分明、不庇亲贵,在办理废太子承乾案中,重视群臣意见,赐死汉王李元昌,处斩自己的亲外甥扬州刺史赵节和自己的女婿附马都尉杜荷。明太祖朱元璋起于社会底层,对民间疾苦感同身受,认识到创业难而守业更难,自身注意节用节俭,痛恨贪官污吏,以严刑峻法重典治吏,铁腕反腐惩贪,他在办理"空印案"和"郭桓案"中对犯赃罪的官吏大规模集中清洗,两案连坐被处死者多达七八万人。此等例证之多,此处不再列举。

中国儒家思想在中国古代治国思想源流中影响深远,从西汉武帝刘彻采纳了儒生董仲舒关于罢黜百家、独尊儒术的谏策开始,开启了中国古代治理儒家化的历史进程,直至清朝末年,在中国古代史的两千余年中,儒家思想是在中国封建社会中占据着统治地位的治国思想。从其内容上看,为政以德以关照传统政德为主,涉及政风社风民风建设的方方面面;从其历史影响上看,为政以德反映了中华民族在中华文明进程中与腐败作斗争的廉洁文化精神,在中国古代一直绵延传承,具有中华廉洁文化的连续性特征,是中国古代治国思想之中廉洁文化的重要元素。

二、治道思辨:为政以德是中国古代监察思想的中华廉洁文化根脉

学界关于中国古代监察史方面的学术成果较为丰富,从中华文明上古时期起至清末为止的中国古代监察史,相关学者均有涉猎,对于相关学术探讨具有启发意义。笔者检索后认为,这些内容大体上可以分为三种类型的史学学术成果。第一类成果是中国古代监察制度史方面的研究成果,从制度史(包括政治制度史和法律制度史)角度切入探究,认为中国古代监察制度是中国古代国家治理体系中的一项重要制度。② 相关研究表明,中国古代监察制度及其演进历程中,古代历代执政者的监察思想贯穿于完善监察体制、强化监察立法和发挥监察效能的历程之中。第二类成果是中国古代廉政思想史方面的学术成果,从中国古代与腐败作斗

① 参见中共甘肃省委宣传部编:《中国廉政史话》(思想卷),甘肃文化出版社 2016 年版,第 137 页、第 204 页。

② 参见张晋藩主编:《中国古代监察制度史》(修订本),中国方正出版社 2019 年版,第 1 页。

争的政治思想史角度切入探究,梳理了中国古代历代有作为的执政者和著名政治家、思想家廉政思想的主要观点,认为这些思想观点是指导当时廉洁政治发展的重要精神纽带和当时人们对廉政核心价值的认识和判断。① 第三类成果是中国古代廉政文化学方面的学术成果,也就是关于中国古代典籍中廉政思想方面的研究成果,例如,在中国儒家典籍"十三经"的廉政思想学术研究中,有学者指出,"十三经"中的《周礼》是中国国家制度建设的源头性文献,《周礼》在制度设计时对腐败预防是极为关注的。②

在纪检监察学学术领域,谭宗泽教授认为,在治理与监督的辩证关系上,监督是推进国家治理体系和治理能力现代化的应有之义。③ 这一观点,引发了笔者对于中国古代治国思想与监察思想之间辩证关系的思考。关于中国古代监察思想的学术探究,我们还需要从人类文明在国家治理中的反腐败斗争视角去加以考察。人类文明史上,因权力异化而滋生腐败的现象时有发生,而腐败现象是危及社会、国家的大敌,是人类在国家治理中所共同面临的一大问题,坚持与腐败作斗争,古今中外都概莫能外。因而,从社会和谐、国家安危的高度坚持与腐败现象作斗争,一直是人类文明(包括中华文明在内)激浊扬清、向上向善的历史进步方向,必然涉及对国家治理与监督之间关系的认识和理解。

在国家治理中,与腐败作斗争,必然涉及公共权力的运用,而努力确保公共权力的有序运行,实现国家长治久安和社会文明和谐,是古今中外历代为政者治国思想及其实践所孜孜以求的目标。但是,公共权力同时也是一柄"双刃剑",其有序运行固然使国家兴旺、社会稳定、人民安居乐业,而其失范诸如寻租、滥用等异化现象则会导致政风败坏、社会崩溃、危及政权,进而会走向为政者愿望的反面,因而,有权力就会有监督,监督是治理的应有之义。治理就是治国理政之意,就是执政者运用公共权力管理国家和社会事务,监督则是以检查、纠偏等方式确保公共权力运行的有序性,从而确保公共权力的效能。如果我们将国家治理作为一个有机整体看待,那么监督是治理的内在要素,也是权力有序运行的保障条件,在治理中居于保障性地位,监督寓于治理之中,保障治理的成功。

所谓监察,顾名思义,"监"字乃人以盆水相面自镜,清浊自明;"察"字为自上

① 参见中共甘肃省委宣传部编:《中国廉政史话》(思想卷),甘肃文化出版社 2016 年版,第 1 页。
② 参见何山石:《"三礼""三传"廉政思想研究》,人民出版社 2017 年版,第 1 页。
③ 参见谭宗泽:《把握监督与治理的辩证关系》,载《中国纪检监察》2023 年第 14 期。

而下的检查、监督和考察,有序有效。“监察”二字联在一起,就是对治国理政权力运行的监督。

中国古代治国思想就是治理的指导思想,廉洁文化寓于其中。中国古代监察思想是中国古代历代为政者(注:有作为的执政者和具有远见卓识的政治家、思想家是其中的典型人物)关于国家治理中与腐败作斗争、强化监督、规范权力运行的思想观念,是中国古代治理中监督所遵循的理念和准则,是中国古代治国思想的有机组成部分,其中必然包含着各种政治、经济、社会、法律等诸多方面的因素在内的廉洁文化元素,我们应当从中国古代治国思想全貌去观照中国古代监察思想的廉洁文化源流,切不可一叶障目而不见泰山。

中华文明连续性特性突出,中华廉洁文化具有自我发展的文化主体性。我们可以从治理与监督的关系上去理解。一部治乱兴衰的古代中国史,作为中国古代治国思想中廉洁文化重要元素的为政以德,对于中国古代监察思想的历史演进影响甚深。中国古代历代为政者无一例外地期望长治久安,从治国安邦全局出发看待治乱兴衰,不断总结和深化与腐败作斗争、维护国家政权的规律性认识,曾经有过深层次的思考和丰富的治理实践,为我们留下了丰富的廉洁文化遗产。为政以德作为中国古代治国思想中廉洁文化的重要元素,成为中国古代监察思想的思想智慧之源。

中国古代历代执政者对与腐败作斗争、维护国家统一和社会稳定规律性的认识,也就是治国思想,直接决定和影响了中国古代监察思想的历史走向。从中国古代监察制度的流变及其功能发挥上来看,中国古代监督体系包括两大监察系统,即谏官系统和御史系统,一是言谏君主进行纠偏,二是纠察百官以端肃政风,用以确保官吏队伍具有较高的治理素质和能力,其目的在于维护政权和追求长治久安。例如,汉武帝制定《刺史六条》改革地方监察制度,反映了他打击地方豪强和强化中央集权的治国思想;魏文帝曹丕推出《察吏六条》,将纠察官吏非违与荐举人才融为一体,反映出统治者抑制地方豪强、强化地方政权监督的治国思想;唐太宗李世民重视发挥谏议制度的监督作用,规定宰相进宫廷议时必须有谏官随同,反映了他把虚心纳谏作为国家兴亡大事的治国思想;宋神宗规定允许监察官吏御史言事,反映了他台谏合一、重视整肃百官和纠弹官邪的治国思想;明太祖朱元璋设立都察院和六科给事中,将中央监察机构台察合并、事权划一,并重视对中央六部事务的日常监督,反映了他重典治吏、重视察吏的治国思想,等等。

我们不难发现,中国古代执政者受为政以德思想影响的程度,甚至同一个人在不同时期受影响的不同程度,足以影响当时监察制度真正发挥作用的程度。例如,隋文帝杨坚(公元581年—604年在位)建立隋朝,结束了自西晋末期至隋近300年的华夏神州分裂动荡局面,他执政时期开创了“开皇之治”天下太平的盛景,就历史连续性而言,“开皇之治”为唐初“贞观之治”的繁荣鼎盛奠定了基础。在其执政的前期或者绝大多数时间里,他在为政以德思想影响下,重视德治、宽法轻刑、勤政爱民、整饬吏治,开创在中国古代延续了一千三百多年之久的科举制度,使官吏人才选拔方式更加科学、公正,主持编纂《开皇律》五百条,大幅度减少死罪、流罪等重刑条款,首次从法律制度上废除了轘身、枭首、宫刑、灭族等残酷刑罚,确立了笞、杖、徒、流、死的中国封建五刑制度,降低了刑罚的残酷性,重点打击危害政权的“十恶”,《开皇律》对中国古代后世影响深远。在监察思想上,隋文帝坚持官严民宽、奖廉惩贪,褒奖了公孙景茂、梁彦光、王伽等循吏,罢免了为官不廉、以权谋私的礼部尚书兼吏部尚书卢恺,曾经以秘密派人送贿赂试探的方式除掉了一批贪官,[①]等等。但是,隋文帝杨坚晚年,为政以德对他的思想影响削弱,他生性多疑,在律由君出、狱由君断的专制思想下,因拒谏任性、一己专断而有重刑轻罪的偏激之举,甚至出现过对渎坏佛像行为以“十恶”之中的恶逆论罪,以及三人共盗一瓜即死等情况。

一个极端反面的例证,就是在中国古代治国思想中,不受为政以德的影响而是专任刑名法术的秦朝。秦于公元前221年灭六国统一中国,是中国历史上第一个封建专制集权国家政权,秦王嬴政自称始皇,就是希望其子孙万代永享国祚,但事与愿违,其国祚至秦二世戛然而止,迅速败亡,短短十五年。秦始皇一生专任刑法、以刑去刑,崇尚以严刑峻法进行暴力统治,在他的治国思想中毫无为政以德的思想因素。秦朝在中国历史上正式创设了监察制度,其监察制度严密,但由于秦始皇个人专制专断,在其只重纠察的极端监察思想操控之下,其监察机构与监察官员奉皇帝之命参与了按治诸生、残害忠良等助纣为虐之举,成为维护极端专制皇权的暴力工具,这其实不是监察制度本身的问题,而是在秦始皇一味专任刑法极端治国思想操控之下只用法家之术的结果。

纵观中国古代监察思想演进历程,一系列的古代监察制度,是中国古代为政

① 参见齐文远主编:《中国监察文化简史》,中国法制出版社2019年版,第173-174页。

者治国思想内包含着的监察思想的历史实践成果,也就是说,事功毕于监督,而根由出于治理。龙大轩教授梳理了中国数千年治国理政的实际状况,他认为,德法合治的治理效果较好,有利于国家长治久安,并提出了新时代选择"德法合治"具有合理性的观点。① 故而,笔者认为,中国古代治理与监督史上的经验教训表明,礼法并用而不可偏废方为合理治道,包含在治理思想之中的监察思想离不开中华古代德性的浸润。德为廉根,廉为政本,为政以德主张仁民德治、端肃政风和尚廉戒腐,重视对政风社风民风的教育引导和纪法规范,反映了中国古代治理和监督中与腐败作斗争的、具有文化连续性的中华廉洁文化精神,是中国古代治理思想中廉洁文化的重要元素,同时,也是作为中国古代治道之一的中国古代监察思想历史源流中的中华廉洁文化根脉。

三、古为今用:从为政以德中汲取党性党风党纪教育的中华廉洁文化营养

为什么为政以德能够在中国古代治国史中长期绵延传承?观乎治道,其原因有二:一是为政以德自身具有自我发展的文化主体性,反映了中华民族清白正直、激浊扬清、向上向善的廉洁精神追求,体现了中华民族坚持与腐败作斗争的廉洁文化连续性和历史进步精神,因而能够在中国古代治理与监督思想及其实践流变历程中与时俱进,逐渐升华,绵延不断。二是中华文明的连续性特性,中国古代历代统治者期望长治久安,他们有着与腐败作斗争、维护国家政权的治理愿景,其为政的治道需要得到为政以德中的廉洁文化精神浸润,他们希望自己能够跳出治乱兴衰的历史周期率,但是,由于时代和阶级的局限性,他们注定是无法跳出历史周期率的。

当前,中国共产党肩负着领导人民推进中国式现代化、实现民族复兴的历史重任,经过艰辛探索找到了跳出历史周期率的第二条路径——党的自我革命,并创立了习近平文化思想,在党的自我革命和新的文化使命中,为政以德中的中华廉洁文化精神必将含弘光大、继往开来。早在 2014 年,在十八届中央政治局第十八次集体学习时,习近平总书记所强调的有重要启示的中国古代治国理政经验中,就包括了"为政以德、正己修身"②;在 2023 年召开的文化传承发展座谈会上,

① 参见龙大轩:《新时代"德法合治"方略的哲理思考》,载《中国法学》2019 年第 1 期。

② 《牢记历史经验、历史教训、历史警示,为国家治理能力现代化提供有益借鉴——习近平主持中共中央政治局第十八次集体学习并发表讲话》,载《人民日报》2014 年 10 月 14 日,第 1 版。

习近平总书记进一步指出，“民为邦本、为政以德的治理思想与人民至上的政治观念相融”①。在二十届中央纪委三次全会上，习近平总书记系统阐述了关于党的自我革命的重要思想，深刻指出了关于党的自我革命“九个以”的实践要求，并强调“要加强新时代廉洁文化建设”②。这一系列重要讲话精神，为我们坚定文化自信，在“第二个结合”中守正创新，在党的自我革命的历史洪流中，从为政以德中汲取有利于推动新时代廉洁文化建设的中华廉洁文化历史营养，抓好党性党风党纪教育，指明了方向。

一方面，我们要贯通古今和辩证取舍，理性看待中国古代历史上的为政以德及其作用，不能泥古不化而全盘照搬甚至以古非今。为政以德的发轫、提出及其历史演进，是在中国古代社会背景中展开的，所反映的是中国古代为政者与腐败作斗争、巩固政权规律性的认识，也就是反映了中国古代为政者试图寻求长治久安、跳出兴亡历史周期率的政治愿望，具有其时代和阶级的局限性。在中国古代以自然经济为主的相对封闭的社会历史条件下，为政以德本质上是为维护中国古代专制集权统治服务的，其中包含了君权天授、皇权至上、明主治吏不治民、上下尊卑、官尊民卑等消极思想因素。实际上，为政以德在中国古代监察思想演进历程中发挥的作用有其历史局限性，中国古代治国安邦靠帝王将相，监察思想与监察制度本质上是为维护专制集权统治服务的，皇帝本人就是最高监察官，最高监察权牢牢掌握在皇帝手中，由皇帝设官分治的监察机构及其监察官员都是皇帝的臣仆，中国古代君臣、官民在政治、法律、经济等方面地位是不平等的。在中国古代社会中，为政以德及其发挥的作用中存在前述不利于社会进步的消极思想因素，无法帮助古代为政者跳出兴亡历史周期率，已经为中华文明历史演进中的历史事实所否定。对于这些消极思想因素，今当予以剔除。

另一方面，我们要古为今用和推陈出新，我们要坚定文化自信、实事求是，为政以德中反映中华民族与腐败作斗争的廉洁文化连续性的重要元素，具有自我发展的文化主体性，与时俱进而历久弥新，值得我们记取。我们从中可以获得三点有益的历史启示。第一，关注民生。仁民德治主张看到了民众是社会和政权的基础，在道德关注的对象范围上，对全体社会成员都给予了较为积极的道德关注，主

① 习近平：《在文化传承发展座谈会上的讲话》，载《求是》2023 年第 17 期。

② 《习近平在二十届中央纪委三次全会上发表重要讲话强调　深入推进党的自我革命　坚决打赢反腐败斗争攻坚战持久战》，载《人民日报》2024 年 1 月 9 日，第 1 版。

张为政宽仁和德治，反对虐民暴敛，主张为政者要以道德约束自身的治理行为。第二，关注政德。端肃政风主张重视政风对于社风民风的引领作用，进而重视为政者的政德品行，要求为政者作以上率下、慎独立志的伦理表率，因而对为政者的个人品德修为上提出了较平民百姓更加严格的要求。第三，关注礼法并用。尚廉戒腐主张融合了对为官从政者的道德教育和纪法约束的治理思路，讲究官吏队伍建设上的教育与惩戒两手抓，特别是纪法教育与执行，既有以上率下的道德教育和劝善褒廉的典型选树，又有强化监督、铁腕惩贪的纪法震慑。

物因自腐而生蠹，清腐除蠹防微杜渐。党的二十大报告强调："坚持党性党风党纪一起抓。"①反腐败斗争激浊扬清、兴利除弊，是我们党最彻底的自我革命，党风问题是关系到党的生死存亡、党和国家事业兴衰成败的政治问题，以中华民族与腐败作斗争的向上向善德行去助力织密全面从严治党体系，加强纪律建设，事关党的性质宗旨和团结统一，抓好党性党风党纪教育，是党的自我革命的题中应有之义。目前，全党上下正带着问题意识开展党纪学习教育，我们要用马克思主义基本原理的真理之光，激活为政以德中具有中华民族与腐败斗争的廉洁文化连续性的优秀文化基因，进一步抓好党性党风党纪教育。为政以德与党性党风党纪教育之间在廉洁文化源流上的彼此契合点，笔者认为有三点。

第一，仁民知畏，增强党性。为政以德中的仁民德治主张看到了民众是社会和政权的基础，中国共产党的宗旨是全心全意为人民服务，看到民众力量和关注民生是二者的契合之点。党性就是人民性，人民是中国共产党的力量源泉和执政基础，党没有任何自身私利，全心全意为人民服务，总是最大限度地增进民生福祉，因而得到人民的拥护和支持。我们要始终加强党员干部和全体党员的党性教育，使他们深刻认识到民心向背是决定政权存亡的决定性因素，在党的自我革命中从内心敬畏人民，务必将宗旨意识牢记于心，为民服务不计较个人利害得失，正确对待权力和利益，牢记权力来自人民的信任和授予，服务人民是共产党员的天职和本分，为政之举须时时处处为民着想，为政之利须毫不利己造福于民，为政兴利除弊须因势利导、排除万难。

第二，以德为先，端正党风。为政以德中的端肃政风强调以上率下、慎独立

---

① 习近平：《高举中国特色社会主义伟大旗帜　为全面建设社会主义现代化国家而团结奋斗——在中国共产党第二十次全国代表大会上的报告》，载《党的二十大报告辅导读本》，人民出版社2022年版，第62页。

志，对为政者的道德品行要求较一般平民百姓更加严格，中国共产党的作风与形象关乎党的战斗力和凝聚力，强调对为政者严格要求和关注政德建设是二者的契合之点。上行下效，党风在国家和社会生活中具有引领示范作用，关乎社风民风的世风环境质量，不正之风是淡漠宗旨意识、削弱党性、滋生腐败的政治问题，为免重蹈人亡政息的历史悲剧，坚持以严的基调端正党风迫在眉睫。党员领导干部的党风教育和严格监督管理是其要害所在，党员领导干部要看到不正之风对党和国家事业的政治危害性，带头正己修身和涵育德行，时时刻刻保持慎独慎微之心，要明德笃行，在修身、用权和律己上为全社会作出表率，营造风清气正的党内政治生态，以德为先选人用人，自觉抵制不正之风，铁帚扫除“四风”之害，以良好的党风引领社风民风。

第三，尚廉知止，严明党纪。为政以德中的尚廉戒腐主张强调道德教育和纪法约束相结合的礼法并用之道，纪律严明是无产阶级政党的鲜明特征，中国共产党的纪律是管党治党的规矩和准绳，不依规矩则无以成方圆，关注纪法教育与纪律执行，综合运用道德教育与严格执纪这“两手”，是二者契合之处。纪律是执行党的路线方针政策、与腐败作斗争、推进党的自我革命的坚实保障，个别党员违纪违法行为与无产阶级政党的性质、宗旨背道而驰，为党的纪律所不容，纪法意识就是底线意识，纪律就是党员行为的高压线，越过底线触到高压线就会受到党的纪律惩戒。一方面，知为行之始，加强廉洁文化建设，加强党纪学习教育，使党的各级组织和全体党员受到教育、明纪知止，很有必要；另一方面，行为知之成，纪律的生命在于执行，严肃党纪，根据“四种形态”，抱着治病救人的态度，纠正违纪党组织的错误，教育挽救违纪党员中的绝大多数和驱除害群之马，依照党内法规对违纪的党组织和党员进行处理，在纪律面前人人平等。

当然，前述三点认识是笔者基于本文研究目的，指出了为政以德与党性党风党纪之间在廉洁文化契合点上是各有侧重的，但是，我们不能截然割裂或者只抓一点、不及其余。党性党风党纪一起抓，是从系统思维上将党性党风党纪视为一个有机整体对待，党性是根本、党风是表现、党纪是保障，从正风肃纪规律上看，是风腐一体，必须多管齐下加以纠治，纪法教育为主但不是万能手段，纪律制裁是必要保障。一体推进“三不腐”即不敢腐、不能腐、不想腐，破立并举、纠治并行，既有不敢腐的露头就打的强力震慑，又有不能腐的约束“权力之虎”的制度笼子，还有不想腐的政德修为和廉洁自律，既有政德修为，又有制度约束和纪律制裁，才能达到党的自我革命中坚持以严的基调正风肃纪、抓好党性党风党纪教育的目的。让为政以德中具有中华廉洁文化连续性和当代价值的重要元素真正“活”起来,是笔者的夙愿,慎独慎微、正己修身、严明纪法,推动新时代廉洁文化建设,抓好党性党风党纪教育,我们永远走在党的自我革命之路上。

一种法治发展的群众路线理论

——论坚持抓住领导干部这个“关键少数”与“带头守法”*

邬　蕾** 　赵　赤***

［摘要］　习近平法治思想的第十一个坚持，即“坚持抓住领导干部这个‘关键少数’”可以作为法治发展动力机制的理论基础和指导思想。法治作为规则之治，领导干部在法治发展中具有双重地位：在效力上，他们既是规则效力的一个事实来源，在实效上他们又是规则得以遵守的模范。一个可以自动落实的法治状态是官员和群众皆以内在观点来对待初级规则和次级规则的状态，达致这状态的方法就展现为一种法治发展的动力机制。在中国特色社会主义法治体系中，官员是群众的一部分，而非截然二分的两个群体。群众路线作为党的根本工作路线，在法治发展中体现为：规则之义务来源的群众观点和规则被遵守的群众观点。在效力上，党员领导干部应坚持“从群众来”；在实效上，应坚持“到群众中去”。“关键少数”在法治发展中具有主体性作用，党以党内法规的形式从制度上保障了领导干部发挥“关键少数”的作用。这同时也证明了，在中国特色社会主义法治体系下，党纪严于国法的必要性。

［关键词］　“关键少数”　群众路线　效力　实效　守法义务

* 本文是最高人民检察院2024年度检察应用理论研究课题“推进执纪执法与刑事司法有机衔接研究”成果。本文受2020年重庆市博士后研究项目特别资助；基金项目：“中国特色备案审查制度的溯及力问题研究”，2020年度司法部法治建设与法学理论研究部级科研项目。

** 邬蕾，西南政法大学行政法学院讲师，西南政法大学法学博士后研究人员，北京大学哲学博士。

*** 赵赤，重庆市荣昌区人民检察院党组副书记、副检察长、西南政法大学法学博士。

一、问题与方法

习近平法治思想的核心要义是“十一个坚持”,这十一个坚持系统完备、逻辑严密、内在统一。其中,坚持抓住领导干部这个“关键少数”是“十一个坚持”的最后一个。尽管其位置被列于最后,但是从习近平法治思想核心要义的内在逻辑看,其重要性并不逊色于其他原则。从学理上分析,抓住领导干部这个“关键少数”以及对干部提出的要“做尊法学法守法用法的模范”的要求,是从理论和实践上回答了法治发展的动力机制问题。习近平总书记总结了两种法治发展模式:一是英国、美国、法国等国家自下而上的法治发展模式;二是新加坡、韩国、日本等国家自上而下的法治发展模式。由此,习近平总书记基于历史经验和中国现实提出,“就我国而言,我们要在短短几十年时间内在十三亿多人口的大国实现社会主义现代化,就必须自上而下、自下而上双向互动地推进法治化”①。这一精辟论断不仅回答了中国特色社会主义法治的发展模式,还指出了法治发展的动力机制:抓住“关键少数”和“带头守法”。一种在理论上有效和实践上可行的法治发展的动力机制必须解决两个根本问题:一是依靠谁;二是如何推动。抓住领导干部这个“关键少数”就是解决好了依靠谁的问题,而如何推动则涉及法治发展的法理依据与具体的制度建构。政治路线确定之后,领导干部就是决定性因素。在法治中国建设中,领导干部肩负重要职责。“关键少数”要“做尊法学法守法用法的模范”,以此作为动力机制来驱动全面依法治国的落实。

现有关于“关键少数”与“带头守法”的理论诠释,呈现出两种形态:其一,注重政治话语诠释,忽视学理性诠释;其二,附带性诠释多,主题性诠释少。作为习近平法治思想核心要义的重要组成部分,“坚持抓住领导干部这个‘关键少数’”往往以一种政治话语的方式被阐释和学习。② 政治话语具有表明立场、凝聚共识,指引行动的重要作用。但是,缺失学理性诠释,则无法构造令人心悦诚服的学理体系。此外,另一种诠释方式——“带头守法”往往作为附带性稍加提及,这种诠释方式无法突出其理论上的深刻性和系统性。“坚持抓住领导干部这个‘关

---

① 《各级领导干部要做尊法学法守法用法的模范》,载习近平:《论坚持全面依法治国》,中央文献出版社 2020 年版,第 136 页。

② 关于习近平法治思想中“关键少数”的政治性诠释,参见陈训秋:《坚持抓住领导干部这个“关键少数”》,载《中国法学》2021 年第 3 期。

键少数'"是习近平法治思想中"十一个坚持"的最后一个坚持,因此,"关键少数"这个问题往往作为其体系之一而被附带性诠释,[①]很少进行主题性和专门性诠释。在有限的相关文献中,这种诠释的理论深度又稍显不足。[②] 另外,在其他重要领域,诸如反腐败、社会治理等领域的作用,"关键少数"有其独特的重要性,相关研究也在进行相应的政治性诠释。[③] 从党推进理论创新的角度,仅进行政治诠释是不充分的,还应结合"学科体系、学术体系和话语体系"的角度,对法治发展理论中的创新性成果进行系统性和学理性的诠释,这种诠释不仅是政治性的诠释,而且应当遵循学术逻辑,进行充分的说理,做到政治原则、思想认识和学术观点相统一。

本文拟从一般法理论的角度分析"关键少数"在法治发展中的重要作用。法律理论作为一般性的理论,其基本概念和分析模式的有效性,并不会因为个别的实在法体系而不同。尽管中国法律体系有其自身的价值导向、适用模式和解释体制,但是作为一种规范秩序,它依然可以按照一般法理论的基本逻辑予以观察。在法治发展的意义上,规范秩序的统一性、效力和实效等概念,依然是可靠的分析工具,可以用来观察和分析中国实在法体系的内在构造及其运行机理。在理论和实践上,现代法理学已经取得的丰硕成果皆可为我所用,以助力中国法治现代化建设事业。为此,从法治发展理论角度,本文将对抓住领导干部这个"关键少数"与领导干部带头尊法学法守法用法这两个命题进行学理性诠释,并且尝试将其作为一种法治发展的动力机制进行论证。法治是规则之治,法治思维是规则思维。"领导"具有双重地位:一方面,官方性是规则效力的来源;另一方面,官员带头遵守规则影响群众是提高规则实效性的方法。本文打算采取以下步骤展开论证:首先,论述"关键少数"与"带头守法"的法理基础;其次,从法概念是初级规则与次

---

① 以"习近平法治思想"作为诠释对象,附带性地诠释第十一个坚持的相关论述,参见王晨:《习近平法治思想是马克思主义法治理论中国化的新发展新飞跃》,载《中国法学》2021 年第 2 期;卓泽渊:《习近平法治思想的理论体系》,载《行政管理改革》2021 年第 7 期;黄文艺:《论党法关系的规范性原理》,载《政法论坛》2022 年第 1 期;黄文艺:《习近平法治思想要义解析》,载《法学论坛》2021 年第 1 期。

② 参见夏伟:《坚持全面依法治国的"压舱石"——以"关键少数"为视角》,载《池州学院学报》2020 年第 1 期。

③ 关于社会管理中的"关键少数",参见付子堂:《加强和创新社会治理要抓住领导干部这个"关键少数"》,载《社会治理》2007 年第 1 期。在反腐领域的政治生态建设,以及监督关键少数的相关论述,参见王永:《营造良好政治生态要牢牢抓住"关键少数"》,载《人民论坛》2021 年第 8 期;何旗:《习近平关于从严监督"关键少数"重要论述的科学意蕴》,载《行政论坛》2021 年第 1 期。

级规则相结合的角度,阐述"关键少数"在推进法治发展中的主体性作用;最后,以规则的外在观点与内在观点的关系为出发点,按照群众路线原则论述官员作为"关键少数"和群众作为"绝大多数"如何在机制上实现法治在守法上的统一。初步研究表明,法治并非强制秩序,一个全体成员以内在观点对待初级规则和次级规则的社会,法治就可以自动落实,这是一种最优的法治状态。"关键少数"与"带头守法"是一种法治发展的群众路线理论。

二、"关键少数"与法治的关联方式

"关键少数"与法治的关联方式,涉及两个方面的问题:其一,谁是"关键少数";其二,"关键少数"与法治中规则的关系。

(一)"关键少数"及其双重地位

习近平法治思想关于第十一个坚持的论述是抓住"关键少数"和领导"带头守法",是法治发展机制的理论基础和指导思想。习近平总书记指出:"领导干部具体行使党的执政权和国家立法权、行政权、监察权、司法权,是全面依法治国的关键。各级领导干部要坚决贯彻落实党中央关于全面依法治国的重大决策部署,带头尊崇法治、敬畏法律,了解法律、掌握法律,不断提高运用法治思维和法治方式深化改革、推动发展、化解矛盾、维护稳定、应对风险的能力,做尊法学法守法用法的模范。要把法治素养和依法履职情况纳入考核评价干部的重要内容,让尊法学法守法用法成为领导干部自觉行为和必备素质。"①就法理层次,领导干部是行使党的执政权和国家立法权、行政权、监察权、司法权的具体的组织者、推动者和践行者。② 由于中国共产党的领导地位及其与国家政权的关系,③领导干部是各级党组织的领导人员,又是国家机构行使具体国家权力的领导人员。由此,"关键少数"构成中国宪法体制的双重代表制构造,作为党的领导干部,其是作为制宪权的常在代表,其代表性是通过与群众之间的血肉联系来实现的;作为国家机关的领导人员,又是宪定权的日常行使者,其代表性是通过与政权机关的制度性关联实

---

① 习近平:《坚定不移走中国特色社会主义法治道路 为全面建设社会主义现代化国家提供有力法治保障》,载《求是》2021 年第 5 期。

② 参见《关于领导干部这个"关键少数"的内涵与外延》,载《习近平法治思想概论》编写组:《习近平法治思想概论》,高等教育出版社 2021 年版,第 236 - 237 页。

③ 参见张龑:《多元一统的政治宪法结构——政治宪法学理论基础的反思与重建》,载《法学研究》2015 年第 6 期。

现的。[①] 这种特殊的宪制构造也决定了“关键少数”的双重地位：他们是法律的创设者和执行者，同时作为群众的一部分又是自身制定的法律的遵守者。

习近平总书记指出：“党和法、党的领导和依法治国是高度统一的。”[②]党与法的关系主要表现为，党领导人民制定宪法法律，党自身也必须在宪法法律范围内活动。[③] 领导干部既是立法者的重要成员，也是守法者的模范。这就决定了“关键少数”在法治建设中的双重地位：“关键少数”既是立法者与权力行使者同时也是守法者的模范。党对党员领导干部的领导是坚持党的领导的一项根本原则，党对整个干部选择的过程不仅要进行有效控制，也不能使公众的选择权丧失。[④] 作为领导干部的“关键少数”，既体现党对干部的选择权，同时领导干部担任国家机关负责人，也是实现党的领导的重要方式。党对领导干部的选择权是落实“关键少数”的先进性的制度性实现方式，而“关键少数”在立法、行政、监察、司法机关担任领导职务是党执政权的具体实现方式。前者体现的是党的两个先锋队性质和政治代表性；后者则体现为党作为执政党的代议制代表性。在推进社会主义法治发展以及转型法治的历史性阶段当中，政党与国家立法机关的二元代表制，是思考“关键少数”与法治关系的制度性框架。[⑤]

首先，作为立法者与执法者的“关键少数”。在政治代表性层面，作为“关键少数”的领导干部，是法治中国建设的推动者和实践者。党领导人民制定并实施法律，使党的领导和国家生活实现制度化、法律化和规范化。随着新情况、新问题的产生，既定的法治框架可能会被突破和改变。党的领导干部要有改革的气魄和担当。法律是人民意志的体现，“关键少数”要不断发现和判断人民意志，回应人民对美好生活的向往，回应日益增长的物质文化需求。立法者将人民的意志转化为国家法律，承担改革和领导的职责。作为执法者的“关键少数”应当具有高度自律，在法律授权的范围内正当合理地行使裁量权。但是同时又要有突破常规的勇气，既要有纵观全局的前瞻性眼界，又要精于处理法治的细枝末节。执法者要恪

---

① 参见陈端洪：《宪法学的知识界碑——政治学者和宪法学者关于制宪权的对话》，载《开放时代》2010年第3期。

② 习近平：《习近平谈治国理政》(第2卷)，北京外文出版社2017年版，第128页。

③ 参见李林：《论党与法的高度统一》，载《法制与社会发展》2015年第3期。

④ 参见林学启：《党管干部90年：模式演变与价值追求》，载《理论学刊》2011年第4期；王长江：《关于“党管干部”科学化的几点思考》，载《中共中央党校学报》2006年第4期。

⑤ 参见张龑：《改革时代的转型法治与政治代表》，载《中外法学》2019年第4期。

守法治的基本价值,做到严格执法、公正司法。但是,与此同时,面对新时代繁重的社会任务,领导干部要妥善处理改革与法治的关系问题,一方面,重大改革要于法有据,改革不是"法外之地",中央提出"在法治下推进改革,做到重大改革于法有据,又通过改革加强法治工作,做到在改革中完善和强化法治"①;另一方面,应以合法性基础授权改革,《立法法》第16条第1款对授权改革进行了相应的规定:"全国人民代表大会及其常务委员会可以根据改革发展的需要,决定就特定事项授权在规定期限和范围内暂时调整或者暂时停止适用法律的部分规定。"

其次,作为守法者模范的"关键少数"。在立法代表性层面,作为"关键少数"的领导干部,是尊法学法守法用法的模范。"关键少数"的国家权力是《宪法》创设的,其行使权力应当遵守《宪法》和法律。换言之,"关键少数"的权力不是制宪权而是宪定权的产物,始终要服从最高要求的政治原则和《宪法》规范。一方面,"关键少数"要判断人民的意志并将其转化为国家法律;另一方面,作为来自人民群众的党员,尤其是领导干部,其又是内嵌于国家法律体系的具体掌握国家权力的人,他们行使国家权力的同时又是法律的遵守者。作为党的先进性代表,领导干部仅遵守国家法律还显不足,还要模范地遵守国家法律。为此,为约束党员,尤其是领导干部,党还制定了庞大的党内法规体系。党纪严于国法,对于党纪和国法,领导干部要带头一体遵循。党员干部虽执掌权柄,但是应当廉洁自律、依法办事。不仅要严格遵守国家法律,而且要接受党内法规的约束。

最后,立法者、执法者与守法者的统一。党员领导干部与群众不是截然二分的两个群体,党员是群众的一部分,党来源于群众,其宗旨是全心全意为人民服务。领导干部作为先进性代表,应当及时回应社会需求和人民对美好生活的向往,这也是实质法治的内容;另外,法律是普遍化规则,领导干部还需要遵守自己制定的规则。如果说法治是一种规则之治,那么"关键少数"因其在党的执政权和国家权力的特殊地位就与规则发生了更为紧密的联系。"关键少数"行使立法权,就成为规则的创设者;"关键少数"行使行政权、监察权、司法权,就成为规则的执行者。另外,从党作为两个先锋队及其先进性角度来讲,党员领导干部又应严格遵守自己制定的规则,以"带头守法"的模范来引领群众,从而实现官民共同守法和全民守法。

① 《中共中央关于深化党和国家机构改革的决定》,人民出版社2018年版,第19-20页。

（二）“关键少数”与法治的关联方式

领导干部作为“关键少数”与法治的关联方式涉及形式层面和实质层面。在形式层面，法治被理解为一种规则之治；在实质层面，法治又是一种原则之治。法治原则又是规则之治的自然延伸，换言之，法治原则是规则之治的理念和精神。不过，使问题变得复杂的是，“关键少数”又是规则的制定者。规则的制定又与中国法治发展的进程密切相关，换言之，要处理好法治与改革之间的复杂关系。

首先，“关键少数”与法治的形式关联。法治是规则之治，这与人治具有本质的区别。前者立足于规则的确定性、稳定性和可预期性，而后者则体现为随意性、变动性和不可预测性。法治要实现固根本、稳预期、利长远的作用，就应尊重规则。在形式层面，依法治国就是以规则进行治理，以规则评价和判断治理过程和治理行为。以规则来治理包含两个层次：其一，国家应当依照规则来治理；其二，国家应该通过规则来治理。所谓“依照规则来治理”，乃是国家不仅要为其治下的人民制定规则，而且其自身也要服从规则。所谓“通过规则来治理”，是指国家向其治下的人民发布指令不仅应以规则的形式出现，而且指令的制定也应以规则为基础。[①] 这里反复提及的规则，应具有重复性、确定性和普遍性。换言之，规则不仅要用于个案，而且要用于大量未来重复性的事例，规则不会是变动不居的，规则应同样的事情同样对待。符合规则的治理，就排除了恣意的治理。这是法治区别于人治的重要方面，这一点就是法治值得珍视的价值。“关键少数”作为国家治理的规则制定者和具体实施者，应首先树立规则意识，强化规则思维。在遵守规则和执行规则过程中，树立宪法法律至上的观念。坚持依法治国首先要坚持依宪治国，坚持依法执政首先要坚持依宪执政。领导干部要严格按照权限和程序行使权力，坚决反对特权与越权行为。习近平总书记指出：“如果领导干部仍然习惯于人治思维、迷恋于以权代法，那十个有十个要栽大跟头。”[②]规则之治的对立面就是恣意治理，应以规则反对恣意。“关键少数”要善于用法治手段、法治思维和法治方法来实施治理。

其次，“关键少数”与法治的实质关联。法治下的国家治理，不仅限于规则之

---

① See Dieter Grimm, *Levels of the Rule of Law*, Constitutionalism and Good Governance, Dirk Ehlers ed., Nomos, Baden – Baden, p. 141 – 152.

② 《各级领导干部要做尊法学法守法用法的模范》，载习近平：《论坚持全面依法治国》，中央文献出版社 2020 年版，第 141 页。

治,还有规则背后的法治原则。法治原则的第一个要求是应存在规则,这一原则也被称为立法先行。习近平总书记曾多次强调"小智治事,中智治人,大智立法"。有法可依是社会主义法治建设的起点,因此,要重视立法工作,建设完善的法治体系。法治原则的第二个要求是法的安定性。法的安定性是法治的重要价值,国家应遵守规则,暂不论及规则的具体内容。符合规则的行为可以稳定人们对于未来的预期。尽管规则对国家的约束可能会妨碍政治目的的实现,而且坚持形式法治的要求可能会导致实质法治的落空,但是从法治的目的而言,即使遵守规则会导致令人不快的结果,国家也要遵守规则。因为法的安定性,才能让守法者产生对法的信赖,才可以合理地安排自己的生活,唯有如此,稳定的社会秩序才是可能的。① 法治原则的第三个要求是法不溯及既往。既然立法不可能总是良法,立法也会与时代脱节而产生不愉快的后果,那么,一种补救措施是,国家也可以将自己制定的规则予以修改、变更或废止。但是,国家不可以新的规则来溯及既往,否则,人们将无法预料自己行为的后果。以上仅讨论了法治原则的一般性问题。使问题变得更为复杂的是,一方面,"关键少数"要服从规则、树立法治思维;另一方面,"关键少数"又是规则的制定者。"关键少数"作为规则的制定者并不意味着他们可以制定任何他们想要的规则。法律规则的制定应以实质法治为原则,这就涉及实质法治中的基本权利和法律保留原则。基本权利的主要功能是为公权力的行使划定界限,在制度上的具体实现方式就是法律保留。除此之外,领导干部在国家治理过程中还涉及其他诸多法治原则,②这里就不一一展开论述。

最后,"关键少数"与转型法治的关联。中国的法治是在社会主义初级阶段逐步推进和完善的法治,这种法治可以被称为转型法治。③ 转型法治最重要的特征就是要处理改革与法治之间的关系。习近平总书记指出:"在法治下推进改革,在改革中完善法治,这就是我们说的改革和法治是两个轮子的含义。"④一般认为改革与法治具有不同的价值取向,法治是静的、改革是动的,法治是立、改革是破。若孤立地看待法治和改革之间的关系,则可能得出二者相互对立的观点。一种观点强调改革要突破禁区,"改革要上路、法律要上路";另一种观点则认为,法治是

① 参见[德]H. 科殷:《法哲学》,林荣远译,华夏出版社 2002 年版,第 120 页。

② 参见胡建淼主编:《法治原则与国家治理》,中国法制出版社 2021 年版,第 3 页。

③ 参见张龑:《改革时代的转型法治与政治代表》,载《中外法学》2019 年第 4 期。

④ 《在法治下推进改革,在改革中完善法治》,载习近平:《论坚持全面依法治国》,中央文献出版社 2020 年版,第 38 页。

滞后的,坚持法治就难以"引领改革"。在社会变革与法治转型之间应寻求一种中道和平衡,"关键少数"在处理改革与法治关系时起到重要作用。法治作为一种理想状态绝非一蹴而就,而是要以规则为中心,探究实然与应然之间的复杂关系。在赋予规则效力的过程中,"关键少数"作为主要制定规则、执行规则和遵守规则的主体在其中起到关键性作用,是法治从初级的法律状态向成熟的法律状态转型的关键因素。转型法治是一种法治的阶段性升级,而非从无法秩序到有法秩序的陡然一跃。

三、法治发展的情形——"关键少数"的"关键性"

"关键少数"的"关键性"体现在两个方面:一是赋予规则效力的官方性;二是引导形成对规则内在观点的重要性。前文述及的法治是一种规则之治,其重点就落在规则这一概念之上。然而,并非所有的规则都是法律。为鉴别法律的性质及其效力,理论上发展出多种鉴别规则是否为法律的方法,比较典型的是奥斯丁、凯尔森和哈特。奥斯丁认为法律就是主权者的命令,①而凯尔森则认为,法律效力的依据是被预设的基础规范。② 这两种理论都对法律状态和非法律状态进行了截然二分,而对法治发展阶段性则未予以理论分析。法治作为一种社会实践,规则演变为有效力的法律是一个复杂的社会实践过程。③ 规则从非法律状态到法律状态,有赖于规则的官方性赋予其效力,且法治发展状态前后也具有质的差别。哈特以法律是初级规则与次级规则之结合的观点回答了规则何以为法律的问题,又通过规则的外在观点与内在观点的二分,描述了不同的法治阶段。④ 哈特的初级规则与次级规则的区分还揭示了法律世界的一个重要特征:法治不仅是一种复杂

---

① See John Austin, *The Province of Jurisprudence Determined*, Wilfrid Rumble ed., Cambridge University Press, p. 87 – 93.

② 参见[奥]汉斯·凯尔森:《纯粹法学说》(第2版),雷磊译,法律出版社2021年版,第240 – 242页。

③ 关于规则的法律化过程是一个社会实践过程,参见支振锋:《哈特:法学元命题的追问》,黑龙江大学出版社2013年版,第130 – 133页;关于法律作为实践概念的讨论,See Andrei Marmor, Legal Conventionalism, in J Coleman (ed.), *Hart Postscript: Essays to the Postscript to the Concept of Law*, Oxford University Press, 2001, p. 194 – 195。

④ 哈特区分了初级法律状态和成熟法律状态,在这两种状态之间还存在诸多子类型。如果说凯尔森这种将法治予以二分的观点称为立宪法治观,那么哈特这种法治观就可以称为"转型升级法治观",参见张龑:《改革时代的转型法治与政治代表》,载《中外法学》2019年第4期。

的社会实践,还是一种官民互动的社会实践。

(一)规则的官方性

法律的功能是在法院之外,法律以各种方式控制、引导和计划我们的生活。现代法律状态与前现代法律状态最大的区别在于存在官方性的规则。所谓官方性的规则,是指规则的承认、改变和执行都有官方机构予以保证。换言之,官方拥有强制手段以确保规则的有效性和确定性。故而,一般法理论中有一种观点就将官方性等同于制裁性。无论是奥斯丁还是凯尔森都认为制裁是法律体系不可分割的要素,欠缺制裁的规范是不完整的规范形态。① 尽管这种法律制裁论反映了现代法治的部分事实,但是未揭示出规则完整的面向。因为在规则的强制性与规范性之间依然存在差距,其主要表现就是如何论证规则的义务来源。仅依赖于官方的制裁性特征,则只能从外在方面说明规则在行为上的一致性。如果规则与义务的关联仅以制裁为基础,那么这无非阐明的是一种“抢匪情境”,向税务官交税和向强盗交钱,这二者并无本质区别。不闯红灯的理由,并非会得到记分的惩罚,而是因为交通参与者接受了交通规则作为其行动理由。在法律上,“被迫做某事”与“有义务做某事”之间差别巨大。换言之,官方性不限于法律的强制因素。之所以将官方性理解为一种强制因素,是因为将遵守义务的原因理解为一种强迫感或者行为趋利避害的反应,是从外在面向来看待行为的规律性和一致性。另外,强制性也无力解释一种不以强制为后盾的规则,因为对有些规则的违反,仅导致行为本身的无效,例如,违反上位法制定的法律仅导致其无效。

行为表面的一致性不足以解释“单纯关注行为”与“借助规则理解的行为”之间的区别,规则的义务来源应当以内在观点和外在观点予以考察。② 外在观点仅关注行为本身,而内在观点还关注行为背后的理由。外在观点是以观察者的角度来描述行为的规律性和一致性,观察者本身并不接受规则:内在观点则是规则之下的服从者接受规则,不仅以规则指导自身行为,还以规则批评违反规则的行为人。只有通过内在观点才可以解释规则服从者的义务,这种义务既不是出自强

---

① 按照化约论的思路,对奥斯丁和凯尔森而言,可以最完整展示法律性质的规则是刑事规则。参见[英]哈特:《法律的概念》,许家馨、李冠宜译,法律出版社2011年版,第84-85页。

② 关于内在观点和外在观点的相关讨论,参见陈景辉:《什么是“内在观点”?》,载《法制与社会发展》2007年第5期。尽管内在观点和外在观点的区分略显粗糙,也引发了不少争议,但是并未否定区分外在观点和内在观点的意义,See Joseph Raz & Legal Validity, *in The Authority of Law*: *Essays on Law and Morality*, Clarendon Press, 1979, p. 153-157。

迫,也非违反义务导致不利行为的一种预测。通过内在观点与外在观点的区分,规则的官方性就超越了规则的制裁性。内在观点作为一种反思性的批判态度,不仅可以用来说明规则的规范性,而且成为批判外在观点的基础。作为规则的反思批判性态度的内在观点,它可以用来解释不使用制裁要素如何来说明规则的拘束力的问题。不过,若要建立内在观点与规则拘束力的必然关联,还要处理另一个问题,即"规范性的批判态度与规范性反思态度的一致性"。换言之,当行为人违反规则的行为遭到他人基于规则的批判时,行为人应当表示认可和接受。事实上,在社会生活中,行为人往往并不认可他人对自己行为的批判。因此,就出现了规范性的批判态度与规范性的反思态度不对称的现象。以行政法为例,对于执法者的行政处罚,行政相对人内心往往并不接受,反倒是抱怨运气较好的人逃避了执法者的处罚。尽管内在观点可以解释规则义务性的来源,但是仅有义务性规则,而没有官方机构的社会,可能是一种相当简单的社会结构。

仅依赖群体对标准行为模式的一般态度所建立起来的社会有着天然的缺陷。仅有义务性规则的社会结构存在三个方面的缺陷:一是规则的不确定性,这样的社会的规则缺乏体系性,对于彼此独立的规则,不存在鉴别的标准;二是规则的静态性,无论是取消旧规则还是引入新规则,都不存在变更规则的方法;三是维持规则的无效率性,即用以维持规则的压力是分散的,执行规则需要诉诸非中心的救济。① 为了解决这一问题,哈特引入了两种规则理论,即初级规则和次级规则。针对简单社会的三种缺陷,有三种次级规则予以应对,分别是承认规则、变更规则和裁判规则。其中,初级规则是课以义务的规则,而次级规则是授予权力的规则。次级规则保证了初级规则的效力,而且这种法律效力的来源不同于道德或者形而上学理由。次级规则就是凌驾于初级规则之上的二阶规则,由此,一个现代法律体系必然是包括初级规则和次级规则的结合形态。这两种规则结合之意义就如同车轮的发明之于人类文明的意义。在一个前现代的法律世界中并未分化出官员这一阶层,进入法律世界的标志就是存在作为第三方的立法机关、执行机关以及司法机关。尽管前法律世界存在接受规则的内在观点,但是初级规则构造的世界依然充满缺陷,只有官员对法律采取了内在观点,才可能形成一个法律体系的

① 参见[英]哈特:《法律的概念》,许家馨、李冠宜译,法律出版社 2011 年版,第 149 - 157 页。

概念。[①] 换言之,规则只有具备了官方性之后才算是真正进入了法律世界。

(二)法治的不同阶段

前文述及官员和法律的关联,即法律的强制性和官方性,只有两种规则的结合才是完整意义上的法律世界。但是,这样的世界未必是一个可以期待的法治状态。因为无论是初级规则还是次级规则,皆可以对其采取内在观点和外在观点。当规则的制定者和规则的接受者对规则采取不同的看法时,以外在观点看待规则的人极有可能认为规则无法成为一种强制。例如,如果符合这样的法律定义,即法律是阶级统治的工具,体现的是统治阶级的意志。那么,在这一定义下,官方可以从内在观点接受规则,但是对于社会其他成员而言,有可能从外在观点来看待规则,从而导致官方与非官方在对待规则观点上的分裂。[②] 初级规则针对的是一般民众,而次级规则针对的是法律官员。极端的外在观点认为,规则与自身毫无关系,看待规则可能完全出自猎奇的心态,就如同文明世界的人突然发现野蛮世界的那些禁忌一样,这些禁忌并不构成任何拘束,反倒显得滑稽可笑。外在观点是以置身法律体系之外的观察者的身份来看待规则,其本身并不接受规则。内在观点是既接受规则,也以规则作为标准和理由,并以规则为理由来批评违反规则的行为。因此,按照两种规则与内在观点、外在观点和极端外在观点的相互组合,可以区分出三种法治状态和一种极端状态。

第一种是极端状态,也就是无法律状态。在这种状态下,对于初级规则,一般民众采取的是全然极端的外在观点,认为这种规则是强加的,是不可接受的。政府官员不仅对初级规则,而且对次级规则也采取一样的极端外在观点,这样将导致初级规则无法被执行,而次级规则也不可能作为社会事实。换言之,这种法律体系是从外在强加的规则体系。一个可能的极端实例是,一个被异族征服的民族,被迫接受一整套初级规则和次级规则。民众会认为初级规则是蛮夷的法律,而被起用的官员也会认为其次级规则无非将其作为工具去剥削另一部分人而已。这种状态根本就不是一种法律状态。历史上,在政权交替过程中往往会出现这种

① See Richard Holton, *Positivism and the Internal Point of View*, Law and Philosophy, No. 17(1998), p. 597.

② 在对待规则问题上,若社会群体形成对规则外在观点与内在观点的分裂,可能导致两种情况:第一种情况是对于规则制定权的争夺过于暴力;第二种情况是规则将沦为团体之间倾轧的工具。参见支振锋:《法律的驯化与内生性规则》,载《法学研究》2009 年第 2 期。

极端状态。这种状态是谈不上对规则的内在观点，也就是说，无论是民众还是官方都不可能对这种强加的规则持有“规范—接受”(norm - acceptance)态度。

与极端的无法律状态相对应，存在第二种状态，也就是法律状态，而且根据官员与群众对规则的态度可以进一步将这种状态区分为各种子类型。这些子类型因为都满足法治状态的最小条件，因此都是法治可能的状态。这种最小条件包含两个基本要素：一是符合法律之判准的初级规则被民众普遍服从；二是提供判准的承认规则等次级规则被官员接受，并作为官员行动的公共标准。这就是法体系存在的最小状态，哈特将其描述为罗马神话中的“两面神”——雅努斯(Janus)：一面是一般民众对初级规则的服从；另一面是官员接受次级规则作为行动的公共标准。① 根据初级规则和次级规则的对象对规则所采取的态度，可以区分出法治的最小状态，法治的中间状态和法治的最好状态。

法治的最好状态是这样一种情形：官员都以内在观点来看待次级规则，即以反思批判性的态度接受次级规则，不仅他们自己接受次级规则，而且也以次级规则来批评自己的同事偏离规则的行为；民众也全部以内在观点来接受初级规则，民众不仅以初级规则约束和指导自己的行为，也以规则来评价他人的偏离规则的行为。在这样的条件下，法律体系就具有自动落实的可能。以税收为例，在这样的社会中，全部民众会认为缴纳赋税是理所应当的，且心甘情愿地主动交税，并且谴责任何逃避交税的行为。当然，这是一种理想状态。在这种状态中，法律的效力和实效是完全统一的。在现实生活中，更多的情形则是法治的中间状态，即官员依然以内在观点来看待次级规则，但是在民众中，一部分人以内在观点而另一部分人以外在观点来看待初级规则。在这样的法律体系下，民众遵守规则的理由可能是多种多样的。部分民众可能会认为遵守规则是出于对惩罚的恐惧，是趋利避害；另一部分民众是以接受的态度来遵守规则，并且以作为标准来批判违反规则的行为。内在观点展现出法治的规范性状态。在这种情形中，法律具有效力，但是实效性有所下降。法治的最小状态是，民众全部都对初级规则采取外在观点，而官员以内在观点来看待次级规则。在这种情形下，民众之所以服从规则，不是将规则作为自己和他人的评价标准，而是因为对制裁的恐惧或其他趋利避害的原因。虽然民众置身于法律体系之中，却以观察者的身份来描述规则是如何的，

① 参见[英]哈特：《法律的概念》，许家馨、李冠宜译，法律出版社 2011 年版，第 178 页。

但是自身并不接受这样的规则。在这样情形下,对民众而言,纳税和缴纳保护费之间并无本质区别。换言之,尽管法律具有效力,但是因为其实效已经降低到几近于无的状态,这种法律可能马上面临失效的风险。在这种状态下,尽管法律效力依然可以由官员以内在观点接受的承认规则予以保证,但是使用规范化的法律语言为特征的内在观点仅限于政府官员。在这样的社会中,尽管法律体系依然存在,但是法律的执行完全依赖官方的强制性,其情形可能类似于民众如待宰之羔羊。

一个法治状态到底处于何种状态,可以按照官员与民众当中有多少人以内在观点看待初级规则与次级规则来判断。因此,这里就存在对法治状态进行判断的标准,同时也就意味着存在一种推进法治状态向最好状态发展的思路。一个法律体系运转良好的状态是这样的一种状态:官员以内在观点来看待次级规则,而绝大多数民众也以内在观点来看待次级规则。当官员以自身尊法学法守法用法的行为构成守法的模范之时,这就会产生一种效应,即官员作为群众的一部分会引导群众去认同次级规则乃至整个法律体系。群众的守法行为是群众对规则认同与合法行为的统一体,由此,这就形成一种法治发展的动力机制。

四、法律的遵守——带头尊法学法守法用法的模范

习近平总书记指出:“高级干部做尊法学法守法用法的模范,是实现全面推进依法治国目标和任务的关键所在。”①领导干部只有在内心中尊崇法治,才可能在行为上遵守法律。法律与其他社会规范的重要不同是,法律可以拘束、引导人们的行为,它不是随意的,而是义务性的。受强迫而服从规则与自觉遵守规则之间存在本质的区别,领导干部先做到自觉遵守,人民群众才会竞相效仿。促进法治的自动落实,领导干部应以自身的行为来影响群众形成守法的观点、态度和倾向。一个守法行为包括三个方面:一是守法主体对法律的认知和了解;二是对法律的判断、评价并形成对法律的态度和思维倾向;三是在特定的背景下,主体对行为的合法性判断,从而选择作为或者不作为。以一般法理论予以重述就是,领导干部要带领群众以内在观点来看待初级规则与次级规则。领导干部“带头守法”就包括两个方面的内容:一是守法义务的道德依据;二是守法义务的工作方法——群

① 《各级领导干部要做尊法学法守法用法的模范》,载习近平:《论坚持全面依法治国》,中央文献出版社 2020 年版,第 135 页。

众路线。当然,为了让这种机制得到制度上的保证,还可以从守法义务方面进行制度性规范。中国共产党的执政权地位,以及党全面从严治党的党内法规体系,在制度上规范了党员,尤其是领导干部的守法行为。

(一)守法义务的根据

法律作为一种社会技术,其重要特征在于,法律之下,行为就不再是随意的(non - optional)而是义务性的(obligatory)。[①] 规则与义务的关联构成了理解法律的一个起点,当法律的服从者以内在观点看待规则时,才不会将守法的义务等同于受强迫或者是对不利后果的预测。如果遵守规则的理由仅仅是担心受到制裁的恐惧心理,那么就不足以解释规则的规范性。人们将服从规则作为行动的理由,并且以此作为标准批判偏离规则的行为,其原因是人们对规则采取了一种内在观点。内在观点解释了守法的理由,即守法者以反思批判的态度来看待规则。[②] 哈特以法律服从者的反思批判性态度论证了法律具有规范性。凯尔森的纯粹法理论也认为,法律规范性不能从道德规范性引出,其理由是认为,是一种主观意义,而规范则是一种客观意义。[③] 对规范性的解释都指向了守法义务及其理由。实证主义认为,法律义务的根据是某种特定观点下的义务,而非实证主义则认为法律义务是法律实践的道德义务。[④] 尽管守法义务的论证存在自然法和实证主义的争议,[⑤]但是守法理由不应以化约主义的方式诠释为一种单一类型。尤其是,当涉及我国社会主义法治体系的特殊性时,这种单一的论证方式可能忽略了实在法体系内在的规范资源的丰富性。我国《宪法》第 53 条规定:“中华人民共和国公民必须遵守宪法和法律,保守国家秘密,爱护公共财产,遵守劳动纪律,遵守公共秩序,尊重社会公德。”从宪法具体化为法律的立法实践上看,这项规定存在一个有

---

① 参见[英]哈特:《法律的概念》,许家馨、李冠宜译,法律出版社 2011 年版,第 139 页。

② 哈特对反思批判性态度有相当详尽的说明,“如果人们接受特定的规制,但并没有体验到任何这种强制的感觉,这种说法并没有任何矛盾。所必备的条件是,对于特定行为模式被视为共同标准,应持有反思批判的态度。而这个态度应在评论中(包括自我批判)表现出来,以及对遵从的要求,和承认这种批判与要求是正当的;而所有这些我们在以下规范性术语中,找到其独特的表达,即‘应当’、‘必须’与‘应该’、‘对的’和‘错的’”。参见[英]哈特:《法律的概念》,许家馨、李冠宜译,法律出版社 2011 年版,第 111 - 112 页。

③ 参见[奥]汉斯·凯尔森:《纯粹法学说》(第 2 版),雷磊译,法律出版社 2021 年版,第 3 - 5 页。

④ 参见王鹏翔:《法律的根据与法律义务的性质》,载《政治与社会哲学评论》2018 年第 65 期。

⑤ 关于守法义务的理论梳理以及自然法与实证主义的争议的相关讨论,参见刘杨:《道德、法律、守法义务之间的系统性理论——自然法学说与法律实证主义关系透视》,载《法学研究》2010 年第 2 期。

趣的现象:除守法义务外,其他义务都被下位法律予以具体化,其他的义务都是法律中义务,是具体的直接的义务,如服兵役、纳税,但是守法义务则是一项对法律的义务(obligation to law)。换言之,对法律的义务是一项更为基础性的义务。①

论证我国《宪法》规定的守法义务,应从中国特色社会主义法治体系所主张的具体价值、制度和社会目标出发。在价值层面,遵守宪法和法律的理由在于宪法体现了现代文明的基本价值。宪法以人之尊严为价值基础,宪法是人之尊严这种抽象价值理念的具体化。② 人之尊严的哲学论证可以从人与人之间的相互承认关系进行论证,正是着眼于人与人建立秩序而导致的相互课加责任的需要,从承认关系中可以演绎出现代宪法的基本价值。③ 相互承认的关系必然要求彼此平等对待和相互关怀,由此导出现代宪法的基本原则。我国《宪法》第38条规定了"人格尊严",经由解释以及与人权条款相互配合可以得出我国《宪法》中基础性的价值原理。④

在制度层面,守法的义务源自一种制度性事实。守法义务的证立依赖于特定的社会事实,这种事实区别于纯粹的原始事实,后者只与物质世界的存在形式有关,是人类实践活动的约束性条件。法律则是一种制度性事实,它是语言除交流功能之外所建构的社会实在。塞尔论证了集体意向性如何参与社会实在的建构过程。⑤ 制度性事实并非可以独立存在,只有通过集体的一致性接受或者认同才可以被构造出来,它是社会实在的一部分。法秩序作为一种构成性规则,它具有"X在情景C中被看作Y"的形式。⑥ 如一枚圆形金属,只有在法律制度下才可以被理解为一枚可以用来交易的货币。法秩序构成使社会实际得以展开的制度性基础,遵守法律的义务源自对宪法和法律制度的认同。有学者从政治宪法角度分

① 关于守法义务是其他义务的基础性义务的论证,参见汪雄:《宪法第五十三条中守法义务的证成》,载《北京行政学院学报》2019年第4期。

② 关于宪法中人之尊重作为价值基础的相关讨论,参见张龑:《人之尊严:世俗化时代的法权基础》,载《中国人民大学学报》2019年第5期;王晖:《人之尊严的理念与制度化》,载《中国法学》2014年第4期。

③ 黑格尔首先洞悉了现代社会的承认逻辑,霍耐特将其进行社会哲学分析,演绎出现代社会法权的基本逻辑,参见[德]阿克塞尔·霍耐特:《为承认而斗争》,胡继华译,上海人民出版社2005年版。

④ 关于人格尊严与人的尊严的相关讨论,参见林来梵:《人的尊严与人格尊严——兼论中国宪法第38条的解释方案》,载《浙江社会科学》2008年第3期。

⑤ 参见[美]约翰·R.塞尔:《社会实在的建构》,李步楼译,上海人民出版社2008年版,第25页。

⑥ 参见宋春艳:《塞尔的适应方向与制度性事实的建构》,载《哲学动态》2015年第3期。

析我国《宪法》,认为我国《宪法》内含党的领导、社会主义、民主集中制、现代化建设以及基本权利保障五个"根本法",我国的《宪法》实施就是对五个"根本法"的实施。[①] 对五个"根本法"的认同构成了遵守法律义务以及国家整合的根本制度基础。

在社会目标层面,守法义务还来自共同体关于未来目标的共识。一个正常的社会一般会设定相应的阶段性目标,法律对于保障社会目标的实现具有重要作用。这种法律与社会目标的关系确保了遵守法律的正当性,当法律以规则形态服从于特定共同目标时,社会成员有义务回应社会的正当要求。社会成员回应法律正当要求的能力奠定于人的理性,拉兹认为"适当回应理由"就是认识理由和遵守理由,法秩序下的成员作出回应判断反映了自身的理性能力。[②] 因此,遵守法律的义务要满足两个基本条件:一是法律已经或正在回应社会的要求;二是法律回应社会的要求是正当的。习近平总书记指出:"全面依法治国,是坚持和发展中国特色社会主义的本质要求和重要保障。"[③]党的领导与社会主义法治是一致的,中华人民共和国成立以来党领导人民创立了以《宪法》为统领的社会主义法治体系,为社会主义政治、经济和社会进步提供了有力的法治保障。守法义务还可以从党领导人民的长期奋斗目标来予以论证。

(二)法治发展的群众路线

前述法治发展具有阶段性特征,最好的法治状态是,不仅是官员而且全体民众也以内在观点来看待初级规则与次级规则。这种法治就具有自动落实之可能,但是事实情况往往与之相距甚远。一个存在法律体系的社会,总是部分人以内在观点看待规则,也就是对规则持有批判反思性态度,不仅以规则要求自己,而且将规则作为标准来批判偏离规则的行为。抓住"关键少数",就是抓住法治发展中具有引领和模范作用的党员领导干部。他们既是具体行使党的执政权的人又是掌握国家权力的人,他们对承认规则是否采取了内在观点,对法治的存在与发展来说具有至关重要的意义。当然,只有官员对规则采取内在观点,这远不是好的法治状态。由于域外国家缺乏一个代表全体人民的政党,域外的一般法理论将政府

---

① 参见陈端洪:《论宪法作为国家的根本法和高级法》,载《中外法学》2008 年第 4 期。

② See Joseph Raz, Engaging Reason, *Oxford and New York*: *Oxford University Press*,1999, p. 77.

③ 《全面推进依法治国是一项长期而重大的历史任务》,载习近平:《论坚持全面依法治国》,中央文献出版社 2020 年版,第 170 页。

官员和民众截然二分,导致法治发展路径不是过度依赖社会,就是过度依赖政府,从而导致法治发展的两极分化。前者是依赖社会自发性的“自上而下”的法治道路,后者是依赖官员的“自下而上”的法治发展。二者皆有执其一端而失其中的弊端。由于我们社会主义国家中党的执政地位及其国家权力性质,绝大部分政府官员既是官员又是群众的一部分,他们具有双重地位,因此,中国法治发展走的是一条具有中国特色的法治发展道路。习近平总书记指出,我们要实现社会主义现代化,就必须自上而下、自下而上双向互动地推进法治化。[①] 落实自上而下和自下而上双向互动的法治化路径就是在法治发展中坚持群众路线。

党的群众路线的基本内涵是“一切为了群众,一切依靠群众,从群众中来,到群众中去”。群众路线在价值上坚持“一切为了群众”,在逻辑起点上坚持“一切依靠群众”,而根本工作方法是“从群众中来,到群众中去”。[②] 领导干部作为治国者,他们依然是群众的一部分,领导干部不是与群众彼此区分的两个群体,他们不是身处群众之外,而是要做到“从群众中来,到群众中去”。“从群众中来”的群众是作为分散的个体状态的群众,而“到群众中去”则是政治意义上的群众。合格的治国者,每一次深入群众就是强化党与群众的密切联系,同时也保证了政府及其权力为人民服务,与此同时,权力的公共性和人民性被激活。[③] 作为一种“反复逼近之方案”的群众路线,党员干部和群众不是一个“二元结构”,前者始终是后者的一部分,群众路线是由两种关系构成的:一是“先后关系”;二是“主仆关系”。“先后关系”表达党的性质,党是工人阶级的先锋队,是中国人民和中华民族的先锋队,这是党的使命代表性;“主仆关系”代表的是党员的宗旨,党全心全意为人民服务,这是党以人民为中心。这两种关系表达了领导干部与群众之间的政治伦理姿态,同时也是展现一种法治发展的动力机制。群众路线的每一次实践都包含三个环节:一是收集群众的多元想法;二是从群众视角处理这些想法;三是以政策调整

---

① 《各级领导干部要做尊法学法守法用法的模范》,载习近平:《论坚持全面依法治国》,中央文献出版社 2020 年版,第 136 页。

② 参见中央档案馆:《中共中央文件选集》(第 1 册),中共中央党校出版社 1989 年版,第 899 页。

③ 关于党的群众路线的相关讨论,参见吴冠军:《“群众路线”的政治学》,载《同济大学学报(社会科学版)》2014 年第 3 期;吴冠军:《重新激活“群众路线”的两个关键问题:为什么与如何》,载《政治学研究》2016 年第 6 期。

方式将处理之后的想法反给群众。[①] 法治是真实的人民群众的生活实践,它有根植于社会的一部分,也有官方机构实践的一部分。从群众路线来观察法治发展,它是官员与群众之间良性互动的结果。

若从法治发展的观点来理解群众路线,则可以区分出规则之义务来源的群众观点和规则被遵守的群众观点。前者可以被称为"从群众中来",而后者可以称为"到群众中去"。"从群众中来"的法治实践强调的是规则源自人民群众,它包括两个方面:一是官员的代表性,初级规则源于党员干部的代表性;二是官员的官方性,初级规则被赋予效力源自党员干部的官方性。"到群众中去"的法治实践则凸显的是规则应获得人民的接受。法治发展中能够密切联系群众,把握两个关键环节就是要"抓住领导干部"这个"关键少数"以及领导干部要做尊法学法守法用法的模范。规则源自人民群众,强调的是规则的社会基础,是自下而上的法治发展模式;规则应获得人民群众的接受,强调的是自上而下的法治发展模式。前者是规则之义务来源的群众观点,而后者是规则被遵守的群众观点。

"从群众中来"可以表述为:法律的效力可以通过官方性和群众性相结合的观点来解释。当然,对此一般法律论中存在以下观点,即规则之义务性来源的非群众性观点,通常有两种形式:其一,只要满足法律的形式条件,即"行为条件 + 制裁",任何内容都可以成为法律;其二,仅认为法律是一种行为的一致性,即习惯即是规则。前者是脱离群众的立法者观点,以奥斯丁和凯尔森为代表;后者是片面的群众观点,以法律现实主义为代表。立法者观点过度依赖于法律的强制性要素,因为制裁可能无法解释两个问题:一是非制裁性的授权性规则;二是制裁的法律体系的整体道德性基础。仅凭法律的强制性因素并不是一个好的法治状态。法律现实主义将法律当作对行为的预测的观点,也存在两个严重的缺陷:其一,行为的预测无法解释有权机构实施法律行为的理由;其二,将"负有义务"与"遭致的损害"等同起来,无法说明那些虽然违反规则但未被报复的情形。因此,规则的义务性来源应当满足群众性与官方性两个条件。规则的群众性指的是社会实践中生成的规则,这类规则无论人们愿不愿意,都被要求去做或者不做。这样的规则就只是一种课加义务的规则。如果规则只具有群众性,那么这样的社会就可以被

---

① 毛泽东以"人民群众是历史的创造者"的论断发展了马克思主义,并以群众路线的方式表达了其具体的工作方法:调查人民的状况,了解并参与到他们的斗争中。由此,可以将群众路线总结为三个环节,参见吴冠军:《"群众路线"的政治学》,载《同济大学学报(社会科学版)》2014 年第 3 期。

称为习惯(custom)式社会。在这样的社会违反习惯性规则就会感到社会压力，并且也可以规则为理由批判他人行为。但是，它具有不确定性、静态性和无效率性这三个明显的缺点。为此，必须引入规则的官方性，也就是次级规则。其中，次级规则中最重要的就是承认规则。这类规则赋予初级规则效力。只有初级规则与次级规则相结合，才可以说存在一个法律体系。以群众路线观之，官方性和群众性是密不可分的。党员领导干部是连接官方性和群众性的关键性中介，通过群众路线，党员领导干部要深入群众，发现社会习惯和人民群众对规则的看法。在国家权力机构运作上，党员领导干部调研群众意见，吸纳基层民意和社会习惯性规则，通过法定程序使其成为国家法律。规则义务性来自群众性和官方性相结合的理论观点，还可以作为一种理论模式以破解民间法理论的建构问题。[①] 民间法作为习惯、宗族法、乡规民约、家族法等，是非正式法源，它并不是法律，需要官方性以次级规则予以效力上的承认。国家立法也应从民间习惯、交往规则以及社会一般惯例等方面汲取内容方面的营养。[②]

“到群众中去”的法治观点可以解释“带头守法”的问题，即带领更多群众以内在观点来看待规则的群众观点。之前述及一个法律体系存在的最小条件有二：其一，符合初级规则的行为规则，必须普遍地被服从；其二，次级规则必须为政府官员所接受。然而，仅满足最低条件只是法体系的最小状态。一个最优的且可以自动落实的法治状态是，不仅全部官员以内在观点看待次级规则，而且其全部民众也以内在观点接受被承认规则鉴别为有效力的规则。内在观点作为一种反思性的批判态度，它不仅是解释法律规范性及其拘束力的关键，而且可以作为判断法治发展状态的指标。群众持内在观点的多少构成法治发展状态的判断标准。事实上，绝大多数社会，不可能实现全部民众都以内在观点接受社会规则的状态，民众不一定都是借助规则来理解行为，而是单纯关注行为的可能后果。例如，遵守交通规则并不是因为以规范性的姿态接受规则，而是因为违反交通规则可能受到惩罚。只有通过内在观点，即民众以反思批判性的姿态接受规则并以规则指导自己的行为，而且规则也构成批判他人偏离规则的行为的理由，此时，规则才具有

---

① 关于民间法的相关理论研究，参见谢晖：《民间法、民族习惯法专栏主持人手记（六十九）：民间法，从经验规则到理性法律》，载《甘肃政法大学学报》2018 年第 6 期。

② 关于民间法作为制定法的创制资源的相关讨论，参见谢晖：《论我国地方立法基于民间法的创制》，载《法学杂志》2019 年第 11 期。

规范性。内在观点发挥作用要满足"规范性批判态度与规范性的反思态度相一致"这个条件。通俗来讲,就是当他人认为你应该或者不应该做某事时,你基于规则的反思也应该表示认可。事实上,社会生活中存在规范性的批判态度与规范性的反思态度之间的不对称状态,人们往往希望别人按照规则行动并批判违反规则的行为,而自己总想方设法地以各种方法逃避规则及其后果,这就是对规则持有一种外在观点。因此,如何培养具有内在观点的民众对于法治发展而言就具有举足轻重的意义。然而,困扰着当下我国法治发展的难题是,民众法治意识淡薄、法律和司法权威不足、法律专业化与生活的脱节等。"秋菊打官司""送法下乡"等一系列的现实问题表明,"到群众中去"的"带头守法"的群众观点不是法律官员以专业化的知识抽象地处理法律纠纷,而是要走入社会基层。尤其是党员领导干部作为群众的一部分,要到群众中去,深入群众,以自身的尊法守法知法用法来影响群众对法律体系形成内在观点。既以规则要求自身,也以规则来约束他人。

五、党内法规作为法治发展的动机机制的制度保障

习近平法治思想中关于抓住领导干部这个"关键少数"的论述,包括四个方面的内容:第一,领导干部是全面依法治国的重要组织者、推动者和实践者;第二,领导干部要做到尊法学法守法用法的模范;第三,领导干部要提高运用法治思维和法治方法的能力;第四,党政主要负责人要履行推进法治建设第一责任人的职责。[①] 习近平法治思想的第十一个坚持,分别从党员领导干部在依法治国中的关键性地位、模范带头作用、运用法治能力以及法治建设的规范保障等四个方面论述了领导干部在全面依法治国中的关键作用。其中,保证领导干部发挥关键性作用还应该建构充分的规范性保证。领导干部作为依法治国的组织者、推动者和实践者,在规范上如何保证的问题,可能遭到两种质疑:第一种质疑是关于规范性质的质疑,具体来说,就是厉行法治的规范要求超出法治的范围,这种规范性不是法律的规范性,这种要求是法律规范体系自身无法担保的;第二种质疑是,若党的群众路线完全取决于少数领导干部的个人偏好而缺乏制度化的落实机制,那么群众路线终将流于空谈。一种比较典型反对观点是,群众路线的"实践到目前为止,很

① 参见中共中央宣传部、中央全面依法治国委员会办公室编:《习近平法治思想学习纲要》,人民出版社、学习出版社 2021 年版,第 139 - 150 页。

大程度上很局限于领导者的工作做法,缺乏制度的和程序性的保障措施"。[①]

实际上,党为了保证党依法治国与领导干部这个"关键少数"在依法治国中的作用,以党内法规的形式施加了制度性约束。党内法规体系是社会主义法治体系的重要组成部分,党的领导是我国社会主义法治之魂。党的十八届四中全会通过的《中共中央关于全面推进依法治国若干重大问题的决定》明确将"形成完善的党内法规体系"作为建设中国特色社会主义法治体系的重要内容。领导干部这个"关键少数"在法治发展中的党内规范,主要涉及三个方面:第一,党章中的原则性规范;第二,党纪中的具体性规范;第三,党组织中的制度性规范。

首先,党章对党员的守法义务进行了原则性规定。党章形成了对党员权利与党员义务的"八项权利、八项义务"的规定,其中涉及"遵守国家法律"的规定是第3条第4项,党员要"模范遵守国家的法律法规"。党内法规调整的党员权利义务关系不同于国家法律调整的权利与义务关系,"党员权利"和"党员义务"是专属概念,既不同于自然法的权利概念,也不同于实定法体系中的法律权利与义务概念。党员义务不同于一般公民的义务,不能等同于法学概念上的基于个体主义的权利义务关系。党员义务是基于政党的性质、宗旨和社会目标而建构出来的党内关系的工具性范畴。[②] 党员不仅要遵守国家宪法和法律,还要"模范遵守",这种规范性关系是为了保证党员,尤其是领导干部积极作为,是党保持先锋队本色的内在要求。党章还规定了中国共产党党员必须全心全意为人民服务,党员永远是劳动人民的普通一员,永远不得谋取任何私利与特权。这些原则性规定,对党员领导干部密切联系群众,推进法治现代化建设具有指导意义。

其次,党的纪律严于国家法,"把纪律挺在前面"是党纪对模范遵守法律的纪律规范。党的纪律是党的各级组织和全体党员的具体行为规范,对党员遵守国家法律提出了具体要求。党纪严于国法,把纪律挺在前面。违法一般违纪,而违纪未必违法,这反映出通过纪律对党员的要求而实现国家法律被严格遵守和"带头守法"的溢出效果。如中央"八项规定"精神,可以对党员领导干部带头遵守法律、廉洁自律起到预防作用,从而避免发生党员领导干部触犯职务行为的犯罪。在党

---

① 景跃进:《群众路线与当代中国政治发展:内涵、结构与实践》,载李朱选编:《群众路线大家谈》,华文出版社 2013 年版,第 194 页。

② 关于党员义务与党员权利及其与权利义务关系的法律范畴的辨析,参见朱林方:《党内法规若干基本范畴思辨》,载《国家检察官学院学报》2021 年第 6 期。

员领导干部"带头守法"问题上,党纪评价机制先于国家法律的司法裁判制度。党纪不仅调整党内关系,还涉及党员的社会关系以及个人道德,其对党员的品德、思想和政治忠诚都提出了相应的要求。尽管党纪与国法的调整范围、层次和对象不尽相同,但是从纪严于法,党员干部"带头守法"的要求上看,二者都统一于社会主义法治体系的基本精神。

最后,党组织中的制度性规范对党的领导干部推进全面依法治国提出了具体的任务要求。为了保障领导干部在全面依法治国中的关键性作用,党在具体的制度上作出了相应的安排,主要有三个方面的内容。第一,党政主要负责人是履行推进法治建设的第一责任人。中共中央办公厅、国务院办公厅印发了《党政主要负责人履行推进法治建设第一责任人职责规定》,对党政主要负责人在统筹推进科学立法、严格执法、公正司法、全民守法,以及运用法治思维和法治方法方面的责任进行了规范。第二,把能不能遵守法律、依法办事作为考察该干部的重要内容。党选拔干部的标准是德才兼备,其中法治观念、法治素养是领导干部德才的重要内容。在其他条件相同的情况下,优先提拔有法治素养和依法办事能力强的干部。领导干部不仅要培养自身法治思维和提高自身法治水平,还要在普法中承担法治建设的责任。第三,严格禁止以权压法的行为,不允许特权的存在。在党纪与国法的约束下,没有凌驾于党章与党组织之上的特殊党员。党员领导干部尤其要树立正确的权力观,不能以权压法,要按照规则和程序来行使权力。

六、结论

习近平法治思想中的第十一个坚持,即"坚持抓住领导干部这个'关键少数'"具有丰富的法理内涵,在诠释模式上可以采取现代法理学的基本概念和方法进行理论性诠释。在中国实在法体系当中,党的执政权和领导干部行使国家权力标识出领导干部在法治原则中的"关键性"地位。一方面,领导干部作为来自群众的一部分,他是法律的遵守者;另一方面,领导干部是执政权与国家权力的行使者,有治国者地位,他又是法律的制定者和执行者。这种地位决定了"关键少数"与法治的关联方式的复杂性,推进法治发展就要立足于法治发展中的官方性与群众性之间的相互关系。在效力上,鉴别法律效力的次级规则需要以官方性为事实来源;在实效上,官方性以其模范性守法角色带动群众从内在观点看待初级规则与次级规则。

现代法理论认为,法律是初级规则与次级规则的结合。法律体系的形成,官方性和群众性缺一不可。仅有规则之群众性的社会充满自身无法克服的缺点,而仅以制定法为中心的官方性的法律世界,则可能是群众难逃待宰羊群之厄运的社会。一个良好的法治状态是官员、民众以内在观点来接受社会规则的状态。最优的法治是一种自动落实的法治,这种自动落实的法治可以从两个方面来予以观察:其一,规则之义务性来源;其二,规则的遵守。为此,领导干部这个"关键少数"与人民群众这个多数的互动关系之中就存在法治发展的动力机制。群众路线可以作为党员领导干部这个"关键少数"在法治领域中的工作方法,既在规则的生成上又可以在规则的遵守上发挥关键性作用。规则的生成上,将民间法提升为国家法律,同时也吸纳民众意见,从而将人民意志上升为国家法律;在规则的遵守上,领导干部要带头尊法学法守法用法。以群众路线作为方法,官员带动更多的民众以内在观点来看待法律体系是一种法治发展的动力机制。为了确保这种机制,党从党章、党纪和组织制度等维度对其进行规范性保障。习近平法治思想的第十一个坚持内涵丰富,具有的广阔诠释空间,它是法治发展动力机制的理论基础和指导思想。在推进依法治国中,抓住领导干部这个"关键少数"是习近平法治思想在法治发展理论中的重大理论创新。

《公职人员政务处分法》禁止重复处分原则的法教义学展开

马立群* 郑浩栋**

[摘要] 《公职人员政务处分法》第16条规定了"禁止重复处分"原则,要求对公职人员的同一违法行为,监察机关和公职人员任免机关、单位不得重复给予政务处分和处分。因该条文中使用了抽象性概念,因此在具体适用中亟待从法教义学的角度展开具体化分析。禁止重复处分原则在具体适用中包括适用对象、适用原因、适用主体、适用内容四个判断维度,产生禁止重复评价的法律效果。禁止重复处分原则是政务处分双轨惩戒机制中的保障制度,贯彻了《监察法》"权责对等,严格监督"的法律精神。为有效落实禁止重复处分原则,建议通过程序建构,明确监察机关与任免机关、单位的管辖权限及管辖冲突解决机制,建立以监察机关为主导的双轨处分制度。

[关键词] 同一违法行为 政务处分 处分 重复处分

2020年颁布的《公职人员政务处分法》确立了以政务处分与处分并行的双轨处分制度。其中,政务处分是指由监察机关对违法的公职人员作出的惩戒,体现了监察机关的监督责任;处分是指由公职人员任免机关、单位对违法的公职人员作出的惩戒,体现了公职人员任免机关、单位的主体责任。为了解决因管辖权重叠而产生对公职人员重复处分的情形,《公职人员政务处分法》第16条确立了"禁

---

* 马立群,西南政法大学行政法学院(纪检监察学院)教授,法学博士,博士生导师。研究方向:行政法与行政诉讼法、纪检监察法。

** 郑浩栋,中国政法大学纪检监察学院2024级博士研究生。

止重复处分”原则。该条规定:“对公职人员的同一违法行为,监察机关和公职人员任免机关、单位不得重复给予政务处分和处分。”此外,2018 年修订的《公务员法》第 61 条第 2 款规定:“对同一违纪违法行为,监察机关已经作出政务处分决定的,公务员所在机关不再给予处分。”禁止重复处分原则是双轨处分制度的关键补充性规定,其对于厘清政务处分与处分之间的衔接和适用,以及保障被处分人的法律权利具有重要意义。但是,《公职人员政务处分法》第 16 条的规定极为抽象,实践中对认定是否属于“同一违法行为”和“重复给予政务处分和处分”缺乏明确和一致的判断标准。基于以上背景,本文将从法律适用的视角出发,对禁止重复处分原则的适用要件和法律效果展开教义学分析,并提出具有可操作性的判断标准。

一、禁止重复处分原则的价值意涵

禁止重复处分原则是《公职人员政务处分法》第 16 条和《公务员法》第 61 条第 2 款共同确立的原则。从概念上来讲,禁止重复处分是指对公职人员的同一违法行为,不得基于相同事实和同一依据,给予两次或两次以上的惩戒处分。该原则包含两个基本要求:一是监察机关与任免机关、单位在调查程序中,必须准确调查和认定公职人员的违法事实,禁止将一个违法行为认定为两个或两个以上的违法行为,从而作出两个或两个以上的处理决定,即重复评价;二是对于公职人员的同一违法行为,在监察机关与任免机关、单位均有管辖权的情况下,当其中一个机关已经行使处分权时,禁止其他机关再行作出政务处分或处分,不得出现政务处分与处分并存的情况。① 禁止重复处分原则贯彻了《监察法》“权责对等,严格监督”的法律目的,体现了一事不再罚的公法基本理念。该原则蕴含的价值理念在于切实保障人权、优化权力配置、贯彻比例原则。

其一,切实保障人权。人权保障已深入宪法,是监察体制改革的基本要求与目标。② 在我国公法领域,公职人员与国家之间仍然存在特别权力关系的一般特征,具体包括公职人员权利让渡、内部惩戒排除司法救济等。③ 禁止重复处分原则

---

① 参见莫于川主编:《中华人民共和国公职人员政务处分法释义》,中国法制出版社 2020 年版,第 92 页。

② 参见秦前红:《监察改革中的法治工程》,译林出版社 2020 年版,第 15 页。

③ 参见江国华:《正当性、权限与边界——特别权力关系理论与党内法规之证成》,载《法律科学(西北政法大学学报)》2019 年第 1 期;聂资鲁:《防止公职人员利益冲突立法的理论与实践》,载《中国法学》2013 年第 6 期。

为当事人提供了更加有效的保障机制。一方面,禁止重复处分的要求使事后被动救济转变为事前主动保障。处分机关在作出处分之前,必须严格、正确地认定违法行为并有效衔接政务处分权与处分权,以防范监察权力行使过程中产生侵害当事人权利的消极效果。另一方面,该原则亦蕴含了通过监察程序机制保障当事人权利的公法理念。通过强调监察机关和公职人员任免机关、单位的沟通和协调程序,有助于实现权力与权利的相对平衡,为当事人提供及时和有效的权利保障。

其二,贯彻比例原则。随着现代法治的发展,比例原则的应用由"权力—权利"的对称性价值拓展至"权力—权力"的功能配置,并已逐步上升为宪法意义上的原则。① 根据普遍性观点,比例原则包括必要性原则、适当性原则与均衡性原则。立法中在设定政务处分和处分时,须遵守罚当其责的理念,合理设置当事人的法律责任。在执法阶段,如果实施违法行为的公职人员已受到处分,那么监察机关或任免机关、单位不得再次启动处分程序,同时也禁止将公职人员的同一违法行为评价为数个违法行为而予以数个处分,以防止过罚失当。此外,监察机关与任免机关、单位在行使惩戒权时应当同等情形同等对待,不同情形不同对待。处分机关在适用对象、处分事由与处分力度等方面应当保持一致,避免出现"同案不同罚"的情形。

其三,优化权力配置。监察体制改革以构建高效权威的国家监察体系为目标,这必然要求合理配置国家公权力并提升权力效能。因此,在监察权力配置中,应当重视权力行使的正确性,寻求权力行使的最佳配置。② 监察体制改革中虽然整合了检察机关、行政监察机关的反腐权力,但在处置职能方面,除创制政务处分权外仍保留了任免机关、单位的处分权。禁止重复处分原则在以下三个方面实现了权力配置最优化。一是政务处分的主导性。当监察机关通过调查作出政务处分或者决定不予政务处分时,任免机关、单位应当服从监察机关的决定,不得再行作出处分。二是赋予任免机关、单位处分权明确的法律地位。在共同管辖领域,监察机关赋予任免机关、单位较大自主监督权,对于任免机关、单位的处分决定一般予以认同。三是处分的受监督性。当任免机关、单位未能有效履行处分职责

---

① 参见蒋红珍:《比例原则适用的范式转型》,载《中国社会科学》2021 年第 4 期;汪海燕:《比例原则在监察调查制度中的适用》,载《行政法学研究》2022 年第 5 期。

② 参见张翔:《国家权力配置的功能适当原则——以德国法为中心》,载《比较法研究》2018 年第 3 期。

时,监察机关有权提出监察建议。

二、禁止重复处分原则的适用要件

(一)适用对象:公职人员

禁止重复处分原则的法律适用对象是公职人员。《监察法》第3条规定监察对象限于“行使公权力的公职人员”,而《监察法》第15条在具体规定监察对象时表述为“公职人员”与“有关人员”。学理上有观点指出,《监察法》第3条和第15条的规定容易导致在对监察对象的认识上产生障碍。具体而言,《监察法》第15条列举的监察对象既然将“公职人员”和“有关人员”并列,那么“有关人员”显然属于非公职人员的监察对象,但《监察法》第3条又将监察对象限于公职人员,似乎存在法条冲突。这是在确定监察范围时必须解决的问题之一。[①] 据法秩序统一原理,《监察法》第3条与第15条规定的“公职人员”的内涵与外延应当相同。目前主流的观点认为,公职身份不是公职人员的唯一判断标准,关键在于其是否行使公权力、履行公务。[②] 基于这一认识,可以从狭义和广义两个层面对“公职人员”进行界定。《监察法》第15条规定的“公职人员”为狭义,仅指该条规定的具有公职身份的人员,以与该条的其他“有关人员”相区分。《监察法》第3条位于“总则”章节,是一种统筹性规定,因此该条的“公职人员”应作广义理解,不仅包括公职身份人员,还包括其他行使公权力、履行公务的人员。《公职人员政务处分法》第2条第3款规定了政务处分对象为《监察法》第15条规定的人员,因此政务处分适用对象为广义上的公职人员,具体包括三类:在编人员、从事公务或管理人员与有关人员。第一类“在编人员”包括行政编制内的公务员、参照《公务员法》管理的人员。第二类“从事公务或管理人员”包括非参公事业单位工作人员、国有企业管理人员、公办的科教文卫体等单位中从事管理的人员、基层群众性自治组织中从事管理的人员与其他依法履行公职的人员。第三类“有关人员”指其他依法履行公职的人员,其执行的公务具有临时性,因此仅在行使具体公职时才能成

---

① 参见秦前红主编:《监察法学教程》,法律出版社2019年版,第204-207页。

② 参见中共中央纪律检查委员会、中华人民共和国国家监察委员会法规室编写:《〈中华人民共和国监察法〉释义》,中国方正出版社2018年版,第107页;秦前红主编:《监察法学教程》,法律出版社2019年版,第220页;江国华:《中国监察法学》,中国政法大学出版社2018年版,第76页。

为监察对象。[①]

（二）适用原因：同一违法行为

同一性判断是所有法律适用领域的核心难题。《公职人员政务处分法》中对“同一违法行为”并未进行界定，目前仍然属于法解释学的范畴。一般而言，同一违法行为是指公职人员实施的符合同一违法构成要件的行为。法律规范的结构具有两个层面的内容：一是事实要件；二是法律后果。[②] 判断是否属于同一违法行为，取决于构成要件要素和法律后果是否相同。在职务犯罪领域，同一违法行为可以通过法院的判决予以认定，而存在识别困难的是职务违法和其他违法行为的同一性判断标准。基于法律和事实状态的考量，以下四类情形属于同一违法行为，除有特殊情形外，监察机关和公职人员任免机关、单位不得重复给予政务处分和处分。

其一，持续性的违法行为。行政法中，持续性的违法行为是指相对人的行政违法行为长时间持续进行，其所造成的后果持续性地侵犯同一个行政法规范。[③]例如，对企业持续瞒报生产事故的处罚、对违章建筑的处罚。这类持续性的违法行为严格适用一事一罚原则。在法定纪律处分领域，持续性的违法行为是指公职人员的违法行为从着手实行到终止之前，持续性地侵犯相关公职管理规范和法益。对于持续性的违法行为，原则上应认定为一个违法行为，只进行一次处分。《公职人员政务处分法》第 35 条规定的违规发放津贴补贴、第 36 条规定的违规从事营利性活动是典型的持续性职务违法行为。云南省纪委监委曾通报 2015 年 2 月至 2018 年 12 月，担任昭通市威信县看守所所长的魏某喜用“小金库”资金违规发放津贴补贴、绩效考核奖共计 99.13 万元，且个人领取 2.9 万元，因而受到政务记大过处分。[④] 另外，广州市纪委监委曾通报 2014 年 7 月，张某生在担任荔湾区区属国有企业广州市荔湾区飞龙经济发展有限公司法定代表人、总经理期间，违规投资成立广州市宜园物业管理公司并持有股份，且担任该公司的法定代表人并

---

① 参见马怀德主编：《监察法学》，人民出版社 2019 年版，第 152－154 页。

② 参见[德]哈特穆特·毛雷尔：《行政法学总论》，高家伟译，法律出版社 2000 年版，第 122 页。

③ 参见熊樟林：《论〈行政处罚法〉修改的基本立场》，载《当代法学》2019 年第 1 期。

④ 参见《云南通报 9 起违规发放津补贴或福利问题》，载中共中央纪律检查委员会、中华人民共和国国家监察委员会网，https://www.ccdi.gov.cn/yaowenn/202109/t20210923_146101.html。

持有股份,参与经营活动,因而受到政务警告处分,违纪款项被收缴。[①] 此类违法行为特点在于公职人员是基于单一的意思实施数个同种的行为,且这些行为在场所上、时间上具有密切的关联性。处分机关应当依照"一罪一故意""一事不再罚"的原则认定公职人员只实施了一个违法行为,视情节轻重只处以一个处分。

其二,吸收型违法行为。吸收型违法行为是指行为人的不同行为符合多个规范的构成要件,但其中一个行为可吸收其他行为,仅适用吸收行为即可对违法事实进行包括性评价,包括附随型的违法行为与不可罚的事后行为。[②] 在法定纪律处分领域,附随型的违法行为是指公职人员的一个违法行为虽侵犯了数个法益,但次法益因附随于主法益而不作为处分对象,只在主法益范围内考虑处分结果。例如,公职人员泄露工作秘密的行为较易引起对次法益的侵害。2018 年 9 月 12 日,广东省湛江市覃巴镇纪委书记吴某洪收到中央扫黑除恶督导组以秘密级别转办的群众实名举报信后,却直接将该信复印交予被举报人,致使举报人身份曝光,遭到黑社会背景人员的警告质问,造成了恶劣的社会影响。[③] 吴某洪作为监察人员,泄露举报受理情况以及受理人信息的同时使群众人身安全受到威胁,但该行为是基于同一故意而实施的连贯性的行为,后一行为侵犯的社会关系属于一种附随于主行为的结果,不作为处分对象,应当仅以《公职人员政务处分法》第 39 条第 5 项规定[④]的"泄露工作秘密"为依据认定吴某洪的违法行为。不可罚的事后行为是指公职人员在违法行为既遂后又实施了另一个违法行为,但由于不具有期待可能性而不予处分。例如,公职人员违反规定办理因私出境证件后未就该情况进行报告的违法行为中,前一行为违反了《公职人员政务处分法》第 31 条第 1 款规定[⑤]的"违反规定出境或者办理因私出境证件的";后一行为则违反了《公职人员政务

---

① 参见《广州通报 4 起违规兼职和从事营利活动问题》,载中共中央纪律检查委员会、中华人民共和国国家监察委员会网,https://www.ccdi.gov.cn/yaowenn/201911/t20191115_75661.html。

② 参见张明楷:《刑法学》(上)(第 6 版),法律出版社 2021 年版,第 638 页。

③ 参见赵林:《党员和公职人员过节提醒②警惕失密泄密》,载中共中央纪律检查委员会、中华人民共和国国家监察委员会网 2020 年 1 月 18 日,https://www.ccdi.gov.cn/toutiaon/202001/t20200117_96718.html。

④ 《公职人员政务处分法》第 39 条第 5 项规定:"有下列行为之一,造成不良后果或者影响的,予以警告、记过或者记大过;情节较重的,予以降级或者撤职;情节严重的,予以开除:……(五)泄露国家秘密、工作秘密,或者泄露因履行职责掌握的商业秘密、个人隐私的。"

⑤ 《公职人员政务处分法》第 31 条第 1 款规定:"违反规定出境或者办理因私出境证件的,予以记过或者记大过;情节严重的,予以降级或者撤职。"

处分法》第29条第2款[①]规定的“违反个人有关事项报告规定”。由于无法期待公职人员违规办理出境证件后依旧如实报告，前一违法行为已吸收了后一违法行为，因此只需要对违反规定“办理因私出境证件”的行为进行评价。

其三，牵连型违法行为。在职务违法领域，牵连型违法行为是指公职人员实施的手段行为与目的行为、结果行为与原因行为之间存在法律上的内在关联。在刑法和行政法领域，对于两种以上有牵连关系的违法行为，通常采用吸收原则，选择较重的违法行为从重处罚。[②] 例如，公职人员为了骗取一定的职务，篡改了本人的档案资料。这一行为同时包含了目的行为与手段行为，[③]目的行为违反了《公职人员政务处分法》第32条第2项的规定[④]，手段行为违反了《公职人员政务处分法》第29条第3款的规定[⑤]。牵连型的违法行为虽然存在两个违法事实需要分别予以处分，但法律在设置较重处分时大体上已经考虑了作为手段或目的、原因或结果的轻型违法行为的存在，故不应当分别予以处分。对于公职人员的牵连型的违法行为，应当按照其中情节较重的违法行为从重处分，但禁止对公职人员重复作出处分。

其四，规范竞合行为。在目前的双轨处分制度中，针对公职人员违法行为的处分，除了《公职人员政务处分法》作为统领性的法律外，还包括《公务员法》、《行政机关公务员处分条例》和《事业单位工作人员处分规定》等法律、法规和规章，处分机关除了监察机关也包括任免机关、单位。因此，在法律规范体系中，针对公职人员的同一违法事实也会存在符合两个或两个以上法律构成要件的情形。在政

---

① 《公职人员政务处分法》第29条第2款规定：“违反个人有关事项报告规定，隐瞒不报，情节较重的，予以警告、记过或者记大过。”

② 参见张明楷：《论“依照处罚较重的规定定罪处罚”》，载《法律科学（西北政法大学学报）》2022年第2期；张梓弦：《牵连犯的概念保留与范围确定——以〈刑法〉第229条第2款之修正为契机》，载《法学》2021年第11期；王彦强：《“从一重处断”竞合条款的理解与适用——兼谈我国竞合（罪数）体系的构建》，载《比较法研究》2017年第6期；马怀德：《〈行政处罚法〉修改中的几个争议问题》，载《华东政法大学学报》2020年第4期；李洪雷：《论我国行政处罚制度的完善——兼评〈中华人民共和国行政处罚法（修订草案）〉》，载《法商研究》2020年第6期。

③ 参见秦前红编著：《〈中华人民共和国公职人员政务处分法〉解读与适用》，法律出版社2020年版，第53页。

④ 《公职人员政务处分法》第32条第2项规定：“有下列行为之一的，予以警告、记过或者记大过；情节较重的，予以降级或者撤职；情节严重的，予以开除：……（二）弄虚作假，骗取职务、职级、衔级、级别、岗位和职员等级、职称、待遇、资格、学历、学位、荣誉、奖励或者其他利益的……”

⑤ 《公职人员政务处分法》第29条第3款规定：“篡改、伪造本人档案资料的，予以记过或者记大过；情节严重的，予以降级或者撤职。”

务处分领域,规范竞合的情形主要有法条竞合与想象竞合两种形式。[①] 法条竞合是指公职人员实施的一个违法事实符合多个法律规范的构成要件,这些法律规范之间存在重合竞合或者交叉竞合的关系。[②] 例如,《公职人员政务处分法》第28条规定的违反政治纪律行为与《公务员法》第59条第1款第1项、第2项、第3项、第12项规定的公务员违纪违法行为属于重合竞合的关系。监察机关和任免机关、单位应根据法条竞合时的适用规则作出处分,禁止重复作出处分。想象竞合是指违法行为同时实现数个法律规范之构成要件,各法律规范之间没有包含关系与交叉关系。[③] 例如,公职人员在报告工作时对应当报告的事项不报告或者不如实报告,既触犯了《公职人员政务处分法》第29条第1款[④]规定的"不按照规定请示、报告重大事项",也触犯了《公职人员政务处分法》第39条第4项[⑤]规定的"工作中有弄虚作假,误导、欺骗行为的"。针对这类情形,监察机关或任免机关、单位应根据违法行为的性质,选择一项法律依据作出处分。

(三)适用主体:监察机关和任免机关、单位

2019年10月8日发布的《公职人员政务处分法(草案)》第2条规定了处分决定机关、单位包括任免机关、单位和监察机关,但最终出台的《公职人员政务处分法》还是确立了政务处分与处分的双轨处分机制。双轨处分机制赋予了监察机关对政务处分的专属权,强调了监察机关在国家监察体制中的主导地位。任免机关、单位行使的处分权虽然与政务处分权并行,但在地位上附属于政务处分权。[⑥]

---

① 党内监督也有规范竞合的理论规定。比如,《中国共产党纪律处分条例》第25条第1款规定:"一个违纪行为同时触犯本条例两个以上条款的,依照处分较重的条款定性处理。"第25条第2款规定:"一个条款规定的违纪构成要件全部包含在另一个条款规定的违纪构成要件中,特别规定与一般规定不一致的,适用特别规定。"

② 参见章剑生:《行政罚款适用规则的体系性解释——基于〈行政处罚法〉第29条展开的分析》,载《政法论坛》2022年第4期。

③ 参见胡斌:《行政法律规范竞合理论与适用规则建构——基于123件裁判文书分析》,载《行政法学研究》2022年第2期。

④ 《公职人员政务处分法》第29条第1款规定:"不按照规定请示、报告重大事项,情节较重的,予以警告、记过或者记大过;情节严重的,予以降级或者撤职。"

⑤ 《公职人员政务处分法》第39条第4项规定:"有下列行为之一,造成不良后果或者影响的,予以警告、记过或者记大过;情节较重的,予以降级或者撤职;情节严重的,予以开除:……(四)工作中有弄虚作假,误导、欺骗行为的……"

⑥ 参见陈辉:《〈政务处分法〉双轨惩戒体制下处分主体之间的关系定位》,载《甘肃政法大学学报》2021年第3期。

一般来说，任免机关是指具有法定任免等人事管理权的机关。以我国人民政府为例，除了由人民代表大会及其常委会任免的政府组成人员之外，各级人民政府中的国家公务员应由本级人民政府任免。此外，我国的公职人员不仅在国家机关任职，还在非国家机关组织中工作，这些组织包括依法授权或受国家机关依法委托管理公共事务的组织、国有企业，以及公办的教育、科研、文化、医疗卫生和体育单位。

具体的任免机关、单位包括行政机关、审判机关、检察机关、国有企业与事业单位。[①]《行政机关公务员处分条例》第39条规定了“谁任免，谁处分”的原则，因此行政任免机关为有权处分机关；根据《事业单位工作人员处分规定》的规定，事业单位内部的处分机关按照干部人事管理权限分为事业单位与事业单位主管机关；国有企业、国有资产监督管理部门与组织部门等依据《国有企业领导人员廉洁从业若干规定》对国有企业领导人员进行处分；国有企业管理人员任免机关、单位依据《国有企业管理人员处分条例》对国有企业管理人员进行处分；2011年颁布的《农村基层干部廉洁履行职责若干规定（试行）》规定了对于农村基层干部的处分主体为各级政府与监察机关。此外，监察机关需要尊重特殊公职人员的内部惩戒权，如司法机关。根据《法官法》《检察官法》的规定，最高人民法院与最高人民检察院，省、自治区和直辖市的法院与检察院均分别成立了法官惩戒委员会与检察官惩戒委员会，专门负责法官与检察官违法行为的内部处分。

（四）适用效果：禁止重复处分

从监督对象、救济途径等可以确定，政务处分与处分都属于内部惩戒行为，具有替代性与选择性的特点。从具体种类上分析，两类处分的类型既有相同之处，也存在差异。依据《监察法》第52条第1款第2项的规定，政务处分存在6种类型，分别为警告、记过、记大过、降级、撤职、开除。处分的种类则因各任免机关、单位的性质与职能的不同而存在差异。根据《公务员法》《行政机关公务员处分条例》《法官法》《检察人员纪律处分条例》等的规定，行政处分、对司法人员处分的

---

① 《公职人员政务处分暂行规定》第3条规定：“监察机关实施政务处分的依据，主要包括《中华人民共和国监察法》《中华人民共和国公务员法》《中华人民共和国法官法》《中华人民共和国检察官法》《中华人民共和国企业国有资产法》《行政机关公务员处分条例》《事业单位人事管理条例》《事业单位工作人员处分暂行规定》《国有企业领导人员廉洁从业若干规定》以及《农村基层干部廉洁履行职责若干规定（试行）》等。”

种类与政务处分种类相同。《国有企业领导人员廉洁从业若干规定》则规定了警示谈话、调离岗位、降职、免职四种处理方式;《事业单位工作人员处分规定》规定了警告、记过、降低岗位等级、开除四种处分种类。当公职人员违反《公职人员政务处分法》中的一般规定时,监察机关与任免机关、单位应当援引《公职人员政务处分法》的规定作为依据;当公职人员违反特殊规定时,监察机关与任免机关、单位应当同时援引《公职人员政务处分法》与相应的法律法规决定政务处分或者处分的适用。

禁止重复处分原则要求监察机关和任免机关、单位不得对公职人员的同一违法行为进行重复评价并重复作出处分。对于公职人员的同一违法行为,要么给予政务处分,要么给予处分,不能同时适用。[①] 禁止重复评价关键在于双轨处分制度的分工,有学者认为监察机关管辖公职人员的职务违法行为,任免机关、单位处理一般违法行为;[②]也有学者提出《公职人员政务处分法》第38条、第39条体现工作负责制的宪法价值,主要由任免机关、单位处理,其他违法行为由监察机关负责。[③]以上观点是对双轨惩戒制度下付诸实践的分工设想。本文认为,双轨处分制度以政务处分为主导,且《公职人员政务处分法》明确规定了职务违法、犯罪行为和一般违法行为均是政务处分的适用事项,除非法律另有规定有些事由只能由任免机关、单位作出处分,否则不宜在法律规定之外创设处分机关之间的管辖权限。

其一,专属监察机关的处分事项。根据《监察法》第3条、《公务员法》第57条第3款[④]的规定,职务违法与职务犯罪行为专属于监察机关作出政务处分,任免机关、单位发现所属公职人员涉嫌职务违法与职务犯罪的,也应当移送监察机关处理。

其二,专属任免机关、单位的处分事项。根据《公职人员政务处分法》第23条

---

① 参见陈三坤:《正确理解和适用政务处分与处分》,载《中国纪检监察》2020年第13期。

② 参见朱福惠:《〈政务处分法〉上纪律处分双轨制的形成机理与衔接适用》,载《河北法学》2021年第9期;郭文涛:《〈政务处分法〉双轨惩戒制度之间的衔接协调》,载《法学》2020年第12期。

③ 参见屠凯:《公职人员双轨惩戒制度的宪法基础》,载《法学家》2022年第1期。

④ 《公务员法》第57条第3款规定:"对公务员涉嫌职务违法和职务犯罪的,应当依法移送监察机关处理。"

的规定,[①]政务处分中的警告、记过、记大过等精神性处分适用于所有公职人员,但降级、撤职与开除等实质性处分不适用于未担任公务员、参公管理的人员、事业单位工作人员与国有企业人员,原因在于这部分人员虽然是公职人员,但没有与公务员一般的职业等级,无法适用撤职处分,且监察机关对于任免机关、单位管理的这部分人员也没有撤职或者开除的权限。[②] 当这部分公职人员有严重违法情节需要处以实质性处分时,监察机关无权作出政务处分,而应当由任免机关、单位直接作出处分,或者由监察机关建议任免机关、单位给予相应的处分。

其三,监察机关与任免机关、单位共同管辖的处分事项。除了前两项专属事项,公职人员的其他违法行为由监察机关和任免机关、单位共同管辖,具体包括影响家庭美德与社会公德的行为与影响公职人员形象、损害国家和人民利益的行为。

三、禁止重复处分原则的程序要求

(一)管辖权冲突解决的程序化

在实践运作中,关于监察机关与任免机关、单位共同管辖的违法行为存在管辖权争议。这种争议体现在两个方面:一是积极冲突,指监察机关和任免机关、单位同时积极行使管辖权;二是消极冲突,是指监察机关与任免机关、单位均怠于行使处分权。有学者将《公职人员政务处分法》第 16 条规定称为“处分先占原则”,[③]具体指处分顺序是公职人员管辖权冲突协调的关键,只要某个机关先作出处分,就能产生另一个处分消弭的法律效果。但这种观点没有把握处分双轨制的价值,若单纯以客观时间的先后为标准,而不考虑处分决定的合理性,这种绝对平行的制度设计无非重回了单轨制。

---

① 《公职人员政务处分法》第 23 条规定:“《中华人民共和国监察法》第十五条第六项规定的人员有违法行为的,监察机关可以予以警告、记过、记大过。情节严重的,由所在单位直接给予或者监察机关建议有关机关、单位给予降低薪酬待遇、调离岗位、解除人事关系或者劳动关系等处理。《中华人民共和国监察法》第十五条第二项规定的人员,未担任公务员、参照《中华人民共和国公务员法》管理的人员、事业单位工作人员或者国有企业人员职务的,对其违法行为依照前款规定处理。”

② 参见秦前红编著:《〈中华人民共和国公职人员政务处分法〉解读与适用》,法律出版社 2020 年版,第 71 – 72 页。

③ 参见任巧:《论对行政公务员的行政处分和政务处分双轨机制之间的调适》,载《重庆社会科学》2019 年第 12 期;陈辉:《〈政务处分法〉双轨惩戒体制下处分主体之间的关系定位》,载《甘肃政法大学学报》2021 年第 3 期。

对禁止重复处分原则的法教义学分析应当以现有法律体系为依据作出法律解释。首先,根据《监察法》与《监察法实施条例》有关监察机关立案、调查的规定,监察机关立案的条件之一是已经掌握监察对象涉嫌职务违法或者职务犯罪的部分事实和证据,调查事项是涉嫌职务违法与职务犯罪的行为。依据“法无授权不可为”的原则,《监察法》并未授予监察机关对一般违法行为并没有立案调查的权限,因此,监察机关有针对一般违法行为作出政务处分的权力,但对公职人员的一般违法行为无立案调查权。其次,《监察法》第 11 条规定了政务处分适用的对象是公职人员的违法行为。依据上文所述,这里的“违法”包括职务违法行为与一般违法行为,政务处分事由的范围事实上大于调查事项的范围。换言之,监察机关有针对一般违法行为作出政务处分的权力,但对一般违法行为无立案调查权。因此,监察机关专职反腐职能应当将调查公职人员职务廉洁性问题作为其首要职责,以专职反腐职能。① 一般违法行为的立案调查则交由任免机关、单位进行。这样的权限划分能够最好地发挥双轨处分制度的价值,从而解决管辖权冲突。

(二)不同处分主体的程序义务

禁止重复处分原则有效避免了一行为数罚与两种处分权的重复行使,而两种处分权不能同时适用也意味着存在分工配合的程序义务。

其一,互相尊重处分效力。一方面,监察机关作出的政务处分决定往往需要任免机关、单位执行,建立相应的督促检查程序是国家监察“最后一公里”的关键环节。② 另一方面,任免机关、单位作出的处分决定应当及时报送监察机关,如采取公文抄送的方式,以便监察机关及时知悉,有效履行监督职责。

其二,配合移送案件。就监察机关而言,一方面,当办案过程中发现同一公职人员存在一般违法行为时,监察机关可以自行作出政务处分,也可以移送至任免机关、单位;另一方面,监察机关认为由任免机关、单位立案调查的一般违法行为有重大社会影响时,可以要求任免机关、单位将案件移送至监察机关,由监察机关作出政务处分。就任免机关、单位而言,当办案过程中发现公职人员存在职务违法、职务犯罪情形时,应当将案件移送至监察机关;或者认为公职人员的一般违法行为有重大社会影响时,可以提请移送案件至监察机关作出政务处分。

---

① 参见吴建雄:《公职人员职务违法惩戒制度的理论逻辑和有效实施》,载《行政管理改革》2021 年第 6 期。

② 参见郭文涛:《〈政务处分法〉双轨惩戒制度之间的衔接协调》,载《法学》2020 年第 12 期。

其三，协助履行监督职责。在任免机关、单位作出处分决定后，除了将处分决定移送监察机关，还需要将相应的证据材料及被处分人的陈述申辩意见随案移送至监察机关，以作为监察机关裁量是否作出监察建议的依据，使监察机关的事后监督有据可依。

四、禁止重复处分原则的适用例外

公职人员的违法行为属于广义上的行政违法行为，借鉴行政处罚领域之通说，可认为《公职人员政务处分法》禁止重复处分原则中的"一事"是指同一事实与理由，同一事实是指违反相同法律规范的同一违法行为，同一理由是指依据的相同法律规范。[①] 依据"一事""一罚"的界定，该原则客观上存在一定的适用例外。

其一，重新作出政务处分或者处分决定。依据《监察法》《公职人员政务处分法》《监察法实施条例》等相关法律法规的规定，监察机关与任免机关、单位重新作出的处分行为虽然是基于同一事实与理由对公职人员作出第二次处理，但由于第一次处理的效力已经撤销，因此并不违反禁止重复处分原则。譬如，根据《公职人员政务处分法》第 3 条的规定，监察机关有权对任免机关、单位所作的不适当处分提出监察建议，且《监察法》第 71 条规定了无正当理由不采纳监察建议应当承担法律责任，因此任免机关、单位收到监察建议后，应当予以采纳，撤销原来的处分决定，作出正确的处分决定。

其二，作出处分后发现该违法行为涉嫌职务犯罪。根据《公职人员政务处分暂行规定》第 7 条第 1 款、第 2 款的规定[②]，监察机关或者任免机关、单位作出政务处分或者处分后，发现该违法行为涉嫌犯罪的，应当移交有关司法机关处置，涉嫌职务犯罪的由监察机关立案调查。因此，这种情况下司法机关对违法犯罪的公职人员判处刑罚的，与前面的政务处分或者处分不属于重复处分的限制范围。另

---

① 参见朱新力：《论一事不再罚原则》，载《法学》2001 年第 11 期。

② 《公职人员政务处分暂行规定》第 7 条第 1 款、第 2 款规定："公职人员中的中共党员严重违犯党纪涉嫌犯罪的，应当由党组织先做出党纪处分决定，并由监察机关依法给予政务处分后，再依法追究其刑事责任。非中共党员的公职人员涉嫌犯罪的，应当先由监察机关依法给予政务处分，再依法追究其刑事责任。"

外,根据《公务员法》第57条第3款[①]的规定,若行政任免机关、单位在作出处分决定后才发现该违法行为涉嫌职务违法与职务犯罪,在移送监察机关立案调查后,原处分如何处理,现行法律没有相应规定。由于国家监察具有反腐败专责职能,若从双轨处分制度价值出发考虑,应当撤销原处分决定,由监察机关立案调查后再作出相应的政务处分决定。以上两点均是针对公职人员的同一违法行为作出了两次以上的处理,但对公职人员的权益的侵害并不产生重复侵害的效果。

其三,多重不同性质的法律制裁。禁止重复处分限定的是国家处分体系内的处罚,若公职人员违反了行政法律规范或者刑事法律规范,受到行政机关的行政处罚或者司法机关的刑事处罚后,还受到监察机关的政务处分或者任免机关、单位的处分,由于三者的处罚性质不同,原则上不构成一事二罚的问题。

五、结语

党的二十大报告指出要“健全党统一领导、全面覆盖、权威高效的监督体系”,这要求国家监察立法和法律适用实践,以及国家监察法理论高质量发展。《公职人员政务处分法》规定的禁止重复处分原则作为监察法领域的重要制度,不能将其孤立地理解为是对监察机关与任免机关、单位处分权的限制,而应当从监察法的体系和功能中对其进行定位。通过法教义学的分析方法,能够从法律适用的视角理解该原则蕴含的法理价值和适用标准,有利于对同一违法行为进行正确认定,并解决监察机关和任免机关、单位的管辖权争议。

---

① 《公务员法》第57条第3款规定:“对公务员涉嫌职务违法和职务犯罪的,应当依法移送监察机关处理。”

中国特色纪检监察学:理论定位与研究对象

王海琴*

[摘要] 作为中国所特有的新兴学科,纪检监察学的产生与发展立足马克思主义经典监督理论,源于十八大以来的纪检监察体制改革和反腐败实践经验,具有鲜明的中国特色。要从整体性和系统性的角度出发,一是准确界定纪检监察学在中国特色哲社科理论体系中的科学地位,将揭示纪检监察实践规律和指导实践发展作为学科研究任务,进而把握其研究对象的特殊性。二是要立足党和国家监督体系建设的目标和要求,明确中国特色纪检监察学研究对象的内涵和外延,其内涵不仅包括当前的纪检监察实践活动本身,还应该涵盖党的纪律检查和国家监察制度的产生、发展及其规律;其外延不仅包括党和国家监督的所有环节,还应该囊括纪检监察制度与政治、经济、社会发展以及国家治理等领域之间的关系。

[关键词] 纪检监察学 研究对象 反腐败 国家治理

中国的纪检监察体制不同于其他国家的反腐败体制,不仅具有中华传统政治文化的独特性,也是中国对世界权力监督和制约贡献的新模式。随着纪检监察体制改革的不断深入,有关纪检监察现象及其发展规律的研究也在不断推进。2021年12月,国务院学位委员会和教育部先后发布《关于对〈博士、硕士学位授予和人才培养学科专业目录〉及其管理办法征求意见的函》《关于公布2021年度普通高等学校本科专业备案和审批结果的通知》,标志着纪检监察学科正式成为法学门类下的一级学科。纪检监察学正式纳入社会科学理论的研究体系之中,正朝着

---

* 王海琴,西南政法大学纪检监察学院教师,重庆市纪检监察理论与实务研究中心研究员,法学博士。

"形成一门有清晰的概念和知识体系构成的社会科学"[①]的方向发展。

早在2016年,习近平总书记在主持召开全国哲学社会科学工作座谈会的时候就强调:"哲学社会科学有没有中国特色,归根结底要看有没有主体性、原创性。"[②]纪检监察学之所以能够成为哲学社会科学领域最具中国特色的学科之一,就在于其特有的话语体系和研究范畴,体现了中国反腐败工作的特色和优势,具有鲜明的主体性和原创性。但是,纪检监察学要形成理论研究范式成熟,学术话语体系构建完善,具备明确的研究对象、科学合理的研究领域和研究方向、准确的研究目标定位的完整学科体系,还有较大的提升空间。[③] 对于纪检监察学而言,要界定学科的研究对象,必须先溯源其学科的理论根基和来源,以解决其学科的理论定位问题。

一、中国特色纪检监察学是对建党以来纪检监察实践的系统总结

中国共产党建党以来的反腐败斗争和纪检监察工作的系统性实践为深化中国特色纪检监察学研究奠定了坚实基础,是认识、观察、分析纪检监察学科的重要窗口,也是分析纪检监察学科建设与理论研究的起点。[④] 法学、政治学、管理学等学科由此出发,围绕中国新时期纪检监察体制改革进程中出现的重大研究议题展开了热烈讨论,极大地拓宽了纪检监察学的研究视野,深化了对纪检监察学以及当前反腐败工作发展规律的认识程度。因此,针对中国共产党领导反腐败斗争和纪检监察工作的实践经验及其思想成果,需要从实践过程的系统性维度加以透析,这也是准确定位纪检监察学学科体系和研究对象的必要前提。

中国共产党作为按照马克思列宁主义建党原则建立起来的新型无产阶级政党,汲取了马克思列宁主义关于加强党内监督与健全纪检监察体制对于提升无产阶级政党建设质量重要性的经典论断,在建党之初就高度重视党的组织建设、纪

---

① 参见杨永庚、常利娟:《纪检监察学概念体系的理论建构与创新》,载《廉政文化研究》2022年第5期。

② 倪光辉:《习近平主持召开哲学社会科学工作座谈会强调:结合中国特色社会主义伟大实践 加快构建中国特色哲学社会科学》,载《人民日报》2016年5月18日,第1版。

③ 参见胡娟:《纪检监察学:政治考量、学科交叉与研究进路》,载《黄冈师范学院学报》2023年第2期。

④ 参见吴美满、王延延:《纪检监察学的历史沿革、学科建设与发展路径》,载《青少年犯罪问题》2023年第1期。

律建设和廉政建设。马克思和恩格斯关于权力监督的思想为后来中国共产党探索纪检监察制度设计奠定了理论基石，[①]而列宁同志提议设立并于1921年由俄共（布）十大选举产生的中央监察委员会，则为中国共产党的纪检监察体制建设奠定了实践基础。[②]

中国共产党自1921年成立以来，就注重党的纪律和内部监督机制的建立。在早期，党的纪律检查工作主要是通过党的会议、决议和中央发布的文件来实施。1927年，党的五大正式决定设立中央监察委员会，负责党的纪律监督工作，目的是"巩固党的一致及权威"。1945年，党的七大通过的党章专门规定"党的监察机关"，明确其主要任务是"决定或取消对党员的处分，受理党员的控诉"。事实上，从1921年中国共产党成立到中华人民共和国成立这一段时期，由于中国共产党尚未建立全国性政权，这一阶段的纪检监察制度主要体现为党内纪律建设的初步探索和实践。鉴于革命战争时期的特殊性，组织建设时断时续，使各级监察委员会并未得到充分实践，党的纪律检查工作实际上主要由各级党委组织部门负责。[③]

中华人民共和国成立后，毛泽东强调共产党人应成为"立志改革的人"，我们党的地位和任务都发生了根本变化。1949年11月，中共中央政治局会议作出《关于成立中央及各级党的纪律检查委员会的决定》，以推动各级纪律检查委员会的陆续成立，在制度层面正式将纪律检查委员会作为党的职能机关，[④]致力于实现有效的党内监督机制，从而满足党风廉政建设的现实需求。与此同时，《中国人民政治协商会议共同纲领》决议规定在政务院下设人民监察委员会，1954年《国务院组织法》将人民监察委员会改为监察部；1955年的党代会通过《关于成立党的中央和地方监察委员会的决议》决定在中央和地方各级党组织内设置监察委员会，替代纪律检查委员会。[⑤] 至此，党的监察委员会和行政监察机构并行的监督体制

---

① 参见唐皇凤、杨洁：《中国共产党百年纪检监察领导体制的历史演变与基本经验》，载《治理研究》2021年第4期。

② 参见唐皇凤、杨洁：《中国共产党百年纪检监察领导体制的历史演变与基本经验》，载《治理研究》2021年第4期。

③ 参见王希鹏：《纪检监察学基础》，中国方正出版社2021年版，第94－96页。

④ 参见中共中央纪律检查委员会办公厅编：《中国共产党党风廉政建设文献选编》（第8卷），中国方正出版社2001年版，第5页。

⑤ 参见吴美满、王延延：《纪检监察学的历史沿革、学科建设与发展路径》，载《青少年犯罪问题》2023年第1期。

初见雏形,也是中华人民共和国反腐败工作的积极探索。但1959年开始,行政监察制度陷入停滞时期,监察部被撤销,业务职能及人员并入中央监察委员会实施合署办公。1966年后,政党层面的纪检制度与行政层面的监察制度皆陷入停滞并被撤销,[①]更遑论任何理论层面的推进。

1978年12月,党的十一届三中全会作出恢复设立中央纪律检查委员会的决定,开启了纪检监察工作的新征程。1979年7月通过的《地方各级人民代表大会和地方各级人民政府组织法》赋予了县级以上地方政府管理本行政区域监察工作的职权。1982年9月,党的十二大通过的党章专门列了"党的纪律"和"党的纪律检查机关"两章,确立中央纪律检查委员会在党的中央委员会领导下进行工作,党的地方各级纪律检查委员会在同级党的委员会和上级纪律检查委员会的双重领导下进行工作。同年,《宪法》全面修改时在第89条第8款规定了国务院领导、管理监察工作的职权,第107条赋予了县级以上地方政府管理监察工作的职责。但此时国务院并未设置专门的行政监察机关。1986年,全国人大常委会作出了《关于设立中华人民共和国监察部的决定》,1987年8月,国务院发布《关于在县以上地方各级人民政府设立行政监察机关的通知》,对行政监察机关的领导体制、监察对象和职权等作出了明确规定。1992年,党的十四大以后,根据党中央和国务院决定,党的纪律检查机关和政府行政监察机关实行合署办公,由此拉开了纪检监察体制改革的帷幕。此后,纪检监察机关根据改革开放出现的新特点,不断探索能够适应社会主义市场经济体制的党的监督方式和反腐败机制体制。这一阶段,学界的探讨主要集中在党的纪律检查工作的概念、原理、范畴,并重点关注纪检工作的实践问题以及行政监察制度的具体运作。[②]

党的十八大以来,纪检监察制度进入了跨越式发展阶段,以习近平同志为核心的党中央把全面从严治党纳入"四个全面"战略布局,探索和形成了新时代纪检监察工作理念、机制与方法,是党风廉政建设和反腐败工作不断深化的必然结果。特别是自2016年开始实施的国家纪检监察体制改革,成立了国家监察委员会,实现了对所有行使公权力的公职人员的监督全覆盖,深化了纪律检查体制和国家监察体制改革,纪检监察学科建设也在这一阶段初见雏形并迅速得到发展。

---

① 参见秦前红主编:《监察法学教程》,法律出版社2019年版,第156页。

② 参见吴美满、王延延:《纪检监察学的历史沿革、学科建设与发展路径》,载《青少年犯罪问题》2023年第1期。

由此观之,纪检监察学的学科建设工作,究其根本是中国权力监督和反腐败工作实践及其发展历程在哲学社会科学理论体系中的一种主观反映。可以说,没有纪检监察实践的历史逻辑就没有中国特色纪检监察学的理论逻辑。特别需要强调的是,纪检监察制度的发展历程,是一个党和国家权力监督和反腐败斗争的实践过程,中国共产党全面从严治党与治国理政的宝贵经验能够及时总结升华为党的重要方针决议和战略部署,这是确保党和国家沿着正确方向行稳致远的思想保障,同时也为中国特色纪检监察学的创新发展提供了直接的思想滋养。

二、中国特色纪检监察学是马克思主义理论体系不断创新发展的阶段成果

从理论建构的角度审视,马克思主义理论体系是一个逻辑自洽、严谨完备的有机整体,更是一个丰富的理论思想宝库。纪检监察学作为生发于中国共产党治党治国实践的学科体系,必须依托马克思主义理论体系的智识支撑作用,始终锚定马克思主义基本原理、权力监督理论、法治理论和国家学说等科学真理,为中国特色纪检监察学指导当前反腐败和纪检监察实践提供理论支撑。

(一)中国特色纪检监察学是对马克思主义权力监督理论的创新和发展

研究对象与研究方法的自洽性以及研究体系的完整性,是纪检监察学能够成为一门独立的、科学的研究体系的重要前提。从这一点出发,马克思主义权力监督理论所开辟的理论视域,为科学诠释反腐败领域的具体现象与纪检监察体制内在本质之间的联系提供了正确的桥梁和纽带。马克思在《法兰西内战》中指出,无产阶级专政是以工人阶级为基础,以社会公正为目标的权力形式,因此它必须建立在公开、透明和民主的基础上,必须受到人民的监督和制约,以防止专制和腐败的产生。[①] 这一论述深刻揭示了在社会主义国家建立权力监督体制的必要性和重要性,为纪检监察学的研究奠定了理论基础。

中国特色纪检监察学作为当代中国马克思主义理论的新发展,从研究立场、基本原则、体系结构、方法路径等不同层面反映了马克思主义权力监督理论的内在逻辑,并根据时代条件和历史实践不断赋予其鲜明的中国特色。2012 年以来,

---

① 参见《马克思恩格斯文集》(第 3 卷),人民出版社 2009 年版,第 196 页。

习近平总书记多次强调要把权力关进制度的笼子里,做到有权必有责,用权受监督,失职要问责,违法要追究。这一指导思想贯穿于新时代的纪检监察体制改革和反腐败工作中。面对纷繁复杂的反腐败工作形势变化,纪检监察学以纪检监察体制改革后的党和国家监督体系为坐标参考系,根据纪检监察体制在新发展阶段呈现的鲜明本土化特征,聚焦纪检监察领域的高质量发展问题,分析反腐败工作的时代特性及其表现形式,力图揭示中国反腐败工作进程中的特殊规律,进而为构建更为高效的权力监督体制指明方向。

纪检监察学在理论上不断深化对马克思主义权力监督理论的研究,强调通过系统的制度设计和法律法规的完善,来保证权力的公开、透明和受到有效监督。通过马克思主义权力监督理论的指导,纪检监察学不仅在理论体系上实现了自洽性和完整性,也在实践中展现了强大的生命力。中国特色纪检监察学结合中国的实际情况和历史经验,创造性地发展和应用了马克思主义权力监督理论,为中国反腐败工作提供了坚实的理论支持和实践指南。

(二)中国特色纪检监察学是对马克思主义法治理论的继承和运用

中国特色纪检监察学深刻继承了马克思主义法治理论的核心思想,并根据中国的具体国情和历史经验进行了创新和发展,不仅在理论上丰富了法治内涵,更在实践中推动了中国反腐败规范体系的深入开展。运用法治思维和法治方式开展反腐败斗争,依规依纪依法履行职责,既是马克思主义法治理论在纪检监察工作中的具体化,也是推进新时代纪检监察工作高质量发展的内在要求。

十八大以来的纪检监察体制改革取得了诸多法治成果,这些成果不仅体现了马克思主义法治理论的继承和运用,更展示了中国特色社会主义法治建设的新成就。2018 年以来,通过修改《宪法》,出台监察法律法规,形成集中统一、权威高效的国家监察体系。这一改革是对马克思主义法治理论的现实应用,通过制度创新实现对权力的全面规范监督。习近平总书记指出,要善于运用法治思维和法治方式反对腐败,加强对权力运行的制约和监督。这一指示为纪检监察体制的法治化建设指明了方向,也为中国特色纪检监察学的理论建构深植了法治底色。

(三)中国特色纪检监察学是对马克思主义政党理论的生动诠释

1859 年,马克思在写给恩格斯的一封信中强调:我们现在必须绝对保持党的纪律,否则将一事无成。[①] 这句话不仅是对当时革命形势的深刻洞察,更是对无产阶级政党建设的重要指导。在 1903 年俄国社会民主工党第二次代表大会通过党章的讨论中,列宁进一步阐明了这一观点。他提出,任何加入马克思主义政党的人都必须参加党的一个具体组织,并且党必须有铁的纪律,党员必须严格遵守党的纪律。[②] 列宁的这番话不仅巩固了马克思的思想,还为马克思主义政党建设提供了具体的组织和纪律要求,确保党能够在复杂多变的斗争中保持团结和战斗力。从那时起,坚持和强调组织性和纪律性成为马克思主义政党保持党性和践行党性的两大基石。可以说,马克思主义政党是一种根据民主集中制原则组织起来,并具有严格纪律的现代政党。党的组织和党员必须遵守、执行和维护党的纪律规矩,这是马克思主义政党理论的基本观点,也是对党员的基本要求。纪律不仅是党的生命线,也是党员个体行为的规范和保障。

在这一理论框架下,纪检监察学的建设和发展成为推进中国共产党自身建设的重要环节。中国特色纪检监察学不仅继承和发扬了马克思主义政党理论中的组织性和纪律性原则,还结合中国具体国情和时代特点,对党风廉政建设和反腐败斗争进行了深入研究和实践。通过纪检监察制度的不断发展,党得以在复杂的社会环境中始终保持纯洁性和先进性,确保党的路线、方针、政策得到坚决贯彻执行。

(四)中国特色纪检监察学是对马克思主义国家理论的赓续升华

根据马克思主义国家学说,国家的基本职能有两种:政治统治职能和社会职能,其中政治统治职能主要体现在阶级统治方面,而社会职能则主要体现在对社会公共事务的管理上。正如马克思所指出的,政治统治无不以执行某种社会职能为基础,且唯有在其履行这些社会职能时,政治统治才能得以持续。[③] 由此,把国家的根基奠定到了现实社会基础之上,既是对以往国家理论的历史性超越,更为我国国家治理现代化提供了重要的思想理论资源。经过长期努力,中国特色社会主义进入新时代,我国发展站在了一个新的历史方位。在这个历史方位上,我们有了推进国家治理现代化的物质基础,同时也带来了腐败问题。因此,反腐败斗争是国家治理能力现代化的重要组成部分,这不仅是一个理论命题,更是一个实

① 参见《马克思恩格斯全集》(第 29 卷),人民出版社 1972 年版,第 413 页。
② 参见《列宁专题文集:论无产阶级政党》,人民出版社 2009 年版,第 158 页。
③ 参见《马克思恩格斯选集》(第 3 卷),人民出版社 1995 年版,第 523 页。

践命题,关乎党的生死存亡、国家的长治久安和社会的和谐稳定。

中国特色纪检监察学的建设,不仅是对马克思主义国家理论的赓续升华,更是对党和国家反腐败工作经验的系统总结和理论创新。纪检监察学科在政党建设中的作用不仅限于理论研究,更体现在其对实践的指导和推动。纪检监察学科将通过对腐败问题的深入研究,揭示腐败现象的根源、形式和发展规律,提出相应的解决思路和应对策略,以确保国家治理体系和治理能力现代化的顺利实现。

三、从中国特色纪检监察学的重要地位考察其研究对象的基本范畴

一个学科的基础性理论首先反映在其选择的基本研究对象和核心范畴上。确定中国特色纪检监察学的研究对象,既没有现成的做法,也没有成熟的理论体系,而是要充分考察纪检监察学科研究对象的本土性和特殊性,进而划定其内涵和外延的范围边界。迄今为止,关于纪检监察学研究对象的基本范畴在学界尚未形成共识。改革开放之前的纪检和监察体制设置变动频繁,甚至一度处于撤销状态,导致纪检和监察工作实践及理论研究缺乏延续性,且成果较少。这也就不难理解为何有学者在做纪检监察研究学术史时,要将时间起点设置在 1978 年。① 在知网分别以“党的纪律检查”、“纪检监察”和“行政监察”为主题进行检索,1987 年监察部设立之前的研究成果相对较少,主要围绕党的纪律检查功能发挥,以及对苏联监察制度的译介展开。② 自 20 世纪 90 年代至今,随着纪检制度框架的逐步成型,纪检制度探索的经验和反思引起了研究者的关注,特别是党的十八大后纪检监察领域的相关研究成为学界重点关注的领域,来自法学、政治学、管理学等学科的学术成果数量激增,学者的研究内容也逐步从具体制度的运行实效验证延伸到宏观制度设置考量(见图 1)。

---

① 参见王小光:《纪检监察研究学术史(1978—2021)》,载《地方立法研究》2022 年第 1 期。

② 参见郑科扬、李智勇:《论党要管党的几个问题》,载《学习与研究》1982 年第 10 期;汤源泉:《正确认识四个关系 保证改革顺利进行》,载《江西社会科学》1985 年第 2 期;司马念媛:《苏维埃社会主义共和国联盟人民监察法》,载《环球法律评论》1980 年第 3 期。

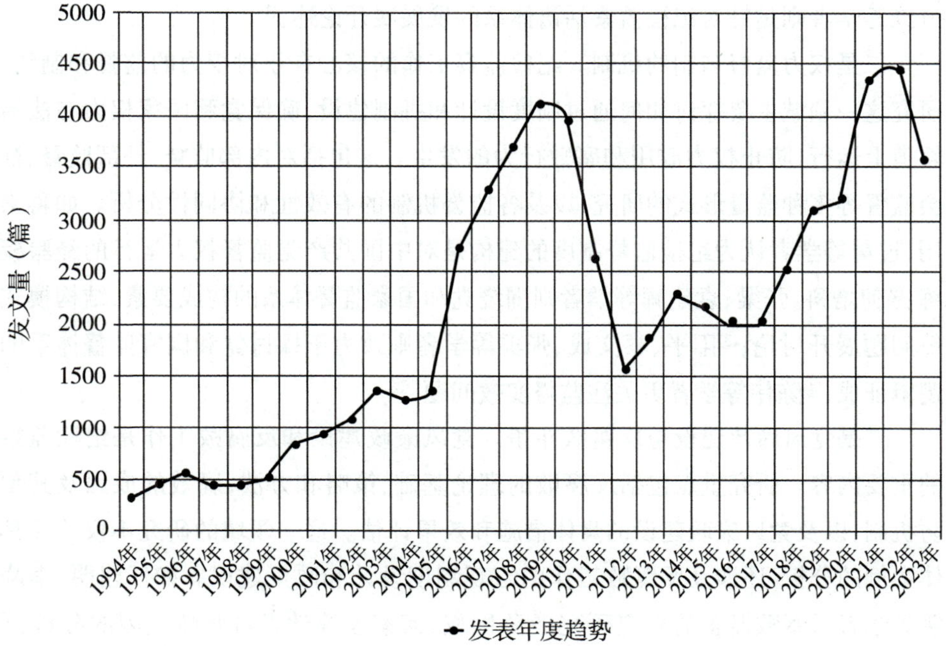

图1　纪检监察相关研究发文数趋势（1994—2023 年）

但囿于缺少基础性和系统性的理论框架奠基，且学科定位不明导致理论研究"碎片化"等问题，以至于学科研究对象呈现出随着制度变革而反复调整方向的特点。归纳起来，集中在以下四个方面：

一是纪检监察制度的历史演变。纪检监察制度的历史研究旨在追溯和总结纪检监察制度的形成与发展过程，包括制度的建立、变迁、改革和现状以及反腐败斗争的经验梳理。如刘硕、刘长秋等学者对党的纪检监察工作的百年发展历程的考证；[①]李文钊、胡娟等学者则着力于分析纪检监察制度变迁的底层逻辑；[②]王青青、卫跃宁等学者则梳理了派驻监督、监察法等特定领域的历史发展脉络；[③]李莉、卜

① 参见刘硕：《党的纪检监察工作的百年发展历程》，载《人民论坛》2021 年第 36 期；刘长秋、史聪：《新中国成立 70 年来我国纪检监察机关构建的经验与启示》，载《理论与改革》2019 年第 6 期。

② 参见李文钊：《从治党到治国：中国纪检监察机构改革的治理逻辑》，载《公共管理与政策评论》2023 年第 5 期；胡娟：《纪检监察学：历史逻辑、实践逻辑与研究范式》，载《黄冈师范学院学报》2024 年第 1 期。

③ 参见王青青：《我国派驻监督的发展演变、历史经验与提升策略》，载《社会科学家》2024 年第 1 期；卫跃宁、赵伟中：《新时代十年监察法治建设的回顾与展望》，载《贵州师范大学学报（社会科学版）》2022 年第 6 期。

万红等学者则是针对纪检监察话语体系的发展展开论述。[①]

二是权力监督与制约机制。纪检监察工作的核心在于对权力的监督和制约。研究这一领域主要探讨如何通过制度设计和机制建设,确保党和国家权力在法治轨道上运行,防止权力滥用和腐败行为的发生。这包括对内部监督、外部监督、社会监督等多种监督形式的研究,以及各监督机制的有效性和协同性分析。如蒋来用、过勇等学者认为纪检监督制度的建构是对中国共产党监督权力运行的经验凝练;[②]何增科、张梁、袁建辉等学者则围绕党和国家监督体系的构成要素、结构模式等问题展开讨论;[③]阳平、蔡文成、张勇等学者则致力于探讨党和国家监督体系的逻辑证成;[④]陈伟等学者更关注监督实效问题。[⑤]

三是党风廉政建设与反腐败斗争。党风廉政建设和反腐败工作是纪检监察的重要内容。研究重点包括反腐败的理论基础、策略和方法,腐败的成因及其预防机制,以及党风廉政建设的具体措施和效果评估。这一领域的研究不仅关注具体案例的分析,还涉及反腐败工作的宏观制度设计和政策建议。如任建明、李晓明等学者对腐败概念的界定研究;[⑥]陈国权、何家宏等学者对腐败成因的分析;[⑦]张彦君、李浩根、魏子晗等学者则试图勾勒腐败行为的心理学画像;[⑧]江必新、吴建

---

① 参见李莉:《中国特色纪检监察学话语体系构建的基本维度》,载《河北大学学报(哲学社会科学版)》2024 年第 3 期;卜万红:《纪检监察学科话语体系的百年构建:历史演进与原创贡献》,载《河南社会科学》2024 年第 4 期。

② 参见蒋来用:《多重视角下政治监督概念的理论性阐释》,载《中州学刊》2020 年第 4 期;过勇、张鹏:《党和国家监督体系:系统建构与集成创新》,载《治理研究》2023 年第 4 期。

③ 参见何增科:《试析我国现行权力监督存在的问题及原因》,载《学习与探索》2008 年第 4 期;张梁:《健全党和国家监督体系论纲》,载《求实》2019 年第 3 期;袁建辉:《论我国国家监督体系的构成及其中关系的优化》,载《华南师范大学学报(社会科学版)》2009 年第 5 期。

④ 参见阳平:《论党和国家监督体系的生成逻辑与基本内涵》,载《山东师范大学学报(社会科学版)》2022 年第 5 期;蔡文成:《新时代党和国家监督体系的治理逻辑》,载《人民论坛》2021 年第 31 期;张勇:《完善党和国家监督体系的逻辑考量》,载《治理现代化研究》2020 年第 5 期。

⑤ 参见陈伟:《基层纪检监察监督的实践运行与质效提升》,载《湖北社会科学》2022 年第 5 期;皇甫鑫、李立:《治理逻辑、权力结构与监督制度绩效》,载《经济社会体制比较》2023 年第 5 期。

⑥ 参见任建明:《腐败定义正误之辨:基于事实与逻辑》,载《学术界》2023 年第 4 期;李晓明、张长梅:《腐败概念的泛化与界定》,载《当代法学》2008 年第 3 期。

⑦ 参见陈国权、陈晓伟、孙韶阳:《选择性执法、非法治化竞争与系统性腐败》,载《浙江大学学报(人文社会科学版)》2015 年第 6 期;何家弘、徐月笛:《腐败利益链的成因与阻断——十八大后落马高官贪腐案的实证分析》,载《政法论坛》2016 年第 3 期。

⑧ 参见张彦君:《官员腐败的心理分析及其心理干预》,载《中州学刊》2014 年第 8 期;李浩根等:《官员腐败心理学》,吉林人民出版社 2005 年版;魏子晗、詹雪梅、孙晓敏:《腐败行为的发展轨迹:一项潜变量混合增长模型研究》,载《心理科学》2015 年第 6 期。

雄、黄鑫等学者对共产党反腐倡廉历史的梳理;①赵聚军、商浩文等学者对腐败个案的探讨分析;②莫洪宪、李迪等学者则特别关注反腐败的国际合作问题。③ 有关党风廉政建设的研究主要聚焦于自我革命、一体推进"三不腐"、廉政文化等问题的探讨。④

四是纪检监察工作的制度化与规范化建设。纪检监察工作的制度化和规范化是其有效运行的保障。研究内容包括纪检监察法律法规的制定与实施,工作程序和标准的建立,纪检监察机构的设置与职能划分,以及纪检监察人员的培训与管理。如张梓建、赵赟恒等学者围绕党纪法规与法律底线的边界认知分析;⑤刘艳红、侯欣一等学者则聚焦于反腐败的法制建设问题;⑥王勇、阴冰等学者则分析了依规治党的现实逻辑理路。⑦

由于中国特色纪检监察学的研究任务必须兼具揭示规律和指导实践两方面内容,这就要求它的研究对象应该在总体上涵盖监督与治理的关系、反腐败与经济运行两个层面的运动过程。褚宸舸、詹复亮等学者认为,纪检监察学的研究对象应当是纪检监察现象及其规律;⑧王冠认为,纪检监察学以纪检监察制度及相关

---

① 参见江必新、孙珺涛:《中国共产党百年反腐倡廉的实践经验》,载《中南大学学报(社会科学版)》2022 年第 2 期;吴建雄:《百年大党反腐败斗争的历史成就和宝贵经验》,载《武汉科技大学学报(社会科学版)》2023 年第 1 期;黄鑫:《新时代中国系统反腐的演变历程、制度优势及效能优化——从"一体三不"到"三不一体"》,载《廉政文化研究》2023 年第 6 期。

② 参见赵聚军、张昊辰:《被动担责与集体共谋:基层官员问责应对策略的类型学考察》,载《江苏社会科学》2022 年第 1 期;商浩文:《反腐败境外追赃法律机制的实践困境与规范因应》,载《政法论丛》2023 年第 4 期。

③ 参见莫洪宪:《互联网背景下中国反腐败追赃的国际合作》,载《吉林大学社会科学学报》2022 年第 3 期;李迪:《恢复性司法视域中的反腐败追逃追赃国际合作》,载《法学杂志》2022 年第 3 期。

④ 参见蔡志强:《解决大党独有难题:党的自我革命的主攻方向》,载《人民论坛·学术前沿》2024 年第 7 期;罗星:《一体推进"三不腐":生成逻辑、核心议题与实践要求》,载《学习论坛》2023 年第 5 期;刘雪华、贺晶晶:《"零容忍"廉政文化建设的制约因素与破解之道》,载《探索》2022 年第 4 期。

⑤ 参见张梓建:《改革开放以来实体性党纪法规的变迁逻辑——基于历史制度主义分析框架》,载《探求》2023 年第 4 期;赵赟恒:《试析新时代中国共产党反腐败党内法规制度的体系结构和基本特征》,载《理论建设》2024 年第 3 期。

⑥ 参见刘艳红:《监察中心主义倾向的理论反思》,载《中外法学》2024 年第 1 期;侯欣一:《中国共产党反腐败法制建设回顾及思考》,载《江汉论坛》2023 年第 1 期。

⑦ 参见王勇:《统筹推进依法治国与依规治党一体建设》,载《政法论坛》2024 年第 2 期;阴冰:《依规治党的价值旨归和现实理路》,载《东岳论丛》2024 年第 2 期。

⑧ 参见褚宸舸:《论纪检监察学的研究对象和学科体系》,载《新文科教育研究》2022 年第 2 期;詹复亮:《论纪检监察学科体系建设若干问题》,载《中共中央党校(国家行政学院)学报》2023 年第 2 期。

活动为研究对象;[①]姜新平、王依凡则认为纪检监察学的研究对象是"纪检监察现象以及基于纪检监察现象而产生的纪检监察关系"[②]。

现有研究成果中对于纪检监察学研究对象的界定主要从纪检监察运行实践本身出发。虽然也会涉及制度变迁的根本动能和逻辑进路的推导,但是囿于当前党的纪律检查与国家监察双轨运行的权力监督体制所确立的时间相对较短,监督质效和制度体系有待于进一步发育,这就决定了某些纪检监察领域的规律表现得还不够充分和明显,无法为理论考察提供一个成熟定型的样本依据,使对研究对象的界定尚未能够达成统一的共识,可以说还处于学科培育的理论探讨阶段。

四、从中国特色纪检监察学研究对象的特殊性出发明确其范围边界

中国特色纪检监察学的实践基础是党和国家监督体系的运转过程以及反腐败斗争,只有把揭示规律与指导实践这两方面结合起来,才能准确把握中国特色纪检监察学研究对象的特殊性,这对于划定纪检监察学核心范围边界具有重要意义。因此,对于中国特色纪检监察学研究对象的界定,首先应着重研究纪检监察运行实践,同时要向前指向推动纪检监察体制改革的国家治理动能,向后指向对政治、社会、经济运行可能产生的影响。

(一)从实然层面对中国特色纪检监察学研究对象的整体性界定

纪检监察学以权力监督理论为立足点与逻辑起点,又超越政治学和法学门类的视野约束,并融合吸收公共管理学、会计审计学、专门史学、心理学、信息大数据等多学科、多维度的理论逻辑和研究方法,可以说是一门综合性的哲学社会科学门类。所谓纪检监察学科体系,是指以纪检监察知识系统、科学分工、权能结构为基础的纪检监察学科设置、专业划分和课程体系的集合,属于社会科学范畴,具有意识形态和思想文化属性。[③] 要从整体性高度出发,确定它在中国特色哲学社会科学理论体系中的地位,明确它所肩负的揭示纪检监察实践规律和指导实践发展的研究任务,并准确把握其研究对象的特殊性。

---

① 参见王冠:《创建纪检监察学的意义、现状与建议》,载《北方论丛》2022 年第 2 期。

② 姜新平、王依凡:《新时代纪检监察学学科体系的构建与发展前景》,载《河南财经政法大学学报》2023 年第 3 期。

③ 参见詹复亮:《论纪检监察学科体系建设若干问题》,载《中共中央党校(国家行政学院)学报》2023 年第 2 期。

1. 纪检监察实践的发展规律

纪检监察实践的发展规律,是指纪检监察制度在历史和现实发展中所体现出的内在规律和发展方向。这些规律不仅反映了制度本身的演变过程,也揭示了其在不同历史时期和社会背景下的功能和作用。古代监察机构在监督官员、维护国家法律和道德秩序方面发挥了重要作用,为现代纪检监察制度的建立提供了历史借鉴。尤其是在党的十八大以来,以习近平同志为核心的党中央高度重视纪检监察工作,提出了一系列新理念、新思想、新战略,推动纪检监察制度的改革和创新,使其在反腐败斗争中发挥了重要作用。中国特色纪检监察学必须围绕着纪检监察制度的历史沿革总结和把握其发展规律,为纪检监察学科建设奠定历史脉络基础,并为纪检监察制度在未来的发展趋势和目标指明方向。当前和未来,纪检监察制度的发展方向不仅在于反腐败和权力监督的强化,还在于通过制度建设和机制创新来实现治理能力的现代化。未来的发展趋势是更加注重法治化、规范化、专业化,以及信息化手段在纪检监察工作中的广泛应用。例如,随着信息技术的迅猛发展,纪检监察机关开始利用大数据、人工智能等先进技术手段,加强对党员干部的监督和管理,提高工作效率和透明度。此外,纪检监察制度的发展还将更加注重国际合作和交流,借鉴国际反腐的先进经验和做法,形成中国反腐的话语体系,提升中国纪检监察工作的国际影响力和话语权。

2. 纪检监察制度的功能发挥

纪检监察制度的功能,是指纪检监察工作在不同层面和领域所发挥的价值和具体作用。这些价值和作用是纪检监察制度功能发挥的核心内容,也是其存在和发展的根本依据。在纪检监察学的研究中,一是需要通过对监督机制的设计与优化、监督效能的评估与提升,以及监督过程中存在的问题和改进措施等进行系统分析,为纪检监察工作的实践操作提供了理论指导和实践参考;二是需要通过对执纪问责案例的分析,总结执纪问责的实践规律和经验,探讨如何在新时代背景下更好地为纪检监察工作的规范化、科学化提供理论支撑;三是通过对反腐败法律法规和制度体系的健全与完善进行研究,探索预防腐败的有效途径和方法,关注廉政风险的识别与防控,研究如何构建全方位、立体化的反腐败防线,从源头上减少腐败行为的发生;四是通过对党内法规和国家法律的执行情况进行研究,包括党内法规的制定与修订、党纪国法的实施效果、法律与纪律的协调与衔接,以及如何通过法治手段加强纪检监察工作等;五是通过探索如何在全面深化改革中发挥纪检监察的保障作用,研究权力运行机制的科学设计、治理能力和治理体系现代化的实现路径等。

3. 纪检监察领域的规范制度

纪检监察领域的规范制度,是指在纪检监察工作中所涉及的各项政策文件、规章制度和法律法规。这些规范制度是纪检监察工作的基础和保障,是纪检监察机关开展监督、执纪、问责和预防工作的依据,也是形成中国特色纪检监察话语体系的重要组成部分。特别是要重点关注纪法、法法衔接制度,确保党内法规的严肃性和国家法律的权威性相互协调,以达到纪检监察制度惩戒和教育的双重效果。

(二)从应然层面对中国特色纪检监察学研究对象的系统性把握

确定中国特色纪检监察学研究对象的内涵和外延,要从系统性的角度出发,立足党和国家监督体系建设的目标和要求。中国特色纪检监察学研究对象的内涵包括当前的纪检监察实践,以及党的纪律检查和国家监察制度的产生、发展及其规律;其外延包括党和国家监督的所有环节,以及纪检监察制度与政治、经济、社会发展以及国家治理之间的关系。

1. 纪检监察学的理论框架

一是构建具有中国特色的党和国家监督理论体系。监督理论包括对党和国家权力运行进行监督的基本原则、方法和机制。监督理论不仅要探讨监督主体和监督客体之间的关系,还要研究监督机制的设计和实施过程。二是构建具有中国特色的党风廉政建设理论体系。它研究如何通过加强党的作风建设,保持党同人民群众的血肉联系,巩固党的执政地位,提升纪检监察工作的科学化水平。党风廉政建设不仅是对党内作风的要求,更是对全社会风尚的引导,涉及从中央到地方、从党内到社会各个层面的制度设计与价值倡导。三是构建具有中国特色的反腐败理论体系。反腐败理论不仅包括对腐败行为的调查和处理,还包括对腐败预防机制的研究;不仅关注个体层面的腐败现象,还探讨系统性腐败和制度性腐败的成因及其治理措施,强调预防为主、惩防结合的方针。

2. 纪检监察学的概念体系

概念体系在任何学科的发展过程中都扮演着至关重要的角色,纪检监察学也不例外。作为学科研究对象,概念体系的构建和完善不仅能够提升学科的理论深度,还能为实际操作提供清晰的框架和指导原则。通过明确核心概念、基本概念、重要概念和一般概念的框架结构,学者们可以在统一的学术语言和框架下进行交流和讨论,避免因为概念模糊或定义不清造成的误解和分歧。例如,纪检监察作为核心概念,涵盖了党内监督和国家监察两个主要领域,明确了纪检监察工作的基本范围和职责。纪检监察学不仅是一门独立的学科,更与政治学、法学、社会学等学科有着密切的联系。通过构建系统化的概念体系,可以促进不同学科之间的交流与合作,形成更为全面和立体的研究视角。例如,自我革命和党的领导作为重要概念,不仅在纪检监察学中具有重要地位,在政治学和党史研究中同样具有重要意义。通过这些跨学科概念的研究,可以丰富和深化纪检监察学的理论内涵和实践应用。

3. 纪检监察学的制度文化

中国传统文化中蕴含了"以廉为荣,以贪为耻"的廉政思想,传统廉政文化强调官员的廉洁自律、清正廉明,形成了独特的官德文化和廉政制度,对当代纪检监察体制改革具有重要的借鉴意义,也为纪检监察队伍建设提供了宝贵的文化资源。纪检监察工作的特殊性要求从业人员具备高度的职业道德和强烈的责任感,而这些品质的培养和巩固离不开制度文化的熏陶和影响。随着社会的发展和变化,纪检监察工作面临的新情况和新问题不断涌现,制度文化必须具备足够的适应性和创新性,才能有效应对这些挑战。因此,中国特色纪检监察学必须着力挖掘传统文化中的"廉"基因,结合时代发展需求,形成具有新时代中国特色的纪检监察的价值观和制度文化,推动纪检监察体制机制的创新和发展。

党内法规中权威的理论渊源及实践路径*

刘　鹏**　任　杰***

［摘要］　权威性在党内法规制度具有源动力意义，没有权威的制度难以保障其维护人民意志，没有制度的权威则无法被有效执行。马克思主义经典作家关于权威论断的本源性意义，对权威的制度和制度的权威发挥着纲举目张的建构作用，并成为推动着其有序执行的保障，体现为四点要求：立党初衷与有效服从的人民本源、指导思想与执政实践的科学基础、体系健全与务实管用的本质内核、自觉遵守与监督闭环的有力运行。党内法规执行力的提升应对标四点要求，在党规点线面体的有序执行中，为党内法规规范权威性持续赋能。应坚持科学理论的活化应用，坚持以高质量执行提升权威性，坚持完善党内法规执行配套机制，以执行力不断增强党内法规的权威性。

［关键词］　党内法规　权威　渊源　实践准则

党的二十大报告中指出："坚决维护党中央权威和集中统一领导，把党的领导落实到党和国家事业各领域各方面各环节。"治国必先治党，治党务必从严，从严必依法度。习近平总书记在党的二十届中央纪委二次全会上指出："健全全面从严治党体系，需要坚持制度治党、依规治党……更加突出体制机制的健全完善和

---

* 本文系山西省法学会2022年度"习近平法治思想理论与实践"重点专项课题部分结题成果，课题名称："习近平法治思想中的党内法规民主集中制研究"，课题编号：SXLS(2021)XZDZZX03；2020年度山西省筹资金资助回国留学人员科研项目(晋留管办发〔2020〕2号2020－153)阶段性成果。

** 刘鹏，法学博士，山西忻州师范学院副院长，副教授，硕士生导师。主要研究方向为法学理论、党内法规学。

*** 任杰，华东政法大学纪检监察学院博士，山西省长治市襄垣县纪委常委、县委巡察办主任，主要研究方向为党内法规学、纪检监察学。

法规制度的科学有效。”党的二十大报告又指出:“完善党内法规制度体系,增强党内法规权威性和执行力,形成坚持真理、修正错误,发现问题、纠正偏差的机制。”以上内容指明了“权威”的基本定位、制度基础、实践准则。这些阐释内容集中反映了党的自我革命制度规范体系的要求,党内法规作为其核心内容,是新时代中国共产党推进伟大自我革命,不断提高领导水平和执政能力的制度保障。“权威性”和“执行力”是党内法规制度发展的“一体两翼”,实现党内法规的有效执行,“推动制度优势不断转化为自我革命生动实践”,可以从发掘和保障党内法规制度的“权威性”着手,探求党内法规制定源头、初衷,培养各级党组织和党员的遵规意识,探求新时代党内法规制定发展的创新理论,厚植党内法规制度的建设基础,探求党内法规制定发展的自身规律,增强党内法规制度的立法水平,探究党内法规实施落实的监督机制,提高党内法规的执行效力。

一、党内法规中“权威”的法哲学基础

在组织行为学中,权威是重要的组织基础。一般而言,权威意指极具公众影响力的威望。这一词汇在世界各国有较长的语义演化史,在社会组织中有着极为重要的意义。在我国,其理论来源来自马克思主义经典作家对这一词汇的哲学分析和实践运动。对权威的认知贯穿于人类社会发展的长河,欧美诸多流派均尝试作出各种理论假说,对权威的来源、内容、形态进行解析。我国和欧美学界通说认为,最早对权威作出系统研究的是德国学者马克斯·韦伯(Max Weber,1864—1920 年),[①]他在《社会组织和经济组织理论》一书中提出了三种正式的政治支配和权威的形式:传统型权威、超凡魅力型权威、法理型权威。[②] 在这三种类别的权威中,韦伯指出:传统型权威的效率较差,因为其领导人不是按照能力来挑选的,其管理单纯是为了保存过去的传统;超凡魅力型权威过于感情化,并且是非理性的,依据的不是规章制度,而是神秘的或者神圣的启示;韦伯关于组织的研究和主张,是以法理型权威为目标的。这一分类建构于对当时获取的各类政治、法律、宗教等上层建筑的深入剖析,这三种形态既有其特征,又在转化和变动中,对于以往

① 中外学界有诸多学者关注韦伯的权威理论。参见周雪光:《国家治理逻辑与中国官僚体制:一个韦伯理论视角》,载《开放时代》2013 年第 3 期;R. 马丁、罗述勇:《论权威——兼论 M. 韦伯的“权威三类型说”》,载《国外社会科学》1987 年第 2 期。

② 参见[德]马克斯·韦伯:《经济与社会》,阎克文译,上海人民出版社 2010 年版,序言。

的权威有较强的解释力。这一内容为我们识别和评判各种观念有明显的参考意义,其一方对另一方的支配原因和机制的挖掘,具有显著的意义。对权威的制度归因,超越了对权力的认知,成为韦伯理论的重要成果。在韦伯之后,也有关于权威的其他理论,[①]有代表性的包括玛丽·帕克·福莱特基于冲突调适的权威理论,切斯特·巴纳德基于正式组织信息交流(命令)的系统论观点,以及赫伯特·西蒙的权威决策权理论。这三类理论分别从"控制、妥协、整合"冲突范式建构、权威客体服从说、权威即决策,逐步凝练出对权威的解释,明确了权威经验基础、主体和客体、权威内容的观点。

事实上,对于权威的讨论并非从韦伯开始。马克思、恩格斯关于权威的论述始于理论批判和科学社会主义的探索,这也构成了党内组织法规法哲学的重要基础。19 世纪 40 年代,马克思在与各类理论论战的过程中,逐步形成了以解放全人类为目标的共产主义理论,在《共产党员宣言》中明确指出"……联合体,在那里,每个人的自由发展是一切人的自由发展的条件"[②]。在"人类解放"这一坚实的权威来源上,马克思对权威的哲学重塑有其批判和建构的明确指向。马克思在《论犹太人问题》中也曾思考宗教和国家的关系,"当国家作为一个国家……信奉作为国家的自身时,国家才以自己的形式,以自己本质所固有的方式,作为一个国家,从宗教中解放出来"[③]。马克思同意黑格尔在《法哲学原理》中所持有的观点,要使国家作为精神的认识着自身的伦理现实而获得存在,就必须把国家同权威形式和信仰形式区别开来。[④] 最终,宗教权威被驱逐至私法领域中,民族国家获得了其普遍性。马克思在其后的论著中,逐步论述道无产阶级取得国家专政政权后仍然需要借助于国家政治权威以实现过渡,国家在组织社会中仍然有着权威性作用。19 世纪 60 年代马克思在《资本论》中指出"雇佣工人……作为他人意志——他们的活动必须服从这个意志的目的——的权利,而和他们相对立"[⑤]。这些论断表明,在各类权威之上,国家权威需要获得一种普遍的一元化的自足性。国家对过往各类权威来源的超越成为国家普遍性权威的基础。

恩格斯的权威观发展了马克思的学说。我国学者指出,《论权威》是恩格斯立

---

① 参见王力:《权威理论综述及权威关系测量研究》,载《理论界》2009 年第 5 期。
② 《马克思恩格斯文集》(第 2 卷),人民出版社 2009 年版,第 53 页。
③ 《马克思恩格斯文集》(第 1 卷),人民出版社 2009 年版,第 28 页。
④ 参见《马克思恩格斯文集》(第 1 卷),人民出版社 2009 年版,第 30 页。
⑤ 《马克思恩格斯文集》(第 5 卷),人民出版社 2009 年版,第 385 页。

足唯物辩证法的基本观点首次系统论述马克思主义权威观的经典文献。① 该作品产生于反对无政府主义思潮的进程中，恩格斯再次对权威进行论述，他以大工业带来的社会化为基础，强调生产组织内在严密的分工，对以纱厂和铁路为代表的大工业物质基础产生的“强制”性权威进行了细致的论述。在《论权威》②中，恩格斯明确指出“无论在哪一种场合，都要碰到一个显而易见的权威”。这个“场合”当然也包含政党的“行为”和“实践”。他同时指出，“权威又是以服从为前提的”。权威和自治作为一对范畴，随着社会发展阶段的改变而改变。由此，恩格斯形成了“权威”兼具“强制性”和“服从性”的理论认识。这一经典文献批驳了以巴枯宁为代表的“个人无限自由”和“否定一切权威”的无政府主义错误观点。

马克思主义还认为无产阶级必须建立独立的拥有权威的政党，其组织本身应当民主，马克思与恩格斯又强调了“权威”集中的重要意义，要求“绝对保持党的纪律”。加强纪律性逐步成为政党组织领导的重要内容。为保持组织的统一和强化纪律观念，马克思与恩格斯在《共产主义者同盟章程》中，对同盟的组织机构层次、组织原则、选举领导者、议事规则、报告制度、民主制度、组织纪律以及维护组织统一等方面进行了规定。关于权威的理论批判和建构、关于章程和纪律的规范内容，成为党内法规的理论渊源。

由此可知，不同的组织有着不同的政治目标，政治理论、政治逻辑、政治立场决定不同的组织原则和体系，也决定了各种权威特定的表达形式。马克思主义经典理论认为：权威是进入无阶级社会过渡时期的必要存在，且有强制性服从和民主性服从两类，“共产主义民主制”“资本主义民主制”有着明显的区别，马克思主义政党既讲民主又讲集中的民主集中制便是权威的重要组织保障。马克思主义的权威认知构成了马克思主义政党民主集中的理论源泉，为马克思主义政党内部管理制度的“权威性”提供了哲学基础。在我国，党中央的权威经历了“贯彻执行—丰富发展—系统完善”③的阶段。思想是制度之魂，制度是思想之体。④ 科学的规范也是权威的制度表达，制度问题带有根本性、全局性、稳定性、长期性，党要管党、从严治党、依规治党均是新时代中国特色社会主义权威的内在要求，也是权

---

① 参见石磊：《恩格斯〈论权威〉的基本逻辑和价值意蕴》，载《江南论坛》2022 年第 11 期。

② 参见《马克思恩格斯文集》(第 3 卷)，人民出版社 2009 年版，第 335－338 页。

③ 朱益飞：《习近平关于维护党中央权威重要论述的五维考察》，载《扬州大学学报(人文社会科学版)》2022 年第 1 期。

④ 参见《中国共产党党内法规制度建设历程研究》，法律出版社 2021 年版，第 19 页。

威的重要保障。

二、党内法规中"权威"的规范渊源

通说认为,党内法规是新民主主义革命时期逐步形成的。大量的制度源自1921年党章颁布后,这些制度或基于马克思主义基本原理的运用,或基于长期历史经验形成的惯例,这些经验性现实是确保党内法规权威的基础,也是执行力的保障。

(一)源起人民:立党初衷与有效服从生发权威本源

中国共产党是伴随新民主主义革命、挽救中国的伟大历史使命而产生的,从建党之日起就明确了自己的奋斗目标和革命意志,把抵御外敌入侵、完成人民解放、实现国家繁荣复兴作为自己的责任担当,在这样的使命的驱动下建立起的无产阶级革命政党,天然具备了民族发展正义性和人民利益代表性。

1.初心使命:始终坚持民族复兴和人民至上

从中国共产党党章的性质、宗旨和纲领来看,中国共产党自成立以来,始终把为中国人民谋幸福、为中华民族谋复兴作为自己的初心使命。这一根本性章程的定位确保了党内法规权威的目标。马克思、恩格斯对无产阶级政党建立建设的纲领和指导思想十分重视,强调人是人的最高本质、绝对命令在于"推翻使人成为被侮辱、被奴役、被遗弃和被蔑视的东西的一切关系"。这一彻底的理论需要科学的组织,无产阶级政党领导无产阶级革命,必须把当前斗争与长远目标结合起来,形成理想与现实相统一的革命纲领。中共一大的纲领后被党章接受并延续至今,党的二大就明确提出了反帝反封建的民主革命纲领和实现共产主义的最高纲领,并逐步成为党内法规的根本规范。党在自我发展过程中,随着对历史唯物主义认识的深化,把为人民服务作为党的根本宗旨,把以人民为中心作为开展和推动各项工作的出发点,使人民性成为党内法规的基因。解放全人类的党内法规目的论述决定了其制度上的权威性。2021年12月19日,习近平总书记对加强党内法规制度建设作出重要指示:"要发挥好党内法规在维护党中央集中统一领导、保障党长期执政和国家长治久安方面的重大作用,在推进新时代党的建设新的伟大工程、落实全面从严治党方面的重大作用,确保党在坚持和发展中国特色社会主义的历史进程中始终成为坚强领导核心,为全面建设社会主义现代化国家、实现中华民族伟大复兴的中国梦提供坚强政治保证。”[①]这一重要指示包含了党内法规制定和发展的重要目的，重申了党内法规权威性基础，充分证明了党内法规蕴含着中国共产党的使命基因，并经由建党目的在党内法规中得以深化和贯彻。

2. 有效服从：党内法规概念形成的源头、目的

权威的目的需要有严明的纪律来贯彻，这也构成了党内法规的基本框架。在充分实现最广泛的人民民主的基础上，列宁曾对无产阶级政党建设提出要求：“无产阶级的无条件的集中制和极严格的纪律，是战胜资产阶级的基本条件之一。”[②]强调无产阶级政党制度纪律的重要性，成为马克思、恩格斯无产阶级政党建党的制度转向。在新民主主义革命时期，毛泽东同志在党的六届六中全会上所作的《论新阶段》的讲话中首先提出“党内法规”一词，并指出：“为使党内关系走上正轨，除了上述四项最重要的纪律外，还需制定一种较详细的党内法规，以统一各级领导机关的行动。”[③]由此，该会议发展了民主集中制，第一次明确提出“四个服从”是党在组织上民主集中制的基本原则，[④]并旗帜鲜明地反对个人专制主义倾向和极端民主化倾向。要实现担负的历史使命，严格统一的制度规范和思想认识是必不可少的。严守党的纪律成为确保党内法规权威的重要基础。从历史上看，在传承和发扬民主集中的基础上，“四个服从”实现了从制度性约束实践思想上统一的有效结合，成为党内法规制度的“源头性”规则，体现了党内法规制定的出发点，确保了党内法规制度从一开始就坚持正确的政治方向，使有效服从关系成为党的不断发展和取得各项事业胜利的重要保证。

（二）系统完备：指导思想与执政实践构建权威基础

1. 理论指引：党的指导思想是党内法规建设的重要理论基础

科学理论的指导是制度建设的关键所在，实践是理论之源。党内法规立规者始终把党的指导思想作为其基本理论依据，并立足于党的政治建设，推动党的党要管党从严治党的不断深化，深刻贯彻习近平法治思想和依规治党根本要求。以党章为核心的党内法规制度以马克思主义为指导思想，结合自身实际不断完善着

① 《发挥好党内法规在维护党中央集中统一领导　保障党长期执政和国家长治久安方面的重大作用》，载《人民日报》2021 年 12 月 21 日，第 1 版。

② 列宁：《论马克思恩格斯及马克思主义》，人民出版社 1973 年版，第 62 页。

③ 《毛泽东选集》（第 2 卷），人民出版社 1991 年版，第 528 页。

④ 参见《中国共产党党内法规制度建设历程研究》，法律出版社 2021 年版，第 160 页。

党规制度体系。从“三大纪律、八项注意”“四个服从”到完善的党内法规制度体系,反映了党在制度建设中一般原理和自身实践的结合。党内法规制度的发展始终坚持以党的指导思想和不同时期的创新理论为指导,其建构的正当性基础便是普遍的人民性基础,理念对规范发挥着极为深刻的制度意义。这些规范既反映了中国共产党对马克思、列宁关于党的建设理论的一脉相承,也是对中国共产党执政实践中一般规律的系统总结。进入新时代,在习近平新时代中国特色社会主义思想,特别是习近平总书记关于依规治党的重要论述的科学指导下,“以党章为根本遵循,用严明的纪律维护党章权威”①的总体格局逐步形成。党内法规建设呈现出更加蓬勃的发展状态,党内法规的政治立场、政治定位、政治功能更加明确,党章作为党内根本法的地位更加突出,党内法规制度体系的建设原理、建设目的、建设路径更加清晰,在党的二十大召开后,以党内法规改革推动党的自我革命,实现制度治党、依规治党,全方位扎进制度笼子的作用更加凸显。从党要管党、从严治党到自我革命,是党规治理蕴含马克思主义科学理论的内在要求,党的自我革命也确保了党的先进性、纯洁性、权威性。

2. 领导权威:“两个维护”是党内法规权威性的逻辑源泉

指导思想和执政实践的优秀成果不断地以制度形式反映在制度建设中,制度权威又不断作用于政治领导权威,成为党领导人民进行社会治理的逻辑生发泉源。党的二十大进一步明确了“两个确立”的决定性意义,这是对“两个维护”的制度化。“两个维护”作为党的领导的最高原则,是党内法规权威性的根本政治来源。第一,“两个维护”是新时代党内法规制度建设的根本逻辑。“两个维护”生发于党的全面领导,作用于党的全面领导,为强化党的全面领导提供了政治准则,为党内法规制度建设指明了发展方向,维护了党的领导制度的权威。党内法规是为了强化党的领导而生的,是“两个维护”在党的制度建设方面的具体体现,其建设和发展过程也始终围绕巩固党的全面领导这一根本逻辑而展开,可以说,“两个维护”是新时代党内法规制度建设的逻辑起点和重要目的。第二,“两个维护”保障了党内法规制度的权威性。党内法规制度的制定主体是特定的,党内法规是党中央决策部署的制度化、法规化。“两个维护”要求各级党组织、全体党员维护党中央的集中统一领导的内涵之一就是要求维护党中央的决策部署,要求维护党中

① 中共中央党史和文献研究院编:《习近平关于依规治党论述摘编》,中央文献出版社2022年版,第56页。

央制定的法规制度。“两个维护”以制度性进路保障了党内法规的制度权威，是党的全面领导理论在党的建设制度层面的创新发展，为党内法规的权威性理论奠定了逻辑基础。

3. 事业之基：党内法规成为推动“中国之治”的权威力量

中国之治是权威的源泉，权威也是中国之治的着眼点。中国共产党是中国特色社会主义建设事业的领导核心，“党规之治自然是‘中国之治’的关键所在”①。“中国之治”是一项整体性、系统性治理工程，中国共产党是唯一领导主体，党的领导水平直接影响或决定治理水平。党在领导社会治理的实践中，充分认识到提升和规范自身领导水平和执政能力的重要性，使党内法规建设始终围绕党和国家工作大局不断推进。在完善党的领导方面，党中央制定《中国共产党中央委员会工作条例》，修订《中国共产党地方委员会工作条例》，使党的集中统一领导更加巩固；制定、修订《中国共产党党和国家机关基层组织工作条例》等制度，使党的各级各类组织工作更加规范有序。在领导经济社会发展各方面，制定了《中国共产党农村工作条例》《中国共产党政法工作条例》《中国共产党宣传工作条例》《中国共产党领导国家安全工作条例》《信访工作条例》《党政领导干部生态环境损害责任追究办法（试行）》等数十部党内法规，确保党领导的各项建设事业有法可依、稳步推进。在深化全面从严治党方面，制定《中国共产党纪律检查委员会工作条例》《中国共产党党内监督条例》《中国共产党巡视工作条例》，使党内监督制度机制更加完善管用。党的领导在制度的轨道上更加科学规范，制度推动治理的成效正在显现，党内法规正在以其独特的作用彰显自身的权威力量。

（三）科学完善：体系健全与务实管用体现权威内核

党的十八大以来，党中央高度重视党内法规制度建设工作。通过两次中央党内法规制定工作规划纲要，党内法规制度体系在新时代十年中得以快速高效建构，制定程序更加规范、制度质量明显提高，为党内法规权威性构建打下了扎实基础。

1. 体系健全：为党内法规权威性构建提供基础保证

体系科学是制度权威的重要基础，是确保始终贯彻马克思主义指导思想的前提。明确党内法规建设任务书、路线图、时间表是依规治党的首要条件，自 2013

---

① 宋功德：《党内法规的百年演进与治理之道》，载《中国法学》2021 年第 5 期。

年起,随着《中央党内法规制定工作五年规划纲要(2013—2017年)》《中央党内法规制定工作第二个五年规划(2018—2022年)》相继颁布,党内法规各个时期的立法和实施重点得以系统展开。新时代十年是党内法规制度体系高速发展的十年,党内法规制度体系的"四梁八柱"得以建立,以党章为根本遵循的四大党内法规制度体系不断完善,为进一步提高党内法规立法质量和进行"供给侧结构性改革"奠定了原则性基础。经过十年的不断建设,党内法规发挥依规治党对党和国家事业发展的政治保障作用,对强化党的领导、强化基层组织建设、强化党内监督体系建设等作用更加明显。一方面,党内法规与管党治党工作形成高度自洽,党内法规对管党治党机制产生"动能式"助推效能,又为管党治党工作构建"蓝本式"规范范式;另一方面,党内法规已经内嵌于国家运行制度体系当中,并通过管党治党行为与国家建设发展形成高度契合,既激发了制度效能转化为治理优势,也体现了党内治理对国家治理的示范和推动作用。党内法规的制度权威通过党内制度体系的科学效能得以彰显。2023年4月,《中央党内法规制定工作规划纲要(2023—2027年)》下发,表明党内法规新一轮的建设开启。

2. 务实管用:高质量牵引党内法规制度发展

科学管用也是制度权威的重要来源。习近平总书记对推动党内法规制度体系建设提出"要扭住提高质量这个关键"①,形成"务实管用""简便易行"②的党内法规制度的要求,这为构建党内法规权威性提供了基本遵循。一是制定程序更加规范。《中国共产党党内法规制定条例》为党内法规制定提供了严格的"立法法"依据,在总结一般性法律规范制定规律的基础上,更加强调党内民主和程序科学,通过设定立法规划、界定立法主体、立法程序和保障制度等内容为党内法规立法行为打上"权威"烙印。二是制度语言更加严谨。在党内法规的制定中,更加注重条文语言的严谨性和规范性,特别是将党的重要领导人的理论创新语言融入党内法规条文当中,既朴实简练又严谨规范,实现了党内法规和其他政策规范、领导人讲话内容的有效衔接。三是务实管用、简便易行。新时代党内法规建设更加注重制度实用性,新出台的党内法规往往针对性很强,或针对全局性领导事业、或针对

① 中共中央党史和文献研究院编:《习近平关于依规治党论述摘编》,中央文献出版社2022年版,第132页。

② 中共中央党史和文献研究院编:《习近平关于依规治党论述摘编》,中央文献出版社2022年版,第123页。

某项某领域工作;法规内的条文规范的工作指导性也很强,有较多条文是对某项工作的直接性指导,充分体现了务实管用的现实要求。

(四)运行有力:自觉遵规和监督闭环保障权威实现

习近平总书记指出:“制度一经形成,就要严格遵守。”①依规治党既要靠自觉遵规又要靠有效监督,严格遵规是党内法规“权威性”的重要保障。要实现党内法规的有力运转,就要在强调党员自觉遵守党内法规的同时,更加注重构建党内法规执行监督机制的有效闭环。

1. 观念养成:党内法规遵守的强制与自觉

根据党内法规专题调研汇总得出,党员干部对党内法规认识水平极大提高。近年来,“党内法规是制度、是规范,应当自觉遵守”的观念意识在各级党组织、党员当中已经普遍形成,自觉及时学习党内法规已经在多数党组织中成为习惯。一方面,各级党组织和党员普遍认为党内法规具有强制性,对规范党内关系和党内活动、党员行为具有强制作用,“如果党内法规有明确要求或规定,必须严格执行”的认识已经普遍形成;另一方面,各级党组织和党员普遍认为党内法规应自觉遵守,特别是各级党组织“依规履职”的意识已经普遍形成,做决定前“找法”“找规”的自觉普遍增强。守法守规意识的增强也为党内法规的“权威性”实现奠定了良好的思想基础。

2. 监督有效:执行监督机制形成闭环且管用

随着全面从严治党的不断深化和党内监督机制的不断完善,依托上下级监督、纪检监督、巡视巡察监督、审计监督和其他监督制度的普遍完善,党内监督已经形成较为完整的监督闭环。调研发现,《中国共产党党内法规执行责任制规定(试行)》实施后,地方党委履行党内法规执行的主体责任和监督责任意识普遍增强,形成了专门专职的监督部门和监督制度,在鼓励党组织和党员个体自觉遵规的同时,党内法规执行和监督的闭环正在完善和有效推进。

三、党内法规中“权威”的实践路径

马克思主义经典作家关于权威论断具有本源性意义,对其后党内法规的权威性发挥着纲举目张的作用。党内法规的发展史,也是“制度建设一以贯之、制度变

① 中共中央党史和文献研究院编:《习近平关于依规治党论述摘编》,中央文献出版社 2022 年版,第 140 页。

革一脉相承、制度框架一体布局、制度保障同向发力”[①]的进程。初心使命、系统完备、科学完善、运行有力反映了党内法规的权威本质,也确保了党内法规指导思想和制度实践是其权威的基础,也是确保其权威运行和监督保障的保证。由权威性到执行力,反映了党的二十大报告中党的自我革命的新使命。

(一)党内法规“权威”执行困境原因分析

回溯历史、梳理问题后我们得知,党内法规的“权威性”有着鲜明的人民立场、科学的方法、严谨的制度和清晰的实践要求,这也是实现党内法规执行力的前提,对标党内法规权威的四重渊源,有助于我们清醒把握权威的理念、制度和实践。权威并不是臆想,其规范预设也决定了义务设定和执纪问责的依据,由此党内法规具备着很强的权威性[②]。党内法规的权威渊源和本质要求明确了其执行内容和效果,而党内法规的持续完善对党员纪律的遵守有了更高的要求。

一是对党内法规权威性的政治意义的理解和研究有待加强。在以往党内法规制度建设过程中,学界和实务界的工作属于对既有材料的汇总和初步加工,更加侧重和倾向于“打基础”的工作,着力构建党内法规制度体系,并以此不断完善权利义务和责任要求。党的十八大以来,党内法规的权威建设领域的研究逐步成为重点,但在梳理、凝练标志性话语和执行实践上仍然需要不断推进。党的二十大报告中专门提出要“增强党内法规权威性和执行力”,这说明党中央对党内法规建设的关注点从“建量”向“提质”转变、由“立规”向“执纪”转变、由“保障”向“问责”转变。研究党内法规的权威性与提高党内法规的高质量发展紧密相关,特别是对如何提高党内法规质量、增强党内法规制度执行力的学术研究迫在眉睫,对于新时代党内法规理念、制度、实践的研究学习、宣传教育成为紧迫的工作。

二是对党内法规的立规解释和执纪论证工作有待加强。党内法规完善进程,是党带领人民遵循马克思主义一般原理,在不同历史阶段完善自身建设的进程。在理解其权威性时,应以历史唯物主义和辩证唯物主义为基础,对于各项制度的形成和实践进行深入研究和制度解释。目前,党内法规制度体系建设推进快速高

---

① 《中国共产党党内法规制度建设历程研究》,法律出版社2021年版,第1页。

② 关于党内法规的权威性有无强弱之分应当放于实践中进行探讨。权威性虽然本身就具备了权威要素,但政治现实不可能仅以党内法规作为管党治党的唯一依据,且在管党治党实践中,党内法规的权威性往往与执行党内法规的主体执行情况密切相关。当执行主体认真遵守并执行党内法规时,党内法规在这个党组织中的权威性就较强;当执行主体不认真遵守并执行党内法规时,党内法规的权威性在这个党组织中就有可能无法得到充分彰显。

效，但与之相配套的法规解释工作却相对滞后。调研中发现，部分省级党内法规制定主体对其自身的解释权限和解释能力持怀疑态度；基层党组织在执行党内法规过程中遇到的执行困难和理解障碍往往无法得到有效表达和权威解释，这一问题直接影响了党内法规在基层党组织和党员心中的权威感。在适用党内法规的过程中，由于缺乏基础性认知和说服性说理，党员之于党内法规、公民之于宪法、自然人之于民法典的调整边界、适用问题仍然有待进一步加强。

三是对党内法规的全面性认知和系统性执行有待加强。在实践中，对于党内法规的系统性、全面性认识不足，很容易带来选择性遵规的弊病。一些党组织在党内法规执行中还存在选择性执行的问题，对有利于自己工作或决策的法规，积极“找法”印证，对于规范自身权力行使或明确的禁止性规定选择“视而不见”，这种行为严重影响了党内法规的权威性和执行效力。选择性遵规的原因在于执行监督机制问题。目前，影响党内法规执行权威的主要问题集中在执行监督机制还不够完善，地方党委的法规室、纪委监督检查室和其他监督主体的监督权限和职责划分还不够明确，党内法规执行情况没有严格规范的监督体系，监督无效或监督乏力问题比较突出。

党内法规之治事关我国社会的超大型和复杂化治理的质效，社会的持续变革则不断考验着党内法规的权威性和执行力，党内法规需要在持续回应社会变革、提升执规权威、监督保障执行中不断夯实其体系性、全面性和协同性。规范理论研究、党规的释规说理、有效监督执行成为党内法规权威性的一体三面。

（二）持续完善增强党内法规“权威性”的实践准则

党规实践权威在于科学性和执行力，“高质量”和“严执行”是增强党内法规权威性的必然选择。“高质量”要求党内法规在制定过程中要坚持党的科学理论的指导、坚持把质量作为生命线、坚持“务实管用”“简便易行”；“严执行”要求在党内法规执行过程中狠抓制度执行，建立严格规范的执行机制、切实管用的监督机制和行之有效的遵规自觉培养机制，构建起由科学健康的“内在”生发系统到客观真实的“外在”评价系统，切实增强党内法规的权威性。

1. 自觉运用习近平法治思想提升党规政治保障功能

习近平新时代中国特色社会主义思想为党内法规制度建设提供了科学的世界观和方法论，特别是习近平总书记关于依规治党的重要论述，为新时代加强党内法规制度建设提供了根本遵循。提高党内法规的权威性，关键在于着力提高党内法规的政治保障作用,进一步思考和研究新时代如何通过党内法规提高依规治党效能,使党内法规在依规治党实践中真正发挥基础性作用。一是要抓住根本目的建设党内法规。要围绕习近平总书记在2021年12月19日对党内法规建设的重要指示精神开展党内法规建设,进一步明确党内法规的根本目的,强化政治意识,以"两个维护"为出发点,开展党内法规制度建设。以自我革命要求强化政治监督,新时代部分领导干部仍然存在的"越权"与"失度"等行为的根源在于传统陈腐观念的影响。[①] 由此,仍然需要持续反对"宗派主义"和"山头主义"。二是要抓住党章这个根本遵循建设党内法规。党章是全面从严治党的总依据和总遵循,建设党内法规制度体系,要坚持党章这条主线,特别是要抓住民主集中制这个核心,搞清楚党内法规建设的落脚点。三是要抓住党和国家大局这个重点建设党内法规。党的十八大以来,党中央在部署谋划各项工作时,都十分注重配套法律法规的制定,"坚持党领导的中国特色社会主义事业进行到哪里、党的建设推进到哪里,党内法规制度建设就跟进到哪里"[②],建设权威性的党内法规制度,要充分考量党和国家大局,胸怀"国之大者",使党内法规建设始终围绕大局、服务大局。四是要加强党内法规备案审查制度。党内法规有着清晰的体系特征,应当加强党中央对于自身和地方党规的审查力度,以不断提升党内法规的系统性,确保指导思想、根本制度能够被贯彻落实到各类党内法规渊源中,通过规范的普遍遵守,提升党内法规的权威性。要更加注重通过备案审查工作制度规范省级党委制定的党内法规与中央党内法规的系统配套,严格规范扩大义务性规范条文,对创新性制度规范既鼓励探索又保持审慎严谨,更加强调省级党委制定的党内法规的可操作性。

2. 以高质量党规执行持续提升权威性

高质量是权威性的重要来源,党内法规建设越是快速推进,越要注重质量水平以及效能。党内法规的权威源于其体系完备、科学完善,而这又取决于执规实践。走在中国式现代化新征程新起点的党内法规建设实施工作,应当始终把高质量贯彻执行作为贯穿其中的生命线。在执规实践中,应当注重以下几方面:一是注重深入调查研究,保持规范执行的适度稳定。权威性要求下的党内法规建设,

---

① 参见张敏、汪倩:《新时代领导权威法治化路径探析》,载《领导科学论坛》2022年第7期。

② 中共中央办公厅法规局:《坚持依规治党 为推进伟大自我革命提供制度保障》,载《中国纪检监察》2022年第19期。

更加强调规范对象的有效适用。党内法规之治,需要监督执纪主体能够讲清党规制度、熟悉执规细则、强化解释论证。进一步提升党内法规监督执纪能力,就要更加深入执行一线,特别是深入乡镇、村(社区)等基层党组织,以党内法规促进基层治理能力提升为主题开展调研,使党内法规的有效触手真正延伸到基层和一线,推动党内法规执行更加有效。同时,在社会变革逐步加快的前提下,要坚持党规适用的稳定性,尽量减少修改频次和推动适用的执纪案例的提炼,使执行党内法规符合社会实际、符合党员义务责任规范要求。二是坚持“于法周延、于事简便”的原则。党内法规立法既要借鉴法律制定的有益经验,也要突出自身政治性的鲜明特点,在注重立法语言规范周延的前提下,强调实务针对性和实用性,推动党内法规在基层真正“用起来”。三是坚持系统全面地协调执行。党内法规应当关注其适用的适当性,要合理运用文义解释、体系解释、目的解释、历史解释等多种方法执纪,并且采用演绎、归纳、类比等方式进行论证,确保在体系中看条款、在全面中看内容、在链条中看行为。四是要强化对“关键少数”的执纪问责。党规严于国法,在执纪中,“关键少数”对党内法规的赋能性和腐蚀性极为显著,应当坚持“以零容忍态度开展反腐败斗争,坚持纠正一切损害群众利益的腐败和不正之风”。严厉查处踩“红线”、越“底线”、闯“雷区”、留“暗门”、开“天窗”等违规违纪行为。同时,也要积极进行警示教育,惩治并非目的,而是为了确保党规的权威,从根本上回到权威的理论基础中。

3. 坚持完善党内法规执行配套机制

权威高效的规范系统有赖于实施体系,而实施体系又需要明确的执纪权责。狠抓制度执行离不开一系列执行配套制度,提高党内法规在制度执行方面的权威性应当从三方面配合实施。一是尽快明确市县党内法规执行监督部门的职责权限。建议省级党委尽快对市县党委办公厅(室)、纪委监委、巡察机构等部门监督党内法规执行的职责权限进行明确划分,编制党内法规执行责任清单和监督考核清单,推动党内法规在市县党组织中落实落地。二是尽快完善党内法规制度的配套解释机制。虽然中央和省级党委均有党内法规解释机构,但由于缺乏专业人才和畅通的执行问题反馈请示机制,党内法规执行“梗阻”问题往往发生在基层党组织当中,要尽快在市县级党委建立党内法规执行解释机构,培养市县党内法规执行专业性指导人员,畅通市县向省、中央反馈党内法规执行问题的相关机制。三是进一步明确党内法规执行不力的责任追究机制。建议省级党委或纪检部门对党内法规执行不力行为进行列举式划分,明确责任追究的具体程序、责任追究的量纪办法,形成党内法规执行定期调研考核机制,确保党内法规与其他党内制度落实到位。

四、结语

党内法规制度中“权威”是主体性和价值性、目的性和经验性、规范性和变革性的多元统一,并有着明确的理论话语、规范要求和实践指向。扎实的理论认知和党规渊源的挖掘,是形成权威系统的党内法规制度体系的基础;党内法规的科学认知和有力执行,则是确保党内法规权威有效的重要保障。在全面从严治党体系下,实现党内法规的权威性和执行力,需要明确权威四大来源以及实践准则,确保“推动制度优势不断转化为自我革命生动实践”,以持续保障和提升党内法规制度的“权威性”,以在指导思想、制度体系、执规实践的有序活动中提升各级党组织和党员的遵规意识,厚植党内法规制度的建设基础,持续提高党内法规的执行效力。

唐代监察职业伦理研究

宁　凡*

[摘要]　中国古代监察制度的特色之一是形成了专职的监察机关和监察官队伍,监察官队伍构成一个职业共同体。职业伦理是维护职业共同体内部凝聚力和约束成员行为的重要方式。在职业共同体内外部因素的共同作用下,唐代监察职业伦理得以产生。唐代监察职业伦理要求监察官以维护纲纪为职业目标,以严肃自守为纪律要求,以"访察精审,弹纠必当"为专业要求,以忠诚担当为职业信仰。唐代监察官在维护纲纪过程中不断遭受内外部诸多挑战。通过塑造共同的政治理想、发挥监察职业伦理的评价作用、监察职业伦理制度化等方式,监察职业伦理为监察官抵御挑战提供了精神支持与行为的正当性依据。研究唐代监察职业伦理,对当代纪检监察队伍建设具有现实意义。

[关键词]　唐代御史台　职业伦理　职业共同体　纪检监察队伍建设

引　言

中国古代监察制度的特色之一是形成了专职的监察机关和专业的监察官队伍,并发展了一套独特的职业伦理。中国古代的监察职业伦理是指古代监察官为履行职务而形成的稳定的行为规范和道德准则。这套监察职业伦理要求监察官以维护纲纪为职业目标,以严肃自守为纪律要求,以"访察精审,弹纠必当"为专业要求,以忠诚担当为职业信仰。监察职业伦理的存续有效地促成监察官队伍的内部凝聚力,约束监察官的行为,帮助监察官在履职中应对各种挑战,为中国古代监

* 宁凡,西南政法大学纪检监察学院讲师,重庆市纪检监察理论与实务研究中心研究员。

察官提供了强大的精神支撑。中国古代监察职业伦理的存续为两千余年以来的历代监察官提供了精神支撑和行为指引。因此,虽然中国古代监察官的名称、职能、地位几经变迁,监察官在履职中也屡遭挑战和冲击,但监察官群体仍能保持其本色和理想信念不变,并涌现出众多名垂青史的模范监察官。二十届中央纪委三次全会公报提出,突出发扬彻底自我革命精神深化纪检监察机关自身建设。纪检监察队伍是推进党的自我革命的重要力量,其在监督执纪中会面临各种挑战,其成员特别需要一套有效的职业伦理为其提供强大精神指引和行为支撑。研究唐代监察官的职业伦理,从中发掘中国古代监察职业伦理的优秀传统,提炼可供参照的道德和制度规范,对于推动构建和完善我国当代纪检监察职业伦理具有现实意义。本文首先论述唐代监察职业伦理产生的诸条件,然后归纳唐代监察职业伦理的内容,进而论述唐代监察官在维护职业伦理面对的挑战,最后讨论监察职业伦理如何帮助监察官应对挑战。

一、唐代监察职业伦理的产生

监察职业伦理的产生受到监察官职业共同体内外部两方面的影响。从外部来看,唐代统治者高度重视吏治,把实现吏治清明作为其执政目标,因此唐代十分重视监察官的选拔,并将监察官作为实现吏治清明的重要力量。从内部来看,唐代形成了层级分明的监察官队伍,监察官的地位得到提升,监察职业伦理的载体开始出现,这三个因素强化了共同体的自我认同,促成了唐代监察职业伦理的产生。

(一)监察官被视为实现吏治清明的重要力量

中国古代将实现吏治清明作为国家治理的至高追求之一,唐代建立之初,在吸取隋朝覆灭教训的基础上,尤其重视整顿吏治,力求实现吏治清明。吏治清明主要表现为三个方面:一是君主选贤任能,委任责成;二是官吏清廉奉公,各司其职;三是朝廷风清气正,秩序井然。唐朝君主将这种政治追求寄托在监察官身上,监察官因此成为实现吏治清明的重要力量,“大唐自贞观初,以法理天下,尤重宪官,故御史复为雄要”①。

由于监察官在实现吏治清明中发挥重要作用,因此唐代在选任和推荐监察官

① (唐)杜佑撰:《通典》卷二四《职官六·侍御史》,王文锦等点校,中华书局2016年版,第665页。

时突出选拔称职刚正的官员，也因此唐代众多模范监察官脱颖而出，甚至受到越级提拔。武德初，李素立任监察御史，曾上书反对高祖屈法杀人，因此受到高祖重视。李素立丁忧期间，高祖特命有司夺情授予其七品清要官，有司先后将李素立拟任雍州司户参军和秘书郎。高祖认为前者要而不清，后者清而不要。于是有司最终拟定李素立为侍御史，高祖认为此官清而复要。① 于是李素立连升四级，从监察御史擢拔为侍御史。大历六年(771 年)，为摆脱元载专政，代宗引李栖筠入朝，考察其是否可以担任御史大夫，史书记载"栖筠见帝，敷奏明辩，不阿附，帝心善之，故制麻自中以授，朝廷莫知也，中外竦眙"②。穆赞任刑部郎中期间，因回答问题条理清楚，获得德宗赞赏，被擢拔为御史中丞。③ 宪宗元和九年(814 年)，裴度为御史中丞，奏请崔从为侍御史知杂。元和十年(815 年)，裴度升任宰相，崔从接任御史中丞。崔从任御史中丞期间，弹劾不避权贵，尽心履职，"事关台阁或付仗内者，必抗章论列，请归有司。选辟御史，必先质重贞退者"④。此类事例，不胜枚举。

(二)形成层级分明的监察官队伍

唐代中央监察机关为御史台，根据品秩高低和职责分工区分，御史台的工作人员包括三类。根据《唐六典》记载，第一类为御史台正员，其中御史台长官御史大夫为从三品，人数 1 人，其职责是总领御史台工作，以肃正朝列，但因职权甚重而不常设；副长官御史中丞为正五品上，人数 2 人，如果御史大夫空缺，则御史中丞代为履行职责；侍御史为从六品下，人数 4 人，负责"掌纠举百僚，推鞫狱讼"，如果御史中丞空缺，则由侍御史主持台务；殿中侍御史为从七品上，武德年间为 4 人，贞观年间增至 6 人，其职责是检视礼仪活动是否符合礼制，并负责巡察两京的不法行为；监察御史为正八品上，武德年间为 8 人，贞观年间增为 10 人。监察御史的职责繁多，包括巡察京师百官、地方郡县，核验军队的军功真伪和物资缴获情况，监决京师的刑罚执行，监督太府寺、司农寺的出纳活动，以及监督百官在礼仪活动中是否有违礼行为。主簿的品秩为从七品下，人数 1 人，负责收发、核验御史台往来文书。开元年间，御史台进一步明确分工，分为台院、殿院、察院，分别由侍

① 参见(后晋)刘昫等撰:《旧唐书》卷一八五上《良吏传上》，中华书局 1975 年版，第 4786 页。
② (宋)欧阳修、(宋)宋祁撰:《新唐书》卷一四六《李栖筠传》，中华书局 1975 年版，第 4737 页。
③ 参见(后晋)刘昫等撰:《旧唐书》卷一五五《穆宁传》，中华书局 1975 年版，第 4116 页。
④ (后晋)刘昫等撰:《旧唐书》卷一七七《崔慎由传》，中华书局 1975 年版，第 4578 页。

御史、殿中侍御史和监察御史负责,每院各置院长1人,总领院务。

第二类为视同监察官的里行和内供奉。里行一职源自太宗时期,唐太宗以马周布衣出身,特任命为监察御史里行,其职权与监察御史相同,又称监察里行。内供奉一职出现在高宗时期。里行和内供奉本非御史台正员,随时而设,其目的一是灵活扩大监察官数量,二是对新晋监察官设置试用期,考察其是否适合任职。后来里行和内供奉的数量逐渐固定下来,根据《通典》记载,御史中丞、侍御史和殿中侍御史可设内供奉,监察御史可设里行,人数均为正员的一半。[①] 里行和内供奉的职权与御史台各级正员相同,主要区别在于收入,里行和内供奉的俸食钱与正员相同,但朝廷不提供职田和仆役。[②]

第三类为录事、令史、书令史、亭长、掌固等胥吏。这支队伍人数庞大,共计112人。录事、令史、书令史主要负责御史台的日常文书经办。亭长负责看守御史台门禁,掌固负责管理御史台仓库和厅事铺设。[③] 其中录事虽有从九品下的品秩,但根据叶炜的研究,录事在唐人看来并不被视为流内官,而是与令史等流外官地位相同。[④] 侍御史、殿中侍御史和监察御史手下各自分配一定数量的令史和书令史,其中侍御史配置令史15人、书令史25人,殿中侍御史配置令史8人、书令史10人,监察御史配置令史34人。

根据分工不同,御史台的三类工作人员又可分为三个层级。御史台正员中的御史大夫和御史中丞扮演了监察官队伍的领导角色,侍御史、殿中侍御史、监察御史以及里行和内供奉,则构成了监察官队伍的核心,负责具体履行各项监察职能。而录事、令史、书令史、亭长、掌固等胥吏虽然不被视为官员或不具备官员的身份,但他们同样是御史台运转中不可或缺的辅助工作人员。

(三)监察官的地位得到提升

在重视吏治的要求下,唐代监察官的地位不断提升,这种地位提升体现在三个方面。第一,监察官的品秩提高。唐代职事官的品秩高低很大程度上体现了官

① 参见(唐)杜佑撰:《通典》卷二四《职官六·御史台》,王文锦等点校,中华书局2016年版,第670页。

② 参见(唐)杜佑撰:《通典》卷二四《职官六·监察侍御史》,王文锦等点校,中华书局2016年版,第666页。

③ 参见(唐)李林甫等撰:《唐六典》卷一《尚书都省》,陈仲夫点校,中华书局2014年版,第12-13页。

④ 参见叶炜:《南北朝隋唐官吏分途研究》,北京大学出版社2009年版,第83-84页。

员在官僚系统中的身份地位。唐代中央机关总体可以分为三省六部、秘书省、殿中省、太常寺等九寺、国子监等诸监以及御史台，据《旧唐书 · 职官志》记载，初唐时期以上国家机关正副长官的品秩如表 1 所示。

表 1　初唐时期中央各机关正副长官的名称与品秩

机关名称	长官的名称和品秩	副长官的名称和品秩
尚书省	左右仆射，从二品①	尚书左丞，正四品上； 尚书右丞，正四品下
中书省	中书令，正三品	中书侍郎，正四品下
门下省	侍中，正三品	门下侍郎，正四品下
尚书省六部	六部尚书，正三品	吏部侍郎，正四品上，其余五部侍郎，正四品下
秘书省	秘书监，从三品	秘书少监，从四品上
殿中省	殿中监，从三品	殿中少监，从四品上
太常寺、宗正寺、光禄寺、卫尉寺、太仆寺、大理寺、鸿胪寺、司农寺、太府寺	诸寺卿，从三品	太常少卿，正四品上，其余诸寺少卿，从四品上
国子监、少府监、将作监	国子祭酒、少府监、将作大匠，从三品	国子司业、少府少监、将作少匠，从四品下
御史台	御史大夫，从三品	御史中丞，正五品上

从表 1 中可以看到，唐代御史台长官的品秩为从三品，与秘书省、殿中省、九寺诸监的长官品秩相同，但低于三省长官和六部长官。御史台的判官为御史中丞，其品秩为正五品上，而三省六部、殿中省、秘书省以及九寺诸监的判官品秩多为正四品或从四品。会昌元年（841 年），武宗下敕将御史大夫升为正三品，其理由是御史大夫“掌邦国刑宪，肃正朝廷。其任既重，品秩宜峻。准六尚书例，升为正三品，著至于令”②。从此，御史大夫在品秩上正式与六部尚书同级。与之相应，御史中丞的品秩也得到提高，中书门下奏称，“又御史中丞为大夫之贰，缘大夫秩

① 唐代尚书省名义长官为尚书令，品秩为正二品，但因位高权重基本为虚职，并于高宗龙朔二年（662 年）被废除，因此尚书省的实际最高长官是左右仆射。

② （后晋）刘昫等撰：《旧唐书》卷四四《职官志三》，中华书局 1975 年版，第 1861 页。

崇,官不常置,中丞为宪台之长。今寺监、少卿、少监、司业、少尹并为寺署之贰,皆为四品。中丞官名至重,见秩未崇,望升为从四品”①。

此外,唐朝侍御史、殿中侍御史、监察御史的品秩在武则天垂拱年间也同时得到提升。隋炀帝大业三年(607 年),侍御史为正七品,至武则天垂拱年间侍御史升为从六品下。武德五年(622 年),殿中侍御史为正八品上,武则天垂拱年间连升两级,为从七品上。唐初监察御史为从八品上,武则天垂拱年间连升两级,升为正八品上。②

第二,监察官成为官员迁转的重要渠道。唐代各级监察官职位重要,因此成为官员迁转的重要渠道,官员以进入御史台工作为荣幸。唐代御史大夫多为宰相候选人,“故事:除大夫百日内,他人拜相,谓之‘辱台’”③。宣宗时期,李景让为御史大夫,自认为可以拜相,然而最终由蒋伸担任宰相。李景让认为蒋伸声望不及自己,因此不平,向宰相申诉,最终转任西川节度使。④ 低级官员同样以进入御史台为晋升的标志。《唐语林》记载,唐代以佛界六道戏称畿尉晋升渠道的好坏,其中进入御史台工作被视为最佳途径,“入御史为佛道,入评事为仙道,入京尉为人道,入畿丞为苦海道,入县令为畜生道,入判司为饿鬼道”⑤。根据孙国栋的研究,唐代低级官员从县令转任监察御史,虽然品级降低,但仍被视为晋升。反之,从监察御史转任县令,虽然品级提升,却被视为贬谪。⑥

第三,监察官的职权增加。据《通典》记载,唐代御史台建立之初多负责闻风弹事,即收集汇报各种违法行为,但不受理具体案件,也不负责审讯和羁押犯人,审讯和羁押犯人的工作须委托大理寺执行。贞观二十二年(648 年),御史大夫李乾祐以从大理寺提审犯人弊端甚多为由,请求在御史台设置东西二狱。由此,御史台的职能从闻风弹事转向具体案件的讯问和审理。⑦ 中晚唐时期,监察官从单纯的监察行为转向直接参与国家行政事务。有研究指出,中晚唐时期御史台逐渐

---

① (后晋)刘昫等撰:《旧唐书》卷一八上《武宗本纪上》,中华书局 1975 年版,第 587 页。

② 参见(后晋)刘昫等撰:《旧唐书》卷四二《职官志一》,中华书局 1975 年版,第 1797 – 1799 页。

③ (宋)王谠撰:《唐语林校证》,周勋初校证,中华书局 2023 年版,第 199 页。

④ 参见(宋)欧阳修、(宋)宋祁撰:《新唐书》卷一七七《李景让传》,中华书局 1975 年版,第 5291 页。

⑤ (宋)王谠撰:《唐语林校证》,周勋初校证,中华书局 2023 年版,第 420 页。

⑥ 参见孙国栋:《唐代中央重要文官迁转途径研究》,上海古籍出版社 2009 年版,第 127 页。

⑦ 参见(唐)杜佑撰:《通典》卷二四《职官六 · 御史台》,王文锦等点校,中华书局 2016 年版,第 654 – 655 页。

侵夺尚书省诸司权力，其直接参与吏部选官和机构整顿，制定本应由礼部制定的礼仪仪式，并掌握本应由兵部负责的馆驿工作。①

（四）出现监察职业伦理的载体

目前唐代史料中没有看到专门规定监察职业伦理的典章规定，唐代的《巡察六条》只记载了监察官的六种具体巡察任务，并未规定监察官的职业伦理要求。但唐代的御史台礼仪和书籍可以视为监察职业伦理的载体。

中国古代注重礼法结合，礼仪与法律一样具有规范效力。中国古代通过设置完备的礼仪实现对人的教导和约束。唐代御史台制定了一整套仪式用以规范监察官的言行举止，即台仪。《唐语林》的一条注释载明，“台中有仪注，后渐遗阙”②。根据刘安志对《大唐开元礼》的研究，仪注是指朝廷举行礼仪时，由有司根据礼典撰写的规定礼仪流程的文书。③ 根据该观点，结合“台中有仪注”这条史料，可以推断御史台内部存在一套规范监察官活动的礼仪，并且每次活动都要事先进行计划，形成仪注文书，但这些台仪今多遗失不存。例如，《唐语林》记载，每当御史台监察官在公堂会食，不得谈笑，“虽举匕箸，皆绝谭笑”④。监察官之间见面打招呼也要行正式的揖礼，“祗揖者，古之肃拜也”。互行揖礼成为御史台独特的礼仪习惯，即“台揖”。甚至监察官调往他处任职后还保留行揖礼的习惯，“往往自台拜他官，执事亦误作‘台揖’，人皆笑之”⑤。

此外，唐代监察职业伦理的载体还体现在多部记录御史台历史和监察官言行的书籍中，包括杜易简的《御史台杂记》、韩琬的《御史台记》、韦述的《御史台记》、李植的《御史台故事》等，它们的出现标志着唐代对御史台的重视。⑥ 这些书籍并非由官方要求，而是由唐代监察官自发撰写，说明唐代监察官队伍开始形成职业共同体观念。通过记录御史台发生的故事，唐代监察官有意识地用监察职业伦理评价职业群体行为，发挥职业伦理彰善瘅恶的评价功能。韩琬曾先后担任监察御史和殿中侍御史，其所著的《御史台记》共计 12 卷，记载了唐初至开元年间御史台

---

① 参见王孙盈政、卢向前：《论唐代后期御史台的政务官化》，载《陕西师范大学学报（哲学社会科学版）》2013 年第 1 期。

② （宋）王谠撰：《唐语林校证》，周勋初校证，中华书局 2023 年版，第 644 页。

③ 参见刘安志：《关于〈大唐开元礼〉的性质及行用问题》，载《中国史研究》2005 年第 3 期。

④ （宋）王谠撰：《唐语林校证》，周勋初校证，中华书局 2023 年版，第 643 页。

⑤ （宋）王谠撰：《唐语林校证》，周勋初校证，中华书局 2023 年版，第 644 页。

⑥ 参见［日］池田温：《唐研究论文选集》，孙晓林等译，中国社会科学出版社 1999 年版，第 337 页。

的历史沿革,并以监察官的名称为分类依据撰写对应的监察官言行故事。韩琬撰写该书的目的在于阐释和捍卫监察官应当遵守的伦理规范,告诫后代监察官,使其约束自身行为,即"叙御史正邪得失、进擢诛灭之状,附卷末,以为世戒"①。

二、唐代监察职业伦理的内容

(一)以维护纲纪为职业目标

唐代监察职业伦理的职业目标是维护纲纪,维持好的政治生态。据《唐六典》记载,唐代御史大夫的职责是"掌邦国刑宪、典章之政令,以肃正朝列"②。维护纲纪的具体内容可以归纳为对国家政策提出意见、监督惩治官员违法行为、树立正风正气三项内容。

第一,对国家政策提出意见。唐史中常见监察官通过上奏表达对政策利弊得失的意见,例如,贞观十一年(637 年),侍御史马周指出朝廷的选官政策问题,认为朝廷选官重京官,轻外官,以致地方各州刺史多由武将或京官中不称职者担任,这种轻视地方官选任的政策既不利于地方治理,也不利于从地方选拔人才。太宗听闻后深以为然。③ 又如,武周时期的酷吏执行严苛的刑事政策,制造众多冤假错案,监察御史魏靖上奏请求重审这些案件,最终武则天下令三司重新审理酷吏制造的冤案,并为受冤者平反。④

第二,监督惩治官员违法行为。唐代监察官对官员违法行为的监督十分广泛。监察官监督的对象广泛,从高门权贵到流外吏卒,从京畿诸官到府州官员,皆是被监督的对象。监察官监督的内容广泛,其对官员各种违反礼仪制度的行为、行政违法行为、犯罪行为皆可检举揭发。监察官可以参与案件处理的全过程,包括案件的侦查、讯问、审判、宣告、执行程序。被查证属实的官员轻则罚俸,中则免官左迁,重则处以流、死刑。监督对象、监督范围和监督流程的全覆盖使唐代的御史监督对各级官员产生了很大的威慑作用,令其不敢轻易以身试法。因此,《通典》评价唐代监察官时称"故御史为风霜之任,弹纠不法,百僚震恐,官之雄峻,莫

---

① (宋)马端临:《文献通考》卷二〇二《经籍考二十九》,中华书局 2011 年版,第 5795 页。

② (唐)李林甫等撰:《唐六典》卷一三《御史台 · 御史大夫》,陈仲夫点校,中华书局 2014 年版,第 378 页。

③ 参见(后晋)刘昫等撰:《旧唐书》卷七四《马周传》,中华书局 1975 年版,第 2618 页。

④ 参见(后晋)刘昫等撰:《旧唐书》卷五〇《刑法志》,中华书局 1975 年版,第 2148 - 2149 页。

之比焉”①。

第三，树立正风正气。政治风气属于政治软环境，良好的政治风气有助于约束政治组织成员的行为，促进良好的政治文化。唐代监察官以弘扬正气为己任，与各种不良政治风气作斗争。例如，安史之乱后，朝廷倚仗军队平叛，武将大多恃宠而骄，举止不遵礼法，破坏朝会的严肃性。大将管崇嗣在朝堂上背对御座而坐，言笑自若，完全无视朝堂纪律。监察御史李勉当即弹劾管崇嗣的无礼行为，并将其拘押于御史台。肃宗虽然赦免了管崇嗣，但称赞李勉维护了朝廷风气，“吾有李勉，始知朝廷尊也”②。监察官还以身作则，通过自身模范行为抵制不良风气。自肃宗、代宗后，由于路途距宰相办公的政事堂较近，所以皇帝在延英殿召见宰相，并形成惯例。③ 但御史中丞韩皋认为，其他官员前往延英殿上奏是为了私下博取皇帝好感，求得官职，而监察官奉公执法，其言行也应受到公众监督，不能避人耳目，同流合污。“御史，天下之持平也，摧刚直枉惟在公，何在不可令人知之，奈何求请便殿，避人窃语，以私国家之法？……后来臣僚得诣便殿，多以私自售，希旨求宠，干求相位，奈何以此为望哉！”④于是韩皋坚持在紫宸殿面对群臣公开上奏，而不去延英殿单独上奏。

（二）以严肃自守为纪律要求

“御史之职，邦宪是司，先正其身，始可行事。当须举直措枉，不避亲雠，纠慝绳违，务从公正。”⑤唐代监察官为维护纲纪，保持朝廷肃正，因此行为刻板，多以冷峻面貌示人。又因其负责监督惩戒官员的违法行为，客观上需要与其他官员在工作生活中保持距离，甚至不近人情，因此形成了严肃自守这一独特的纪律要求，《御史台记》将其称为“唐御史官纠察群司，众呼为冷峭御史”⑥。

严肃自守的纪律要求监察官在公务活动中时刻保持言行谨慎，合乎礼仪，不可举止轻浮。即使是在官方举办的娱乐活动中，监察官也多保持严肃的状态，甚

① （唐）杜佑撰：《通典》卷二四《职官六·御史台》，王文锦等点校，中华书局2016年版，第654页。

② （后晋）刘昫等撰：《旧唐书》卷一三一《李勉传》，中华书局1975年版，第3633页。

③ 参见杜文玉：《论唐大明宫延英殿的功能与地位——以中枢决策及国家政治为中心》，载《山西大学学报（哲学社会科学版）》2012年第3期。

④ 《大唐传载（外三种）》，罗宁点校，中华书局2019年版，第20页。

⑤ （宋）宋敏求编：《唐大诏令集》卷一百《诫饬御史制》，商务印书馆1959年版，第506页。

⑥ （宋）叶廷珪撰：《海录碎事》卷一一下《臣职部上·台官门》，李之亮校点，中华书局2002年版，第603页。

至以娱乐活动过于轻浮,有损监察官身份而拒绝前往。例如,代宗赐百官在曲江举行宴会,其间教坊倡优与百官混坐,御史大夫李栖筠认为宴会现场混乱,有失身份,所以拒绝出席。御史台也由此形成了不成文的规定,全体监察官不再参加曲江宴会,“以任国风宪,独不往,台遂以为法”①。

一方面,严肃自守要求监察官居官清廉,拒绝贿赂。元和七年(812 年),朝廷遣使前往新罗册封金彦升为新罗国王。当时朝廷每次派遣使者,新罗都会准备厚礼加以贿赂,众人皆习以为常,只有殿中侍御史李汭拒不接受,李汭的清廉之举反而遭到同辈的不满。② 另一方面,严肃自守还要求监察官在生活中对任何不义之财保持警惕。显庆元年(656 年),王义方初任侍御史时忙于政务,对于生活琐事多不关注。王义方曾在京城购买一宅院,房款已经支付完毕。过了几天忽然发现院中有两株青梧树,他告诉朋友自己在买房时忘记额外付钱买这两棵树。朋友表示按照交易习惯,这两棵树作为地上附着物是连同房屋一并出卖的,不需额外付钱。但王义方认为此乃嘉树,坚持向原房主支付买树钱。③

严肃自守的纪律还要求监察官在大是大非上坚持原则,不能趋炎附势,同流合污。大足元年(701 年),三月大雪。宰相苏味道为讨好武则天,认为三月下雪为祥瑞,准备率百官入朝称贺,此举遭到殿中侍御史王求礼的反驳,苏味道没有听从其意见,仍带领百官入朝。只有王求礼拒绝入朝,并上奏称三月下雪为反常现象,不利于万物生长,宰相等人却妄称为祥瑞,朝贺者皆谄媚之徒。武则天最终不得不取消朝贺。不久又有人进贡三足牛,苏味道又以此称贺,王求礼再次表示反对,认为“凡物反常皆为妖。此鼎足非其人,政教不行之象也”④。

(三)以“访察精审,弹纠必当”为专业要求

监察官在维护纲纪的过程中需要很强的专业能力,专业能力是否过硬是唐代监察官考课的重要指标。《唐六典》记载了不同官员的考课标准,统称四善二十七

① (宋)欧阳修、(宋)宋祁撰:《新唐书》卷一四六《李栖筠传》,中华书局 1975 年版,第 4737 页。

② 参见(唐)李肇撰:《唐国史补校注》,聂清风校注,中华书局 2021 年版,第 309 页。

③ 参见(唐)刘肃撰:《大唐新语》卷一一《惩戒》,许德楠、李鼎霞点校,中华书局 1984 年版,第 170 页。

④ (宋)司马光编著:《资治通鉴》卷二〇七“则天后长安元年三月条”,中华书局 1956 年版,第 6555 页。

最,其中对监察官的考课标准是“访察精审,弹纠必当”[①]。“访察精审”是指监察官在监督巡察时要做到精准确实。“弹纠必当”是指监察官在纠弹时有理有据,处置得当。实践中,根据监督的事项是否具有普遍性,唐代监察官监督的事项可分为对普遍性事项的监督和对具体个案的处置。根据这两种事项的不同特点,对“访察精审,弹纠必当”的具体要求有所不同。

对于普遍性事项而言,“访察精审,弹纠必当”要求监察官在监督巡察时善于发现问题的症结所在,提出切实可行的解决方案。例如,公文奏报超期问题。大和四年九月(830 年),御史台上奏称,御史台负责复审各州县奏报的刑事案件,但各州县不按期上报,甚至拖延一月有余,导致御史台督办的案件无法推进。御史台建议,根据各州县往返京城所需时间,明确公文上报的期限,如果十日内上报者,负责发文的判官勾官罚款三十直,两次超期上报的,罚款五十直,三次超期上报的,罚款一百直。如果各地官员故意拖延上报,在考课时将其判为下考以示惩戒。[②] 又如,京兆府执行刑罚缺乏监督问题。大中元年(847 年)九月,御史台上奏称,发现京兆府在执行刑罚时,有的犯人声称有冤情而得不到申诉。御史台请准旧例,各派遣一名监察御史到京兆府和河南府监督刑罚执行,并接受犯人的申诉。地方州县在执行刑罚时请各地长史派遣官员监督执行。[③]

对具体个案而言,“访察精审,弹纠必当”要求监察官在侦查和审理个案时有敏锐的洞察力,能够查清案件事实。例如,万岁通天二年(697 年),清边道监军孙承景监督讨伐契丹的战事。为谎报战功,孙承景每次战斗结束后都画战图,在图中伪造自己亲临前线的场景,回朝后将战图献给武则天。武则天受此欺骗,准备提拔孙承景为御史中丞,并派侍御史张仁愿前往记录孙承景手下有功之人。张仁愿在离开洛阳前,详询孙承景前线战况,孙承景皆不能答。由此,张仁愿敏锐地发现孙承景虚报战功的问题,便弹劾孙承景欺君罔上,孙承景最终被贬为抚州崇仁令。[④] 又如,永泰年间,宫中失火,烧毁房屋数十间。由于着火点距离东宫稍近,代宗怀疑火灾是否与太子有关,便派遣监察御史赵涓勘察原因。赵涓亲自勘察宫

---

① (唐)李林甫等撰:《唐六典》卷二《尚书吏部 · 考功郎中员外郎》,陈仲夫点校,中华书局 2014 年版,第 43 页。

② 参见(宋)王溥撰:《唐会要》卷六〇《御史台上》,上海古籍出版社 2006 年版,第 1045 页。

③ 参见(北宋)王钦若等编:《册府元龟》卷五一六《宪官部 · 振举》,中华书局 1960 年版,第 6174 页。

④ 参见(后晋)刘昫等撰:《旧唐书》卷九三《张仁愿传》,中华书局 1975 年版,第 2981 页。

墙,查明火灾痕迹,最终查明火灾是值班宦官遗留的火源所引发。赵涓因"推鞫明审,颇尽事情",得到代宗的称赞。①

(四)以忠诚担当为职业信仰

唐代监察官是一个高危高压职业,其履职过程要面对来自各方的挑战和压力,"夫以言者,上逆龙鳞而犯忌讳,下结仇怨而取祸患"②。监察官既需要坚定的信念,也需要勇气和智慧,敢于斗争,善于斗争,因此形成了忠诚担当的职业信仰。

忠诚担当要求监察官恪尽职守,忠贞不贰。唐代监察官负责巡察州县,其间披星戴月,路途艰辛。③ 监察官要在期限内走遍其辖区,考核辖区内所有官员的政绩德才,汇总上报京城。李峤如此描述监察官的忙碌景象,"时限迫促,簿书委积,昼夜奔逐,以赴限期。而每道所察文武官,多至二千余人,少者一千已下,皆须品量才行,褒贬得失,欲令曲尽行能,则皆不暇"④。监察官还要前往域外履职,路途凶险,甚至可能客死异乡。神龙年间,朝廷派遣御史中丞冯嘉宾和侍御史吕守素前往西域,准备安抚阙啜忠节,发兵攻打娑葛。娑葛听闻后派兵在舒河口袭击唐使,冯嘉宾和吕守素皆遇害。⑤

忠诚担当要求监察官不畏强权,敢于斗争。权幸勋贵倚仗特权,违法乱纪,有恃无恐。监察官为维护纲纪,须迎难而上。越是时局艰辛,百官失声,监察官越应当挺身而出,勇于检举揭发官员的不法行为,维护审判公正。例如,景云二年(711年),僧人慧范倚仗太平公主的权势逼夺人妻,州县皆不敢处理。其夫到御史台申诉,御史中丞薛登、侍御史慕容珣准备弹劾慧范。御史台同僚担心二人遭到报复,建议将此案压下。薛登认为,"宪司理冤滞,何所回避朝弹暮黜,亦可矣"。仍然坚持上奏。在太平公主的干预下,薛登被外放为岐州刺史。但薛登的行为在当时受到称赞,被称为"仁者必有勇,其薛公之谓欤!"⑥

忠诚担当要求监察官务实多谋,善于斗争。部分案件因案情重大、涉及面广、

① 参见(宋)王谠撰:《唐语林校证》,周勋初校证,中华书局2023年版,第489页。

② (明)陈子龙:《皇明经世文编》卷三一〇《陈文端公奏疏》,中华书局1962年版,第3276页。

③ 参见霍志军:《唐代御史纪行诗的认识价值》,载《重庆邮电大学学报(社会科学版)》2011年第3期。

④ (后晋)刘昫等撰:《旧唐书》卷九四《李峤传》,中华书局1975年版,第2993页。

⑤ 参见(宋)司马光编著:《资治通鉴》卷二〇九"中宗景龙二年十一月庚申"条,中华书局1956年版,第6628页。

⑥ (唐)刘肃撰:《大唐新语》卷四《持法》,许德楠、李鼎霞点校,中华书局1984年版,第61页。

影响复杂,加上各方角力,因此要求监察官从实际出发,坚持原则性与灵活性相统一,根据具体形势发展调整斗争策略。例如,至德二年(757年),朝廷面临的棘手问题是如何处置陈希烈等曾受安禄山伪官的官员。该案复杂性有三:一是涉案人数众多,共计三百余人;二是这些人的罪行各不相同,有主动投敌者,也有受胁迫者;三是影响巨大,当时"安史之乱"未平,河北官员多投靠安史叛军,他们十分担心向朝廷投降后会遭到清算。肃宗为威慑群臣,希望处死参与接受伪官的所有官员。负责审理的官员分为两派,兵部侍郎吕諲与御史中丞崔器为迎合肃宗,主张将所有犯谋叛罪的官员处斩。此举遭到御史大夫李岘反对,李岘主张在量刑上区分首从犯,首要犯处斩,次一等赐自尽,再次一等杖一百,更轻者处流贬。李岘的主张既维护了法律的尊严,也能安抚河北官员人心,更符合实际。李岘与吕諲等人在都堂集议展开激烈辩论,双方僵持不下,数日未决。在李岘的争取下,肃宗最终同意仅将主动投敌的三十九人处死,其余犯人按照罪行施加不同刑罚。①

三、唐代监察官在维护职业伦理时面对的挑战

唐代监察官在履职过程中不断面对来自内外部的挑战,其所奉行的监察职业伦理在实践中也要面对重重阻碍。来自权力的不当干扰、监察官职权被剥夺、监察官队伍遭到冲击以及监察官个人品行等问题不断冲击监察官的职业操守,部分监察官或遭到打击报复,或选择同流合污,最终损害了御史台的权威和公信力。

(一)监察官在查办个案时遭到干扰

唐代监察官以维护纲纪为职业目标,其在履职中多针对官员的违法犯罪行为,这势必遭到权贵的阻挠和报复。在强大的外部干扰下,监察官经常面临难以正常履职的困境,甚至陷入自身难保的险境。唐睿宗在点评侍御史杨孚时称,"鹰搏狡兔,须急救之,不尔必反为所噬。御史绳奸慝亦然。苟非人主保卫之,则亦为奸慝所噬矣"②。这句话显示了监察官在查处权贵不法行为过程中面临的巨大风险。监察官与违法犯罪的权贵构成两股截然对立的势力。权贵手握权力,总是极力打压监察官。御史与达官显贵的斗争如同狡兔与鹰在搏斗,如果君主不支持御史一边,则权贵很容易利用手中的权力打击御史。

① 参见(宋)欧阳修、(宋)宋祁撰:《新唐书》卷五六《刑法志》,中华书局1975年版,第2151页。

② (宋)司马光编著:《资治通鉴》卷二一〇"睿宗景云元年十二月"条,中华书局1956年版,第6660页。

有官员试图利用监察官来打击政治对手,如果监察官坚持公正中立,没有按照其意图枉法裁判,则会遭到权贵排挤。这种情况下监察官意图公正执法的伦理要求与权贵徇私枉法的目标产生冲突。监察官常因此身陷囹圄,被排挤出朝廷。例如,张延赏任御史大夫期间,李少良上书弹劾宰相元载,反被元载一党诬告,李少良被送往御史台讯问。元载一党希望张延赏给李少良捏造罪名,但"延赏不承其意,寻出为扬州刺史、淮南节度观察等使"①。

(二)监察官职权遭削弱和扭曲

根据专业分工原则,唐代监察官享有监察百官的权力,然而,实践中监察官的职权多次遭到削弱和扭曲,监察权的行使因此背离了其职业目标和专业要求,从而损害了监察职业伦理。

唐代监察官的职权在两种情况下遭到削弱。第一,监察官的独立办案权和弹奏权受到削弱。依初唐旧制,御史台各级御史在查处官员不法行为的过程中享有独立办案权和弹奏权。御史直接根据皇帝敕令领受任务,御史台长官不能干预具体个案。御史也可独立向皇帝检举揭发官员的不法行为,而无须向长官报告,所谓"又宪司故事,大夫已下至监察御史,竞为官政,略无承禀"②。独立弹奏权保障监察官的独立地位,使其在监督时排除不正当干预。但这种独立弹奏权在玄宗时期遭到破坏。李林甫为宰相期间,通过"关白"的方式要求各级御史在上奏之前必须先向御史中丞和御史大夫报告,经长官批准后才能上奏。李林甫意图通过这种前置程序削弱御史独立上奏的权力,便于其控制朝堂。③"开元末,宰相以御史权重,遂制弹奏者先谘中丞、大夫,皆通许;又于中书、门下通状先白,然后得奏。自是御史不得特奏,威权大减。"④至代宗时期,宰相元载权倾朝野,为防止出现对自己不利的言论,也力推"关白",并且增加批准程序,御史上奏不仅要经过长官批准,还要经过宰相批准,才能送达皇帝,"百官凡欲论事,皆先白长官,长官白宰相,然后上闻"⑤。第二,监察官对地方管辖案件的监督权也受到削弱。依唐制,监察

---

① (后晋)刘昫等撰:《旧唐书》卷一二九《张延赏传》,中华书局1975年版,第3607页。

② (后晋)刘昫等撰:《旧唐书》卷一八五下《良吏传下》,中华书局1975年版,第4821页。

③ 参见霍志军:《唐代的"进状"、"关白"与唐代弹劾规范——兼与胡宝华先生商榷》,载《天水师范学院学报》2013年第3期。

④ (宋)王谠撰:《唐语林校证》,周勋初校证,中华书局2023年版,第646页。

⑤ (后晋)刘昫等撰:《旧唐书》卷一二八《颜真卿传》,中华书局1975年版,第3592页。

御史负责对各地方审理的刑事案件进行监督,即“巡按郡县,纠视刑狱”[①]。德宗即位之初,下令御史每季度对京城周边府县的刑事案件进行监督,查看有无冤案。“奉天之难”后,神策军因护驾有功而权力日盛,其军营驻扎在长安西侧,营内刑事案件皆由神策军自行处理,地方官府无力介入。[②] 御史因畏惧宦官权势而只能象征性地查看案卷材料,不敢进行实质监督。胡三省在《资治通鉴》中注称,“宦官势横,御史不敢复入北军按囚,但移文北司,牒取系囚姓名及事,因应故事而已,不问其有无冤滥”[③]。如果有监察官进入神策军行使监督权,反而会遭到处分。例如,贞元十九年(803 年),监察御史崔薳因不知故事而误闯右神策军军营,被军使上奏至皇帝。德宗大怒,将崔薳杖四十,流放崖州。[④]

唐代监察官的职权也会遭到扭曲。玄宗以前,监察官并不直接参与财税征收和管理事务,而仅负责监督执行。玄宗以后,监察官数次直接介入财税征收和管理事务。例如,开元年间,御史宇文融主导了查处隐匿的户口田产的活动,“于是诸道括得客户八十余万,田亦称是。……岁终征得钱数百万,融由是擢拔御史中丞”[⑤]。同样是开元年间的杨慎矜,以监察御史身份同时负责管理太府出纳,其弟杨慎名以摄监察御史的名义,充都含嘉仓出纳使,负责京仓管理。[⑥] 天宝年间,王鉷以御史中丞身份兼勾户口色役使,负责税收和徭役管理。[⑦] “安史之乱”发生后,杨国忠认为不能为平叛动用国库财物,于是令御史崔众以贩卖度牒的方式向河东的僧、尼、道士筹款,“旬日间行钱百万”[⑧]。在以上事例中,皇帝正是看重监察官的权威,令其直接介入经济管理活动。虽然这些活动客观上都取得成功,为朝廷获取了大量税收,但玄宗的主观目的却是将这些钱物用于私用。因此玄宗任用监察官参与经济管理活动是对监察官职权的扭曲,监察官虽然恪尽职守完成了

---

① (唐)李林甫等撰:《唐六典》卷一三《御史台·监察御史》,陈仲夫点校,中华书局 2014 年版,第 381 页。

② 参见(宋)欧阳修、(宋)宋祁撰:《新唐书》卷五〇《兵志》,中华书局 1975 年版,第 1334 页。

③ (宋)司马光编著:《资治通鉴》卷二三六“德宗贞元十九年十二月”条,中华书局 1956 年版,第 7604 页。

④ 参见(宋)司马光编著:《资治通鉴》卷二三六“德宗贞元十九年十二月”条,中华书局 1956 年版,第 7604 页。

⑤ (后晋)刘昫等撰:《旧唐书》卷一〇五《宇文融传》,中华书局 1975 年版,第 3218 页。

⑥ 参见(后晋)刘昫等撰:《旧唐书》卷一〇五《杨慎矜传》,中华书局 1975 年版,第 3226 页。

⑦ 参见(后晋)刘昫等撰:《旧唐书》卷一〇五《王鉷传》,中华书局 1975 年版,第 3229 页。

⑧ (后晋)刘昫等撰:《旧唐书》卷四八《食货志上》,中华书局 1975 年版,第 2087 页。

目标,但在此过程中主动或被动地成了皇帝个人意志的工具,背离了作为国家监察官的伦理要求,受到负面评价。例如,杨慎矜和杨慎名,《旧唐书·杨慎矜传》称二人"勤恪清白有父风",杨慎矜在御史台期间"风格甚高"。但《旧唐书·食货志上》对他们在担任监察官期间的评价则截然相反,称二人"皆以苛刻害人,承主恩而征责"①。

(三)监察官队伍遭到冲击

职业共同体维护内部团结的前提是要有较为稳定的组织结构,稳定的组织结构能够促使其成员产生共同的行为模式和思维模式,进而养成共同的行为习惯、准则和情感认同。作为维护纲纪的职业共同体,御史台在唐朝建立之初已经发展出稳定的组织结构和层级明确的监察官队伍。然而,在唐朝历史上,监察官队伍的稳定性多次面临挑战。皇帝、权贵试图树立私威,将服从自己的臣子调入御史台,从而控制御史台。部分新进的监察官甘于服从权贵,背离原有的行为习惯、行为准则和情感价值,导致监察职业伦理遭到破坏。

唐代皇帝和权贵试图通过多种方式将亲信调入御史台。武则天通过改组御史台和滥授官员的方式将一批酷吏调入监察官队伍。据《旧唐书·酷吏传上》记载,武则天一朝的酷吏多在御史台任职,包括来子珣、万国俊、来俊臣、胡元礼、鱼承晔、傅游艺、王弘义、侯思止、郭霸、李仁敬、吉顼、陈嘉言等。光宅元年(684年),武则天改革官制,将原来的御史台改名为左肃政台,并增设右肃政台,右肃政台的人员组成与左肃政台相同,由此客观上将监察官队伍的人数扩张了一倍。此外,武则天还多次通过滥授和擢拔的方式将官员调入御史台中。天授二年(691年)二月十五日,武则天授予130余人官职,统称为试官,其中霍献可等24人,并授侍御史。依唐制,侍御史员额为4人,即使按照左右肃政台计算,员额也不过8人,但武则天一次性授予24人为侍御史,人数超过法定员额的3倍。此外,中宗时期的武三思以外戚身份掌控朝政,御史中丞周利贞、侍御史冉祖雍、监察御史姚绍之俱为其党羽。② 玄宗时期李林甫任宰相期间,利用御史台打击异己,提拔吉温和罗希奭进入御史台。以上人员进入御史台后,皆号为酷吏,全然不顾监察官的职业伦理要求,不能维护纲纪、公正执法,反而以残酷为能、屡兴大狱,完全沦为皇

① (后晋)刘昫等撰:《旧唐书》卷四八《食货志上》,中华书局1975年版,第2086页。

② 参见(宋)司马光编著:《资治通鉴》卷二〇八"中宗神龙二年七月"条,中华书局1956年版,第6606页。

帝和权贵打击异己的工具。

这些酷吏还公然蔑视监察官的精神象征与职业荣誉。例如,武则天询问侯思止不识字,如何能担任御史。侯思止回答称,“獬豸岂识字,但为国触罪人而已”①。獬豸本身既象征古代公正持平的司法审理特点,也是监察官的精神图腾。侯思止却将獬豸解释为目不识丁的动物,以此为自己开脱,等于贬损监察官职业。侍御史王弘义因滥用酷刑而闻名,州县接收到其缉捕犯人的文牒,多为之恐惧。但他本人不以为耻,反以为荣,自诩“我之文牒,有如狼毒野葛也”②。又如,神龙年间,户部尚书李承嘉不识字、不解书,因攀附武三思而官居御史大夫,任职期间对御史台官员极尽侮辱,“名判司为狗,骂御史为驴,威振朝廷”③。

酷吏因制造冤狱而获升迁,这种情况对其他监察官产生消极影响,动摇了部分监察官的价值观,破坏了御史台作为职业共同体的职业要求和理想信念。长寿二年(693 年),武则天派遣万国俊前往岭南查处流人谋反案。万国俊借机上奏,称流放之人对朝廷不满,“诸流人咸有怨望,若不推究,为变不遥”。于是武则天命令将审查地域从岭南扩大到剑南、黔中、安南等流放犯人之地,令刘光业、王德寿、鲍思恭、王处贞、屈贞筠、刘景阳等人以摄监察御史身份,分别审查是否有流人谋反案件,并将万国俊从监察御史擢拔为侍御史。万国俊的擢拔带来了消极影响,刘光业等人为求升官,纷纷仿效万国俊的行为,史书记载“光业等见国俊盛行残杀,得加荣贵,乃共肆其凶忍,唯恐后之。光业杀九百人,德寿杀七百人,其余少者咸五百人。亦有远年流人,非革命时犯罪,亦同杀之”④。

(四)监察官个人品行问题

理想状态下,监察官队伍中的每个成员都应当遵守和维护共同的职业目标、纪律要求、专业要求和职业信仰。但在实践中,个别监察官会因品行问题违背职业伦理。《册府元龟·台宪部》将御史的品行问题归纳为不称、希旨、诬告、残酷、私曲、谴让等六类。其中轻微的违背职业伦理行为不会给共同体带来系统性冲击,然而,严重的违背职业伦理行为足以动摇监察职业共同体的稳定性,同时产生十分消极的社会影响,极大损害了监察官的公信力。

---

① (唐)张鷟:《朝野佥载》卷二,赵守俨校点,中华书局 1979 年版,第 32 页。
② (后晋)刘昫等撰:《旧唐书》卷一八六上《酷吏传上》,中华书局 1975 年版,第 4847 页。
③ (唐)张鷟:《朝野佥载》卷六,赵守俨校点,中华书局 1979 年版,第 143 页。
④ (后晋)刘昫等撰:《旧唐书》卷一八六上《酷吏传上》,中华书局 1975 年版,第 4646 页。

监察官因个人品行问题导致御史台内部权力结构的不稳定。王旭在担任侍御史期间与御史大夫李杰不和。李杰试图弹劾王旭的罪状,但没有找到证据。于是王旭反告李杰诬陷,李杰因此被贬至外地,任衢州刺史。李杰不久转任扬州大都督府长史,又被王旭弹劾,李杰最终被免官归第,不久去世。[①] 王旭作为侍御史,没有秉持正确的权力观,反而挟私报复,利用职权将长官排挤至外地。尽管唐代监察官之间较为独立,但仍然存在上下有别的科层组织关系,王旭以下犯上的行为直接破坏了原来的科层关系。此后,王旭继续利用自己的权势欺压下级,收受贿赂,徇私枉法,"旭为吏严苛,左右无敢支梧,每衔命推劾,一见无不输款者"[②]。

以来俊臣为代表的酷吏们在案件审理中曲意逢迎,公器私用,滥用酷刑,制造冤狱,收受贿赂,成为监察官的反面典型。由于这些人的行为在当时引发了深远的负面影响,从中宗时期到玄宗时期的十余年间,朝廷多次下令对武周时期的酷吏进行谴责,以安抚人心。神龙元年(705 年)三月,中宗下诏,尽皆夺取已经去世的来子珣、万国俊、刘光业等人的官爵,并历数其罪状,"往从按察,害虐在心,倏忽加刑,呼吸就戮。暴骨流血,其数甚多,冤滥之声,盈于海内"[③]。开元初年(713 年),玄宗在赦书中也提到来俊臣和周兴的罪行,并下令继续审查武周一朝酷吏的罪行。[④] 然而,酷吏给当时的政治生态造成的恶劣影响如此长久,人们依然耿耿于怀,以致开元十三年(725 年),御史大夫程行谌在奏疏中还在控诉武周时期的酷吏"残害宗枝,毒陷良善",请求禁止其后代被授予官职或在京城任职。[⑤]

品行不端的监察官损害了监察官职业共同体的声誉和公信力,他们在当时被冠以各种诨号,以示讥讽。例如,侍御史王弘义索取乡间屋旁的瓜,为瓜主所拒。王弘义挟私报复,以瓜田内有白兔为名,令县吏进入抓捕,借机将瓜苗全部捣毁。王弘义因此被李昭德讽为"白兔御史"。[⑥] 郭霸在谈论徐敬业谋反案时,向武则天宣称"臣愿抽其筋,食其肉,饮其血,绝其髓",郭霸因此获得武则天信任,被授予监

---

① 参见(后晋)刘昫等撰:《旧唐书》卷一〇〇《李杰传》,中华书局 1975 年版,第 3112 页。
② (后晋)刘昫等撰:《旧唐书》卷一八六下《酷吏传下》,中华书局 1975 年版,第 4853 页。
③ (清)董诰等编:《全唐文》卷一六《追夺刘光业等官爵诏》,中华书局 1983 年版,第 201 页。
④ 参见(清)董诰等编:《全唐文》卷二五四《开元元年赦书》,中华书局 1983 年版,第 2576 页。
⑤ 参见(后晋)刘昫等撰:《旧唐书》卷一八六上《酷吏传上》,中华书局 1975 年版,第 4841 页。
⑥ 参见(宋)欧阳修、(宋)宋祁撰:《新唐书》卷二〇九《酷吏传》,中华书局 1975 年版,第 5910 页。

察御史。时人因郭霸的谄媚和残酷称其为“四其御史”。[①] 侍御史严昇期性嗜牛肉,在江南巡察期间,州县不得不多烹宰牛肉供其食用。而且严昇期在巡察期间徇私枉法,索要贿赂。由于人们争相行贿,以致严昇期所到之处,金银价格踊贵,故人称其为“金牛御史”。[②] 开元年间,殿中侍御史王旭与监察御史李嵩、李全交三人生性刻薄,滥用酷刑,获得“京师三豹”的恶名。[③] 肃宗时期的毛若虚、敬羽先后任御史中丞,与之同任的还有御史裴升、毕曜,此四人因滥用刑讯而并称“毛、敬、裴、毕”。[④]

四、唐代监察职业伦理如何帮助监察官应对挑战

监察职业伦理帮助监察官应对挑战的过程,就是其强化共同体认同和为个体行为提供正当依据的过程。通过塑造共同的政治理想、发挥职业伦理的评价功能和监察职业伦理的制度化三种途径,唐代监察职业伦理一方面为监察职业共同体提供坚实的凝聚力;另一方面为监察官勇于应对各种挑战提供精神支撑。

(一)塑造共同的政治理想

中国古代官僚组织承载着儒家的理想追求,具有强烈的目的论色彩,这一点显著区别于韦伯笔下受理性支配的“无恨亦无爱”的官僚科层制。[⑤] 阎步克认为,中国古代士大夫具备官员与文人的双重身份,这两种身份通过儒家意识形态加以融合。士大夫阶层深受儒家教育影响,有义务在各种情境中奉行、贯彻和维护它。[⑥] 士大夫的政治理想以仁为出发点,包括对个人品行的追求,建立和谐有序的君臣关系,对河清海晏治世的追求等内容。监察官在分享士大夫政治理想的同时,将该理想与其维护纲纪的职业目标相结合,衍生出监察官的政治理想。

第一,将对个人品行的追求转化为监察官严肃自守的纪律要求。监察官以严肃自守为纪律要求,这种要求甚至让其他官员对监察官形成了冷峻的刻板印象。唐代侯味虚在《百官本草》中以不同中药药性类比百官职权和行事风格,其中对御史的评价是“大热有毒。主除邪佞,杜奸回,报冤滞,止淫滥,尤攻贪浊。……服

---

① 参见(后晋)刘昫等撰:《旧唐书》卷一八六上《酷吏传上》,中华书局 1975 年版,第 4848 页。

② 参见(唐)张鷟:《朝野佥载》卷三,赵守俨校点,中华书局 1979 年版,第 78 页。

③ 参见(宋)李昉等编:《太平广记》卷二六八《酷暴二》,中华书局 1961 年版,第 2104 页。

④ 参见(后晋)刘昫等撰:《旧唐书》卷一八六下《酷吏传下》,中华书局 1975 年版,第 4861 页。

⑤ 参见[德]韦伯:《支配社会学》,康乐、简惠美译,广西师范大学出版社 2004 年版,第 46 页。

⑥ 参见阎步克:《士大夫政治演生史稿》,北京大学出版社 2015 年版,第 15 页。

之,长精神,减姿媚。久服,令人冷峻"①。这种严肃自守的纪律要求对其他官员产生威慑作用,使他们不敢轻易拉拢腐蚀监察官,以致在日常生活中都不敢与监察官交往。例如,监察御史杜牧在洛阳任职期间,被贬为太子宾客的李德裕在洛阳大开宴席,广邀宾朋,但考虑到杜牧监察官的身份,唯独不敢邀请其参加。②

第二,将建立和谐有序的君臣关系转化为监察官对作为"天子耳目官"的独立身份的荣誉感。唐代监察御史仅为正八品上,然而,担此任者面对权贵毫无惧色。监察御史韦思谦每次见到王公勋贵,都不行拜礼。有人劝告韦思谦应行拜礼以示尊敬,韦思谦则回答,"雕鹗鹰鹯,岂众禽之偶,奈何设拜以狎之?且耳目之官,固当独立也"③。开元年间,监察御史蒋挺因监决杖刑稍轻而遭杖刑,曾任监察御史的张廷珪上奏反对对蒋挺施加杖刑,认为有辱御史身份,"御史宪司,清望耳目之官,有犯当杀即杀,当流即流,不可决杖。士可杀,不可辱也"④。虽然蒋挺已经被执行杖刑,但当时群议认为张廷珪的观点是正确的。

第三,将对治世的追求转化为监察官纠弹不法,维护吏治清明的崇高使命。韦思谦曾对人表达其巡视地方的宏大志向,"御史出都,若不动摇山岳,震慑州县,诚旷职耳"⑤。唐人也通过诗作抒发对监察官崇高理想的认同,诸多送别诗中都表达了希望御史任职和出巡能够澄清吏治的祝愿,如苏味道在《赠封御史入台》中写道,"凛凛当朝色,行行满路威。惟当击隼去,复睹落雕归"⑥。高适在《饯宋八充彭中丞判官之岭南》中称,"绣衣当节制,幕府盛威棱。勿惮九嶷险,须令百越澄"⑦。

在共同政治理想信念的感召下,监察官的身份和行为被赋予了崇高意义和荣誉感。如《孟子》中所言,"故天将降大任于是人也,必先苦其心志,劳其筋骨,饿其

---

① (宋)李昉等编:《太平广记》卷二五五《嘲诮三》,中华书局1961年版,第1983页。

② 参见(五代)王仁裕等撰:《开元天宝遗事(外七种)》,丁如明等校点,上海古籍出版社2012年版,第98页。

③ (后晋)刘昫等撰:《旧唐书》卷八八《韦思谦传》,中华书局1975年版,第2862页。

④ (后晋)刘昫等撰:《旧唐书》卷一〇一《张廷珪传》,中华书局1975年版,第3153页。

⑤ (后晋)刘昫等撰:《旧唐书》卷八八《韦思谦传》,中华书局1975年版,第2861页。

⑥ 《全唐诗:增订本》卷六五《赠封御史入台》,中华书局编辑部点校,中华书局1999年版,第751页。

⑦ 《全唐诗:增订本》卷二一四《饯宋八充彭中丞判官之岭南》,中华书局编辑部点校,中华书局1999年版,第2238页。

体肤,空乏其身,行拂乱其所为"[①]。在履职过程中,监察官视挑战为试炼,视贬谪为荣耀,越挫越勇。第一,监察官敢于以小博大,令被监督者畏服。宝历元年(825年),夏绥节度使李祐入朝,被封为金吾卫大将军,李祐借机向朝廷进贡150匹马。身为从六品下的侍御史温造于正衙弹劾其违制进马,吓得官居三品的李祐股战汗流,出阁待罪。以骁勇著称的李祐事后感叹道,"吾夜入蔡州擒吴元济,未尝心动,今日胆落于温御史"[②]。第二,监察官敢于不顾个人安危,检举不法行为。来俊臣因大兴冤狱而屡遭检举,检举人反多遭构陷,但监察官们仍前仆后继地弹劾其不法行为。右御史中丞李嗣真上奏称,来俊臣等人告发的案件多为捏造,如果不加区分,导致打击面过大,对社稷不利。后来李嗣真遭来俊臣构陷,配流藤州。[③] 监察御史纪履忠身着法冠正装,弹劾来俊臣五项罪状,结果被贬至岭南。[④] 第三,当家国沦丧,面对生死考验时,监察官敢于坚守气节,舍生取义。天宝十四年(755年),安禄山进逼洛阳,御史中丞卢奕将家属迁至长安,自己独居洛阳,誓以死守。洛阳沦陷后,卢奕身着朝服持印,面对叛军,毫无惧色。卢奕对叛军讲,"为人臣,识忠与顺耳,使不为逆节,死无恨焉"。这番话使叛军为之怆然改容。卢奕最终以身殉国。[⑤]

(二)发挥职业伦理的评价功能

职业伦理的功能之一是对共同体的个体成员行为进行正面和负面评价。由于职业共同体成员内部存在相互负责、相互监督的理性要求,因此这种评价通过共同体内部压力传导至行为人身上,行为人可能从正面评价中收获赞赏和奖励,也可能从负面评价中遭到抨击和惩罚。内部压力监督可对共同体成员的行为产生支配作用,为避免负面评价,共同体成员会更加注重自身言行,洁身自好。与其他唐代官僚组织相比,御史台因维护纲纪而对自身成员有更高的纪律要求,这使御史台内部形成了更加严格的相互监督关系。《唐国史补》中称,"谏院以章疏之故,忧患略同;台中则务苛礼;省中多事,旨趣不一。故言:遗补相惜,御史相憎,郎官相轻"[⑥]。这段话以夸张的方式点明了御史台内部监督之严格。御史台对御史

① (清)焦循撰:《孟子正义》,沈文倬点校,中华书局2017年版,第715页。
② (宋)欧阳修、(宋)宋祁撰:《新唐书》卷九一《温造传》,中华书局1975年版,第3785页。
③ 参见(宋)欧阳修、(宋)宋祁撰:《新唐书》卷九一《李嗣真传》,中华书局1975年版,第3797页。
④ 参见《〈御史台记〉辑注》,霍志军辑校,人民出版社2021年版,第142页。
⑤ 参见(唐)刘肃撰:《大唐新语》卷五《节义》,许德楠、李鼎霞点校,中华书局1984年版,第78页。
⑥ (唐)李肇撰:《唐国史补校注》,聂清风校注,中华书局2021年版,第239页。

行为举止有严苛的规定,以致御史之间十分注意纠正彼此不当行为,甚至达到相互厌恶的程度。

恪守监察职业伦理的监察官会受到共同体成员的赞誉。神龙年间,右台监察御史元福庆与侍御史韦虚心、任正名三人因锐意进取、气宇轩昂而齐名,受到同事的夸赞。殿中侍御史朱评之作诗赞美三人的品行,“韦子凝而密,任生直且狂;可怜元福庆,也学坐痴床”[①]。违背监察职业伦理的监察官则会遭共同体成员的谴责,甚至被调离御史台。景龙年间,赵仁奖因与宦官有旧,被推荐至御史台任职。赵仁奖在台无所作为,每天只炫耀自己吟唱《黄獐》的技能,遭到同僚讥讽。睿宗即位后,赵仁奖被贬为河南道上蔡县丞。其间他拜访同事,企图请托重回御史台,结果遭到监察官反对。御史倪若水认为赵仁奖是庸碌低劣之人,并向紫微省奏报。紫薇令姚崇听闻此事,也讽刺赵仁奖“此是黄獐汉耶”。赵仁奖最终被调往偏远的剑南道当州任职以示惩戒。[②] 又如,开元十五年(727 年),李朝隐素有公直之誉,每次御史大夫空缺,群臣都认为李朝隐可以胜任此职。但李朝隐任御史大夫后在维护纲纪方面无所作为,唯烦于细务,其声望因此受损。[③]

(三)监察职业伦理的制度化

作为官僚组织的组成部分,唐代御史台内部也具备层级制和分工制的特征,层级制产生了上级对下级的支配权,即人事任免权。分工制产生了同组织内部的职能分工,各司其职。通过与层级制和分工制相结合,监察职业伦理的价值观被引入唐代御史台的日常交往、人事任免和履职中,获得监察官群体的普遍遵守,形成了“台中故事”。唐代的故事是指在行事中形成的惯例和事例,因其惯例性而具有拘束力。[④] 御史台故事是监察职业伦理的表现形式,监察职业伦理通过与层级制和分工制相结合,从而加强自身的刚性约束力,实现监察职业伦理的制度化。监察职业伦理的制度化为监察官提供了行为依据,使唐代监察官在应对各种挑战时获得了制度上的支持。

监察职业伦理的制度化有助于在人事任免中帮助监察官应对挑战。第一,面对冲击监察官队伍稳定的行为,御史台官员以掌握人事任免权为由拒绝对方调

---

① (宋)李昉等编:《太平广记》卷二五〇《诙谐六》,中华书局 1961 年版,第 1937 页。

② 参见(宋)李昉等编:《太平广记》卷二五九《嗤鄙二》,中华书局 1961 年版,第 2022 页。

③ 参见(后晋)刘昫等撰:《旧唐书》卷一〇〇《李朝隐传》,中华书局 1975 年版,第 3127 页。

④ 参见霍存福:《唐故事惯例性论略》,载《吉林大学社会科学学报》1993 年第 6 期。

入。宝历二年(826年),宰相企图将其幕僚崔晃、郑居中任命为御史台官员,遭到御史中丞独孤朗反对。独孤朗反对的理由是御史台官员应当由御史台长官推荐,“宪府故事,三院御史由大夫、中丞自辟,请命于朝”①。独孤朗维护御史台内部人事任免权的态度十分坚决,以致敬宗的敕命虽已下达,但独孤朗仍然拒而不纳。最终崔晃只得被改任太常博士,郑居中被调任洛阳御史台闲职。第二,通过掌握人事任免权,御史台得以免去不称职监察官,实现监察官的能上能下。如开成四年(839年),高元裕任御史中丞,为人风望峻整。他向文宗上言称:“御史府纪纲之地,官属选用,宜得实才。其不称者,臣请出之”②。最终高元裕奏请将不称职的侍御史魏中庸、高弘简,监察御史杜宣猷、柳坏、崔郢等人一并调离御史台。

监察职业伦理的制度化有助于在履职中帮助监察官应对挑战。第一,唐代监察官享有独立弹奏官员不法行为的职权,无须向御史台长官报告,由此捍卫了监察官的独立职权。监察官以该传统为理由拒绝长官的不当干涉行为。李承嘉因攀附武三思被授予御史大夫,他曾问诸御史,“弹事有不咨大夫,可乎?”面对御史台长官的诘问,众人皆畏惧不敢回答,唯有监察御史萧至忠直言,“故事,台无长官。御史,天子耳目也,其所请奏当专达,若大夫许而后论,即劾大夫者,又谁白哉?”李承嘉虽为御史台长官,却不了解御史台故事,企图干预监察官的独立弹奏权,反而被作为下属的萧至忠反驳得惭愧不已。③ 第二,监察官可以以不符合职权分工的制度安排而拒绝执行某些任务。宋璟在武则天时期任左御史台中丞,因持法公正而遭忌惮。武则天多次企图将宋璟调离京城,都被宋璟以不符合自身职权为由加以拒绝。武则天曾令宋璟前往扬州调查徐敬业谋反案。宋璟以调查州县官员犯罪非其职责而不奉诏,“臣以不才,叨居宪府,按州县乃监察御史事耳。今非意差臣,不识其所由,请不奉制”。武则天又企图令宋璟前往幽州,调查幽州都督屈突仲翔犯赃案,再次被宋璟以不符合御史中丞职权为由拒绝,“御史中丞,非军国大事不当出使。且仲翔所犯,赃污耳。今高品有侍御史,卑品有监察御史,今敕臣,恐非陛下之意,当有危臣,请不奉制”。过了一月有余,武则天第三次诏令宋璟作为李峤的副官前往蜀地。宋璟再次拒绝前往,上奏称“臣以宪司,位居独坐。

① (后晋)刘昫等撰:《旧唐书》卷一六八《独孤郁传》,中华书局1975年版,第4382页。

② (后晋)刘昫等撰:《旧唐书》卷一七一《高元裕传》,中华书局1975年版,第4452页。

③ 参见(宋)欧阳修、(宋)宋祁撰:《新唐书》卷一二三《萧至忠传》,中华书局1975年版,第4371页。

今陇蜀无变,不测圣意,令臣副峤,何也?恐乖朝廷故事,请不奉制"①。

五、结论

中国古代监察制度的特色之一是形成了专职的监察机关和监察官队伍,监察官队伍构成一个职业共同体。职业伦理发挥着维系职业共同体内部凝聚力和约束其行为的作用。本文尝试探讨作为职业共同体的中国古代监察官的职业伦理。唐代监察职业伦理要求监察官以维护纲纪为职业目标,以严肃自守为纪律要求,以"访察精审,弹纠必当"为专业要求,以忠诚担当为职业信仰。唐代监察官在维护纲纪的过程中不断面临来自权力的不当干扰、监察官职权被剥夺、监察官队伍遭到冲击以及监察官个人品行败坏等方面的挑战。通过归纳可以发现,唐代监察职业伦理通过塑造共同体的政治理想、对监察官行为进行评价、监察职业伦理制度化等方式,为监察官抵御挑战提供了精神支持与行为的正当性依据。

① (唐)刘肃撰:《大唐新语》卷四《刚正》,许德楠、李鼎霞点校,中华书局1984年版,第32页。

我国女职工劳动保障监察制度的现状审视与完善路径

李　勇*

[摘要]　在恩格斯看来,重新进入有偿劳动力市场是实现女性解放的前提性要件。但生理现实和否定性性别文化传统的耦合作用,让女性成为面临特殊脆弱性的群体,增加了她们劳动权益受损的风险。女职工劳动保障监察制度是国家就解决此问题作出的重要努力,其在致力于保障女职工劳动权益的同时,也存在受案范围狭窄、执法权力较弱、劳动保障监察员性别意识欠缺及其内部性别结构失衡、救济性不强、处罚力度普遍较轻、与妇联的沟通和协作欠缺等问题。它们的存在实质性地阻碍了这一制度的落实。相应地,通过扩大适用范围、强化救济和处罚力度、着力事前预防、完善职能/权设置、与妇联展开良性互动,女职工劳动保障监察制度才有望更好地实现其立法初衷,以为她们营造良好的就业环境。

[关键词]　女职工　特殊脆弱性　劳动保障监察制度　女性权益保障

在历史的较长时间里,女性被囚困于家庭内部,终其一生所要完成的是生儿育女、打理家务、服侍丈夫等次级性的劳动。随着社会的进步、经济的发展、妇女解放运动的推进,情况逐渐在改变,越来越多女性开始进入有偿劳动力市场,那么她们是否就此获得平等了呢?事实证明并没有。“女性在职业中不断受到来自性别的歧视,这种歧视相较于女性在家庭中的从属地位,更为直接和明显。”①从女性初入职场至今,尽管有程度和形式的差异,但同工不同酬、职业性别隔离、职场性

* 李勇,贵州大学法学院校聘副教授,法学博士,主要从事法理学、女性主义法学研究。

① 沈奕斐:《被建构的女性:当代社会性别理论》,上海人民出版社2005年版,第226页。

骚扰、婚恋/妊娠/母职歧视等都是女性在有偿劳动力市场中经常面临的问题。国家对此并非熟视无睹。自中华人民共和国成立，特别是改革开放以来，我国已注意到女性在有偿劳动力市场中遭遇的不利处境，进而通过出台法律制度和政策等举措来保障女职工的劳动权益。

本文特别关注女职工劳动保障监察这一非常重要，但又多为研究者、执法者，甚至是权益受损之女职工忽视的劳动权益保障制度。既有研究在一定程度上注意到了这一制度，或是在有关劳动保障监察的一般性探讨中认识到女职工的特殊问题，或是在女职工劳动权益保障研究中关注到劳动保障监察制度，这对女职工劳动保障监察制度基本理论和适用相关问题的明晰有重要意义。问题在于，既有的研究较少而且零散，这对增加女职工劳动保障监察制度的可见度并强化其落实或许会造成消极影响。为此，本文可能的创新是，将女职工劳动保障监察制度从劳动保障监察制度的总体性研究中分离出来，从该制度提出的逻辑、历史演进、现行制度的社会性别评估以及可能的完善路径等方面着力，以对之展开专门的探讨。

一、女职工劳动保障监察制度提出的逻辑揭示

虽然从规范的现象层面来看，女职工劳动保障监察制度的提出只是某一立法事件发生带来的必然结果，似乎没有太多的理论问题待考究。然而，从女性主义视角来看，这一重要制度的提出内含了一个深层的逻辑衍生过程，也正是内在逻辑存在的真实性，为女职工劳动保障监察制度的提出奠定了合理性和必要性基础。

（一）从事公共有偿劳动是女性解放的前置性要件

全世界范围内，女性主义理论研究和运动的核心都指向女性解放问题。但由于对如何推动实现女性解放的路径选择差异，女性主义内部划分为不同的理论流派。其中，自由女权主义认为女性拥有自由并掌握对身体的控制权，是实现解放的核心要素；激进女权主义主张只有破除男性对女性的宰制（特别是性方面的宰制），女性的解放才有望实现；文化女权主义关注女性内在的心理特点和思维方式，认为只有认真对待女性在这些方面的特殊性，承认这一点并采取措施减少她们因此受到的损害，才是实现女性解放的重要途径。在父权制依旧潜移默化地发挥作用的现代社会中，女性解放涉及社会生活的方方面面，受教育、政治和社会参与、身体控制……到底什么才是女性解放的根本，本文的回答是在马克思主义妇

女观框架下提出的。

马克思主义妇女观建立在唯物辩证史观的基础上，它在如何推进女性解放问题上的核心路径选择更关注物质层面的东西。依此，认识到女性地位沦落的物质性根源，才能为她们的解放指明恰切方向。在人类历史上，“妇女社会地位的沦落，是从女性在社会生产领域作用的被削弱开始的”①。资本主义制度建立前，女性仅从事家务劳动和辅助性生产劳动，近乎与技术性生产劳动脱离。“资本主义制度下的市场并没有包括人类全部的劳动”②，主要由女性从事的非生产性、非社会性的家务劳动不仅没有经济价值、得不到社会承认，还会消耗她们的智力，让其变得愚钝。更重要的是，女性在整个过程中与公领域都处于隔绝状态，这造成和强化了她们的“孤陋寡闻”、两性之间素质和能力的悬殊。凡此种种都是女性被歧视、贬低、剥削，进而沦为“第二性”③的关键性要素。有鉴于此，对该问题的解决应从女性在生产劳动中缺位这一根本性的问题出发。

为此，恩格斯建构出了寻求女性解放的特有理论框架，重新参与公共劳动在其中居主导地位。他明确指出，“妇女的解放的第一个先决条件就是一切女性重新回到公共的事业中去”④。无疑，这是一个历史和逻辑相吻合的结论，它不仅为女性脱离公共劳动导致的地位沦落予以证实，更为这种沦落是女性非人化的过程作出反复验证。女性离开家庭、重新进入公共劳动领域，对推动她们的解放有重要意义。一方面，在有偿劳动力市场中工作将使女性摆脱对丈夫的经济依赖，还能让她们反抗性统治。⑤ 这本身反映了女性在家庭内部地位的提高，及男性对女性父权制控制的松弛。另一方面，通过在有偿劳动力市场中的工作，女性可以获得经济收入。虽然女性的收入总体比男性少，但她们掌握的报酬是基于自身付出的劳动，故对之享有绝对所有权，这将会成为女性寻求解放的物质基础。

（二）特殊脆弱性阻碍女性在公共劳动领域的发展

按照马克思主义妇女观有关女性解放步骤和路径的探讨，能够摆脱家庭私领域的束缚，进入有偿劳动力市场工作，是女性获得的历史性进步。问题在于，无论

① 李静之等：《马克思主义妇女观》，中国人民大学出版社 1992 年版，第 88 页。

② ［日］上野千鹤子：《父权制与资本主义》，邹韵、薛梅译，浙江大学出版社 2020 年版，第 24 页。

③ 参见［法］西蒙娜·德·波伏瓦：《第二性》（合卷本），郑克鲁译，上海译文出版社 2014 年版，第 9 页。

④ 中共中央马克思恩格斯列宁斯大林著作编译局编：《家庭、私有制和国家的起源》，人民出版社 1999 年版，第 76 页。

⑤ 参见沈奕斐：《被建构的女性：当代社会性别理论》，上海人民出版社 2005 年版，第 227 页。

是资本主义社会中资本家为获得廉价劳动力而吸收女性进入有偿劳动力市场工作,还是在我国社会主义语境下,女性出于社会建设和发展的现实需要,而在性别平等原则的指引与庇护下进入职场工作,她们的总体处境都不尽乐观。归根结底,这是由女性基于生理现实和否定性性别文化传统的共同作用之特殊脆弱性导致的。这种特殊脆弱性的存在,实质性地阻碍了女性在有偿劳动力市场中的发展,必然会降低恩格斯有关女性重新从事公共劳动而营造她们解放的前置性要件之构想的实际效果。

什么是脆弱性?斯考利(Scully)在理论上将其划分为两种情况:第一种情况是普遍意义上的脆弱性。正如女权主义政治哲学家法曼(Fineman)所言,脆弱性是"普遍而且恒定的,是人类所固有的"①。如果说脆弱性是人类必然会遭受的各种伤害,特别是疾病、疼痛、死亡等自然或固有的伤害,那么所有人都具有一定程度的脆弱性。② 第二种情况是对脆弱性进行限定性解释而形成的特殊脆弱性,也即除人类共享的固有脆弱性外,一些人由于某些难以控制的额外因素的作用变得更脆弱,他们比其他人更容易受到伤害。③ 基于月经、怀孕、生育、哺乳、更年期等生理现实,加之延续至今的否定性性别文化传统的作用,女性俨然成为具有特殊脆弱性的主体,这使她们在有偿劳动力市场中面临不同于男性的劳动权益保障困境。

由特殊脆弱性造成的劳动权益保障困境,是由不同要素结构性组合形成的。首先,出于生理系统,"近乎所有女性都会基于这套生理系统而受到损害"④。市场经济语境下,作为"理性经济人"的用人单位会为避免女性出于生理现实造成的麻烦,在同等条件下选择雇用男性。即便进入职场,女性也可能因此面临糟糕的工作环境并容易丢掉工作。其次,贤妻良母的角色设定会给用人单位作出不好的指引。未婚女性未来的结婚生子、已婚女性照顾家庭对工作时间和精力的克减,

---

① Martha Albertson Fineman, *The Vulnerable Subject: Anchoring Equality in the Human Condition*, Yale Journal of Law and Feminism, Vol. 20:1, 2008, p. 1 – 23.

② See Jackie Leach Scully, *Disability and Vulnerability: On Bodies, Dependence, and Power*, in Catriona Mackenzie, ed., Vulnerability: New Essays in Ethics and Feminist Philosophy, Oxford University Press, 2013, p. 204 – 221.

③ See Jackie Leach Scully, *Disability and Vulnerability: On Bodies, Dependence, and Power*, in Catriona Mackenzie, ed., Vulnerability: New Essays in Ethics and Feminist Philosophy, Oxford University Press, 2013, p. 204 – 221.

④ [美]玛莎·C. 努斯鲍姆:《女性与人类发展——能力进路的研究》,左稀译,中国人民大学出版社 2020 年版,第 281 页。

都使用人单位不愿雇用女性。最后，性是女性面临劳动权益保障困境的重要因素。性之于女性不是中立和自然的，在“性之性别”①附加特殊“性政治”②的基础上，女性将被物化。“女性的物化，最初在世界上，然后在头脑中；最初是视觉占有，然后是强迫的性，最后是性谋杀。”③物化女性意味着于其上附加某种价值判断，依此操纵之。女性在职场中时有遇到恶意抚摸、性导向的语言、图片或涂鸦等典型困境。

（三）减少女职工特殊脆弱性的劳动保障监察之维度

为使马克思主义妇女观构想的女性解放路径发挥效用，让重新参与工作的女性真正实现在与男性平等的基础上通过劳动获得经济收入，从而积累有助于推动自身解放的物质基础，女性在有偿劳动力市场中面临的种种劳动权益受损问题就有待得到妥善解决。国家、社会乃至公民个人在消除针对女性的就业性别歧视以切实保障其劳动权益方面，都应在自身领域和作用范围内采取相应的行动，但国家扮演的是核心和关键的角色。无论是参照社会契约论模式建构之典型的西方国家，还是以人民当家作主为基石成立的社会主义国家，对人/公民人权的保障都应是出发点和立足点。鉴于女职工劳动权益是人权问题，而且其具有的“孵化性”④特点还使之成为女性享有其他人权的基础，故在谈及这一问题时需要特别强调国家义务履行的重要性。

“国家义务概念的产生、形成是伴随人权的起源与演变、国家的起源与形成、建制而确立并发展的。”⑤对国家义务的强调使国家权力走下庙堂，关注面临现实困境的女职工。制度层面，我国自 1988 年颁布首部综合性女职工劳动保障法规《女职工劳动保护规定》（已失效）以来，陆续出台《妇女权益保障法》、《企业职工生育保险试行办法》、《女职工禁忌劳动范围的规定》（已失效）、《女职工保健工作规定》等法律制度。为让女职工基于这些法律制度享有之劳动权益得到更好落

---

① ［美］Pepper Schwartz、［美］Virginia Rutter：《性之性别》，陈素秋译，韦伯文化国际出版有限公司 2004 年版，第 3 页。

② ［美］凯特·米利特：《性政治》，宋文伟译，江苏人民出版社 2000 年版，第 32 页。

③ ［美］凯瑟琳·A. 麦金农：《迈向女性主义的国家理论》，曲广娣译，中国政法大学出版社 2007 年版，第 175－176 页。

④ 纳斯鲍姆认为，孵化性权利是可促进其他相关权利的权利。参见［美］玛莎·C. 纳斯鲍姆：《寻求有尊严的生活：正义的能力理论》，田雷译，中国人民大学出版社 2016 年版，第 31 页。

⑤ 蒋银华：《国家义务论——以人权保障为视角》，中国政法大学出版社 2012 年版，第 4 页。

实,并在权益受损时提供及时的救济,我国建立起了包括仲裁、行政、司法在内的完整的保障体系。但相比于有明显补救性、适用相对复杂的仲裁和诉讼,劳动保障监察更高效且可在兼顾预防、补救和惩罚的基础上,落实女职工劳动权益保障规定。女职工劳动保障监察制度的提出表明,国家充分认识到女性基于特殊脆弱性而在有偿劳动力市场中面临不利处境的现实,并以劳动监察的方式弥补她们在职场中能力不足的问题。

二、与劳动保障监察共生的女职工劳动保障监察制度

作为最重要的劳动监督形式,“劳动保障监察,是指法定的专门机关代表国家对劳动和社会保障法律、法规的执行情况进行检查、处理、处罚等一系列监督活动”①。女职工劳动保障监察建立在劳动保障监察一般性制度的基础上,其指劳动保障监察机构借助对女职工劳动保障法律制度落实情况的监察,发现并对女职工特殊保护的行为予以处罚的行政执法活动。对女职工的关注贯穿劳动保障监察制度提出、发展和实施的始终。

(一)保障女职工权益推动劳动保障监察制度提出

劳动监察起源于19世纪初的英国。资本主义严重剥削导致劳资关系矛盾激化,在工人运动的压力下,资产阶级采取了包含设立劳动视察员在内的工人劳动权益保障措施以缓和矛盾。此时,女性已经作为后备劳动力进入劳动力密集型工厂,超大的工作量、过长的工时、低廉的报酬、糟糕的工作环境等是她们普遍面临的问题。沉默多年后,在“意识觉醒”②的指引下,很多女性开始认识到自身劳动权益受到的损害,故走上了罢工的道路,争取女工劳动权益保障亦成为同期兴起的第一波女权浪潮的重要奋斗目标。于此,1833年英国出台的《工厂法》开始任命可独立行使监察权的工厂视察员随时视察工厂。③ 鉴于已婚女性面临的紧张、费力、肮脏、长时间、高强度等工作困境,德国亦于1899年派工厂视察员对已婚女性的工作情况展开监督和检查活动。④

① 文志东:《劳动保障监察案件查处及文书制作实务》,中国法制出版社2017年版,第3页。

② 参见[美]凯瑟琳·A.麦金农:《迈向女性主义的国家理论》,曲广娣译,中国政法大学出版社2007年版,第119页。

③ 参见肖进成:《劳动保障监察法律制度研究》,科学出版社2015年版,第17页。

④ 参见[德]奥古斯特·倍倍尔:《妇女与社会主义》,葛斯、朱霞译,中央编译出版社1995年版,第223页。

伴随全球一体化进程的推进，为促进充分就业和提高生活水平，处理劳动问题的联合国专门机构——国际劳动组织于1919年成立。自成立以来，劳动保障监察就是国际劳动组织的重要工作，也成为制定国际劳动标准和公约的主要内容。在制定标准和公约的整个过程中，国际劳动组织都很关注女性劳动者面临的消极工作环境问题，并试图通过吸收女劳动监察员来针对性地展开劳动保障监察活动。《1923年劳动监察建议书》明确，劳动保障监察机构应按行业分列、提供雇用女职工的统计资料。出于充分发挥具有同质性的群体之间的共情感和同理心，以增加对女职工劳动处境审视的敏感性，《1923年劳动监察建议书》还指出劳动监察员应包括女性，明确女劳动监察员享有与男劳动监察员同等的权利和晋升机会。[①] 1947年出台的《工商业劳动监察公约》在强调男女均应有资格被任命为监察员的基础上明确，如果确实有必要，可以对男女监察员委以特别的职责。[②]

基于对相关国际人权法精神的吸收和条文的借鉴，我国亦重视以劳动保障监察的方式追究用人单位违反女职工特殊劳动保护规定的行政法律责任。女职工劳动保障监察制度创立于中华人民共和国成立初期，1950年发布的《关于各省、市人民政府劳动局与当地国营企业工作关系的决定》（已失效）明确规定，劳动行政部门有权监督、检查国营企业内有关女工的劳动政策、法令的执行。[③] 另外，《国营企业实行劳动合同制暂行规定》（已失效）等文件也载明了对女职工劳动保障情况进行监察的内容。自《劳动法》出台，《劳动监察员管理办法》（已被修改）、《劳动监察员准则》、《劳动监察程序规定》（已失效）等配套性规定提出以来，女职工劳动保障监察制度得到发展。2004年通过的《劳动保障监察条例》以《劳动法》第85条[④]的规定为基础，“在总结实践经验的基础上，对劳动保障监察的范围、原则、主

---

① See International Labour Organisation, *R020 – Labour Inspection Recommendation*, 1923 (*No.* 20), https://normlex. ilo. org/dyn/normlex/en/f?p = 1000:12100:16074052501639::NO::P12100_SHOW_TEXT:Y:,2024. 9. 23.

② See International Labour Organisation, *C081 – Labour Inspection Convention*, 1947 (*No.* 81), https://normlex. ilo. org/dyn/normlex/en/f?p = NORMLEXPUB:12100:0::NO::P12100_ILO_CODE:C081,2024. 9. 23.

③ 《关于各省、市人民政府劳动局与当地国营企业工作关系的决定》（已失效）第2条规定，“省、市劳动局有权监督、检查国营企业内有关……童工女工……等劳动政策、法令之执行……”

④ 《劳动法》第85条规定，“县级以上各级人民政府劳动行政部门依法对用人单位遵守劳动法律、法规的情况进行监督检查，对违反劳动法律、法规的行为有权制止，并责令改正”。

体、内容、程序及监察机构和监察员的职责、权利和义务都作出了明确规定”[①],女职工劳动保障监察在其中得到了明晰。

（二）劳动保障监察制度中女职工劳动保障的规定

鉴于与女职工劳动保障监察相关的规范繁多且琐碎,本部分的探讨主要依托于具有典型性的《劳动保障监察条例》。在整体上,《劳动保障监察条例》主要是将女职工视为拥有双重身份的综合体来保障她们的劳动权益。一是以公民身份,在与男职工平等的情况下接受劳动保障监察制度的一般性保障;二是以女性的性别身份,在合理区别对待的基础上,接受劳动保障监察制度的特殊保障。就前者而言,《劳动保障监察条例》的规定没有性别针对性,适用对象是包括两性在内的所有公民,故其中的绝大多数规定同样适用于女职工劳动权益受到侵害的监察活动。从后者的角度讲,鉴于女性在身体结构、生理机能及附加于其身上之否定性性别文化观念的综合作用,一般性劳动保障监察之于女职工可能欠缺针对性,故强调合理的区别对待就非常有必要。

本文探讨的女职工劳动保障监察制度,更多指向其中具有专门性和特殊性规定的内容。在《劳动保障监察条例》的规定中,这些内容同样主要是以“双轨制”的形式呈现出来的。一方面,《劳动保障监察条例》在“劳动保障监察职责”一章中明确地将“用人单位遵守女职工和未成年工特殊劳动保护规定的情况”列入劳动保障监察机构的责任范围。事实上,与女职工劳动权益保障相关的特别规定很多,既包括在劳动权益保障立法中对女性的特殊保护,又指向有关女性权益保障的立法中对劳动权的专门规定,还涵盖《女职工劳动保护特别规定》之类的,与女性劳动权益保障有直接相关性的特殊法规。从女职工劳动保障监察制度适用的理想状态看,劳动保障监察机构应对所有涉及女职工劳动权益保障特殊规定的落实情况展开监察活动。另一方面,《劳动保障监察条例》还在“法律责任”一章以列举的方式明确规定用人单位在损害女职工劳动权益的情况下所应负担的法律责任。

具体而言,《劳动保障监察条例》规定了用人单位违反“女职工特殊保护强制性规定”[②]应当承担法律责任的六种情况:一是安排女职工从事矿山井下劳动、国家规定的第四级体力劳动强度的劳动或其他禁忌从事的劳动;二是安排经期女职

① 胡登峰:《劳动保障监察概论》,湖南人民出版社 2010 年版,第 33 页。
② 肖进成:《劳动保障监察法律制度研究》,科学出版社 2015 年版,第 164 页。

工从事高处、低温、冷水作业或国家规定的第三级体力劳动强度的劳动；三是安排妊娠女职工从事国家规定的第三级体力劳动强度的劳动或孕期禁忌从事的劳动；四是安排妊娠7个月以上的女职工夜班劳动或延长她们的工作时间；五是女职工分娩享受的产假少于90天；六是安排女职工在哺乳未满1周岁的婴儿期间从事国家规定的第三级体力劳动强度的劳动或哺乳期禁忌从事的其他劳动，延长她们的工作时间或安排其从事夜班劳动。总体上讲，这些强制性规定指向的劳动保障监察可以受理的事项在严重程度上非常高，指向的是女性基于身体现实和生理机能而无法承受或会造成不利影响的高强度、长时间或有毒性之类的劳动。它们是女职工劳动权益保障中最为直接和迫切的内容，故被纳入劳动保障监察的范围，以尽可能避免或减少女性因此受到的权益损失。

自此，以《劳动保障监察条例》为核心的女职工劳动保障监察制度未再经修改，直到新《妇女权益保障法》的出台。考虑到“女性的职场公平一直备受关注，很多女性在求职过程中也会遇到岗位受性别限制、面试时被问及婚姻生育状况、怀孕后被调到边缘岗位等实际情况”①。在完善劳动和社会保障权益方面，经过“大幅修订”并于2022年10月30日审议通过的《妇女权益保障法》改变了此前《妇女权益保障法》中有关女性劳动和社会保障权益抓手不足的情况，突破了既有研究主张之劳动监察受案范围限于规定最低标准和具有强制性特别规定②的做法，将一般意义上的就业性别歧视纳入劳动保障监察可受理的范围内。明确规定招录、晋职、晋级、评聘、辞退等过程中出现的、可能超越最低标准和强制性特别规定的性别歧视行为，是劳动行政部门展开监察活动应管辖的事项。③ 概言之，以《劳动保障监察条例》为代表的法律法规有关女职工劳动保障监察的特别规定，再加上新修订的《妇女权益保障法》对常规就业性别歧视监察的明确，共同构成了我国的女职工劳动保障监察制度体系。

三、女职工劳动保障监察制度的社会性别平等评估

女性主义法学研究者认为，为确保性别平等在立法中的实现，所有法律制度

① 《“大修”后的妇女权益保障法：就业性别歧视纳入劳动保障监察》，载澎湃新闻2022年11月15日，https://www.thepaper.cn/newsDetail_forward_20755969。

② 参见肖进成：《劳动保障监察法律制度研究》，科学出版社2015年版，第62页。

③ 《妇女权益保障法》第49条规定，“人力资源和社会保障部门应当将招聘、录取、晋职、晋级、评聘专业技术职称和职务、培训、辞退等过程中的性别歧视行为纳入劳动保障监察范围”。

均需接受社会性别平等评估,女职工劳动保障监察制度也不例外。在对象方面,女职工劳动保障监察制度的社会性别平等评估包括内容和实施两方面。[①] 就标准而言,既涵盖对积极方面的承认,也(更多)指向对现行制度设置中存在之不足的揭示。本文对女职工劳动保障监察制度的评估,亦在综合这二者的基础上展开。

(一)提供女职工劳动保障新路径,但规定不足

社会性别概念由"gender"翻译而来,以区别于生理性别(sex),其"是社会、历史、文化所界定和建构的对于男女的角色、态度和价值的期望,因而也是社会认为在'公共'和'私人'领域男女两性的恰当表现"[②]。在女性主义法学视域中,社会性别旨在批判社会、历史、文化对女性的消极建构,试图在上述领域中落实性别平等。单从"用人单位遵守女职工特殊劳动保护规定的情况"这一总体性的规定来看,"特殊劳动保护规定"是指向宽泛,可以同时涵盖女性基于生理现实、生理机能和社会文化建构造成的伤害,而亟待予以特殊保护的内容。相应地,就社会性别对女性消极角色建构的批判及男女平等的强调,其是有条件被纳入女职工劳动保障监察中的。

新修订的《妇女权益保障法》有关就业性别歧视监察的规定,在保障女职工劳动权益方面更进了一步。当下的就业场域中,在接受面试时,女性经常被问及婚恋、家庭、子女情况等私密性的问题。[③] 这似乎已成为一些用人单位在面试和用人时的"潜规则"。此前,为拥有一份工作,特别是在丈夫收入不能养家糊口、挥霍浪费或过度放荡的情况下,以为自己、子女乃至家庭谋生活,[④]在劳动权益受损和生存现实需求的消极利弊权衡下,近乎所有的女性都选择了隐忍。但正如夏吟兰教授所言,此次《妇女权益保障法》修订后,"如果女性再遇到此类情况,若证据充分,就可以利用法律的手段保护自己,人力资源和社会保障等部门,就可以联合工会、妇女联合会约谈用人单位,依法进行监督并要求其限期纠正"[⑤]。

---

① 参见李勇:《立法性别平等评估的地方经验和国家构建的着力点》,载《中华女子学院学报》2020年第2期。

② 刘小楠主编:《社会性别与人权教程》,中国政法大学出版社2019年版,第12页。

③ 调查显示,有6成的女性在求职时被过问婚育情况。参见智联招聘:《2022中国女性职场现状调查报告》,https://cdn.zhituquan.com/2022/05/1652661653-f4f33dd8ab944e4.pdf,最后访问日期:2024年9月23日。

④ 参见[德]奥古斯特·倍倍尔:《妇女与社会主义》,葛斯、朱霞译,中央编译出版社1995年版,第224页。

⑤ 《"大修"后的妇女权益保障法:就业性别歧视纳入劳动保障监察》,载澎湃新闻2022年11月15日,https://www.thepaper.cn/newsDetail_forward_20755969。

借助社会性别视角,亦能窥见女职工劳动保障监察制度的不足。事实上,现行有关女职工劳动保障监察规定的数量、质量、系统性程度,都难以支撑起完善甚或是完整的女职工劳动保障监察制度。就此,女职工劳动保障监察制度的提出具有之宣示意义似乎超过了规范本身的价值。因受1988年出台的《女职工劳动保护规定》(后改为《女职工劳动保护特别规定》)从"特殊保护"立法理念出发设定的较窄劳动保障范围,及由此带来之执法者认知局限的影响,①在作为劳动保障监察核心法规的《劳动保障监察条例》中,女职工特殊保护的规定原则且较少,相关法律法规或配套规定更是如此。由此可得出判断,女职工在有偿劳动力市场中面临的劳动权益受损及随之而来的劳动保障监察问题未获足够重视。从已有条文内容来看,规定亦多有不足,集中体现在以列举方式明确之用人单位承担责任的女职工劳动权益特殊保障内容设定中。

首先,女职工劳动保障监察的受案范围较窄。当下社会,劳动形式、内容和地域等的变化必然会带来损害女职工劳动权益的新形式,这导致原规定的用人单位基于《劳动保障监察条例》的列举式规定承担法律责任的情形无法再适应新现实。从立法时间上看,《劳动保障监察条例》于2004年颁布,此后便未再修改,其之于当下女职工劳动保障监察活动的适用性可想而知。其次,更多聚焦女职工基于身体现实和生理机能而在有偿劳动力市场中面临的特殊难题,更核心的社会性别安排造成的女职工劳动权益保障困境很大程度上未被纳入其中。根据《劳动保障监察条例》的规定,社会性别文化建构形成的就业性别歧视不是需要接受劳动保障监察的情形,而这实为女职工普遍面临的问题。最后,救济性规定较少,处罚力度较弱。《劳动保障监察条例》侧重规定对用人单位违法行为的纠正和惩罚,对权益受损之女职工的补救不足。处罚措施本身也有力度欠缺的问题,用人单位对每个劳动者需要缴纳的罚款最多不超两万元。"这种过低的劳动违法成本,事实上不仅不能有效地对用人单位的劳动违法行为进行遏制,反而会在一定程度上助长其依靠劳动侵权牟取不正当利益的违法行为。"②

(二)保障女职工劳动权益,但实施力度较弱

即便相较于广泛适用的女职工劳动权益保障的仲裁和诉讼方式,劳动权益保障监察为女职工乃至公众知晓的程度较低,但不能够否认其现实中发挥的重要作

① 参见党日红:《〈女职工劳动保护特别规定〉实施问题研究》,载《妇女研究论丛》2013年第2期。
② 张帆:《劳动权利保障的制度困境与法律维度》,载《河北法学》2018年第7期。

用。《劳动保障监察条例》不仅赋予劳动保障监察机构监督和监察的权力,也附加了必要的行政责令权和经济处罚权。由此形成之监督监察和经济处罚“两权并举”的规定有条件在提高执法效率的同时进一步保护女职工的劳动权益。与之相应的是,该制度从来不只是“沉睡”的状态,其在现实生活中确实一直在发挥有针对性地保障女职工劳动权益的作用。

女职工劳动保障监察制度的适用,主要包括开展一般和专项监察活动两种形式。就前者而言,虽未提出专项计划,但一些地方的劳动行政部门积极地展开了女职工劳动保障监察工作。以2022年为例,阿荣旗、满洲里市、鄂州市等地方的人力资源和社会保障机构,都在特定时间节点或连续性地主导展开了女职工劳动保障监察工作。从后者角度讲,对女职工较多的餐饮、食品、纺织服装、化工、电子、美容、美发等企业,有职业危害隐患、曾经被查实侵害女职工权益的用人单位,不少地方的劳动行政部门都展开了专项监察活动。女职工劳动保障专项监察工作更具系统性、针对性和强有力性,监察小组通过现场查阅资料、检查工作环境、随机抽取女职工进行访谈、问卷调查、集中反馈等方式,对用人单位落实女职工劳动权益保障的情况逐一排查,向用人单位宣传涉及女职工劳动特殊保护的法律法规。由此提高用人单位依法保障女职工劳动权益的自觉性,减少侵犯女职工劳动权益的情况出现。

与此同时,也要认识到,很多时候,女职工不尽乐观的工作环境难为劳动行政部门看见。可能是出于避免“劳动保障群体性事件”①造成的消极影响,农民工问题更易博得劳动保障监察员的眼球。“不是不想,而是真的无法随心所欲”②的心声吐露反映出,背负母职重担,被附加易于管理和顺从等女性“性格特点”③的女职工经常选择接受而非反抗。现实中,确实很少见到女职工讨薪或报复社会的报道。在功利考量下,女职工劳动保障问题难以引起劳动行政部门重视。在既有研究中时有看到,劳动保障监察中未见女职工案件是因国家重视其特殊劳动保护,

---

① 文志东:《劳动保障监察案件查处及文书制作实务》,中国法制出版社2017年版,第12页。

② 伍海霞、赵丽:《女职工劳动权益特别保护如何发挥实效》,载《法治日报》2018年7月13日,第5版。

③ 李银河主编:《妇女:最漫长的革命:当代西方女权主义理论精选》,生活·读书·新知三联书店1997年版,第57页。

相关法律法规起到了有效管束作用,企业执行情况较好等字眼。[①] 由此流露出的信息是农民工问题严重,女职工问题不凸显,至少从案件数量看是这样的。但女职工劳动权益面临困境的现实告诉我们,女职工劳动保障监察案件较少或缺位,真实原因是其困境未引起劳动行政部门的重视。

值得注意的是,女职工劳动保障监察中的权力不足问题。女职工劳动保障监察是典型的行政行为,凭借的是国家权力。但认识到劳动保障执法的特殊性,问题就会出现。依据《劳动保障监察条例》第4条[②]和《关于实施〈劳动保障监察条例〉若干规定》第5条[③]可知,劳动保障监察的管理和执法呈分离状态。“劳动保障监察的领导机关就是各地的劳动行政机关,而执法机构指县级以上劳动保障行政部门设立的劳动保障监察行政机构和劳动保障行政部门依法委托实施劳动保障监察的各组织。”[④]由此可知,劳动保障监察部门拥有行政权的基础是劳动保障行政部门赋权或者委托,这导致劳动保障监察机构权力的力度和效度必然低于原生性权力,进而在适用中严格受限。劳动保障监察有高效、低成本、及时等特点。但鉴于女职工面临之劳动权益受损的广泛、隐秘和证据难收集等现实,加上劳动保障监察部门在证据收集和惩罚力度上的不足,将会克减女职工劳动保障监察制度的适用效果。

四、女职工劳动保障监察制度可能的完善路径

女职工劳动保障监察制度的不足具有多维性,相应地,解决这些问题亦需借助系统性和结构性的方案。囿于篇幅限制,本部分主要从扩大新形势下女职工劳动保障监察的受案范围、强化侵犯女职工劳动权益的救济和处罚力度、着力彰显性别意识的劳动保障监察事前预防、女职工劳动保障监察职能和职权的优化这四个方面着手,以勾勒出完善的我国女职工劳动保障监察制度的大致路径。

---

① 参见马志涛:《加强基层劳动保障监察执法工作的几点思考》,载《劳动保障世界》2015年第19期。

② 《劳动保障监察条例》第4条规定,“县级、设区的市级人民政府劳动保障行政部门可以委托符合监察执法条件的组织实施劳动保障监察……”

③ 《关于实施〈劳动保障监察条例〉若干规定》第5条规定,县级以上劳动保障行政部门设立的劳动保障监察行政机构和劳动保障行政部门依法委托实施劳动保障监察的组织具体负责劳动保障监察管理工作。

④ 肖进成:《劳动保障监察法律制度研究》,科学出版社2015年版,第92页。

(一)扩大女职工劳动保障监察的受案范围

不同于仲裁和诉讼致力于纠纷解决,女职工劳动保障监察关注的问题具有普遍性,力图实现的目标也更广泛。当下社会,女职工面临劳动权益保障困境多元性的现实,亦要求扩大劳动保障监察的受案范围。总体上,需要改变女职工劳动保障监察制度设置的指导性理念。如果只是为减少女职工基于身体现实和生理机能受到的损害,则该制度限定的劳动保障监察受案范围可以被理解。但女性权益保障绝非仅限于身体现实和生理机能,也不能拘泥于女职工权益保障立法中"特殊规定"条文的字面理解,而应根据《妇女权益保障法》和《消除对妇女一切形式歧视公约》确立的消除针对女性的歧视、女性权益保障和男女平等的基本原则,[①]关注女职工出于否定性性别文化传统而面临之更多样性的劳动权益受损问题。

就此,女职工劳动保障监察制度需要作出如下调整。

一方面,明确将基于文化建构形成的女性在就业中的不平等和职业发展中的歧视纳入劳动保障监察机构的受案范围。不同于《劳动保障监察条例》为女职工劳动保障监察设立的底线标准,以为在高危、高寒、高强度环境下工作受到的损害,或因处于"四期"中工作而面临的特殊困境提供救济,当下女性面临的就业性别歧视虽未达此程度,但更广泛且隐秘地存在于工作场域中,而且确实给她们的劳动权和平等就业权的实现造成了不利影响。新近修订的《妇女权益保障法》虽概括地规定将此类就业性别歧视行为纳入劳动保障监察的受案范围,但劳动保障监察机构在开展监察活动时直接依据的是《劳动保障监察条例》的规定,可能使《妇女权益保障法》新规定的立法目的落空。因此,有明显滞后性的《劳动保障监察条例》需要及时修改,以将就业性别歧视的一般内容纳入明文规定中,从而让《妇女权益保障法》的规定真正长出"牙齿"。

另一方面,将职场性骚扰纳入劳动保障监察的受案范围。职场性骚扰是就业性别歧视的典型表现,但鉴于其背后隐藏之剥削、贬低和物化女性的要素,本文将之作以特别强调。1979 年,麦金农在《职业女性的性骚扰》中完整表达了"性骚

---

① 参见党日红:《〈女职工劳动保护特别规定〉实施问题研究》,载《妇女研究论丛》2013 年第 2 期。

扰”的法律概念。[①] “20世纪80年代后期,反性骚扰理论开始走出美国,成为全世界女性应对性骚扰的共同武器”[②],由此带来的全球性影响于20世纪90年代延伸到我国。但直至2005年《妇女权益保障法》的修改,反性骚扰才正式入法。[③] 由于入法时间较晚,公众乃至国家对性骚扰违法的接受度不高,故2004年出台的《劳动保障监察条例》未纳入性骚扰有必然性。2022年修订的《妇女权益保障法》关注职场性骚扰,但未在救济措施中提及劳动保障监察。笼统地劳动保障监察规定,在适用中对女性面临之具有“立案难、取证难、赔偿难”[④]三重属性的职场性骚扰并无针对性。依此,《劳动保障监察条例》亟待修改完善,以将职场性骚扰纳入其中。

(二)强化对女职工的救济和对用人单位的处罚

法律制度中,尽管关于惩罚措施的规定数量上可能少一些、位置靠后一点,但它们之于法律制度的落实有举足轻重的作用。制定完善的法律制度,如果处罚措施的规定有欠缺,可能会克减其适用效果。《劳动保障监察条例》亦是如此,它虽然对违反女职工劳动保护的强制性规定、不依法签订劳动合同、违反最长工时限制、不按规定发放工资、未依法缴纳社会保险、违反《工会法》等行为,都明确规定了处罚措施,但是,既有规定中仍存在对劳动权益受损的女职工救济不足和对用人单位处罚力度较轻两方面的核心欠缺。为应对之,侵犯女职工劳动权益的惩罚措施设计亦应依此展开。

一方面,要加大对劳动权益受损之女职工的救济力度。不同主体对劳动保障监察制度适用效果的期待不同。对作为弱势群体的女职工而言,她们可通过“投

---

① 麦金农在书中明确了性骚扰的定义,即身处权力非对等的关系下遭受之不受欢迎的性要求。具体表现为,不断暗送秋波、言语性的暗示或戏弄、强迫性接吻、采用解雇威胁员工、提出下流要求及强迫发生性关系等。See Catharine A. MacKinnon, *Sexual Harassment of Working Women*, Yale University Press, 1979, p. 19.

② 李勇:《中国反性骚扰立法的缘起与发展》,载《青海师范大学学报(哲学社会科学版)》2020年第4期。

③ 《妇女权益保障法》(2005)(已失效)第40条规定,“禁止对妇女实施性骚扰。受害妇女有权向单位和有关机关投诉”;第58条规定,“违反本法规定,对妇女实施性骚扰或者家庭暴力,构成违反治安管理行为的,受害人可以提请公安机关对违法行为人依法给予行政处罚,也可以依法向人民法院提起民事诉讼”。

④ 张绍明:《反击性骚扰》,中国检察出版社2003年版,第180页。

诉"[①]来启动劳动保障监察程序。鉴于用人单位报复事件频频发生的现实,女职工此举本就冒险,因此,女职工投诉用人单位更多只是为了寻求自身受损之劳动权益的救济。虽然说相比于仲裁和诉讼,劳动保障监察对女职工的救济效果一般较弱,但这确实是设立该制度的重要初衷。问题在于,在《劳动保障监察条例》的"法律责任"部分的全部十个条文中,只有在用人单位逾期不支付工资的情形下,有加付赔偿金的规定。[②] 对违反女职工劳动强度、时间、环境等限制和"四期"特殊保护等的行为通常只处罚款,无法回应她们最迫切的诉求。因此,尽管不能"越俎代庖"是在规定女职工劳动权益监察处罚措施时要把握的度,但亦需回应她们的现实需求,适当扩大赔偿金制度[③]在惩罚措施中的适用范围。

另一方面,需加大针对违法用人单位的惩罚力度。与为自身权益而主张请求的女职工不同,作为行政部门的劳动保障监察机构旨在惩罚侵犯女职工劳动权益的行为,为女职工营造良好的工作环境。就此,对违反女职工劳动保障法律法规的用人单位,劳动保障监察部门应施以相应的惩罚措施。根据《劳动保障监察条例》的规定,女职工劳动保障监察的处罚措施主要包括责令改正和罚款,具体又以仅责令改正、责令改正不改正再处罚款、责令改正的同时处罚款三种形式存在。前两者的弊端是,或责令改正后就无附带监督设施,或确有侵犯女职工劳动权益的情况,但如果说用人单位改正后就不处罚款,则难以防止再犯。责令改正和罚款并用的立法例相对更有效,但现行规定的问题是额度总体较小,象征性惩罚额度设置难以达到威慑用人单位的效果。[④] 有鉴于此,需要在扩大责令改正和罚款并用做法的同时,加大用人单位侵犯女职工劳动权益的惩罚力度。以增加用人单位违法成本的方式,阻止他们为谋取更多利益而侵犯女职工劳动权益。

---

① 《劳动保障监察条例》第 10 条规定,"劳动保障行政部门实施劳动保障监察,履行下列职责:……(三)受理对违反劳动保障法律、法规或者规章的行为的举报、投诉……"

② 《劳动保障监察条例》第 26 条规定,"用人单位有下列行为之一的,由劳动保障行政部门分别责令限期支付劳动者的工资报酬、劳动者工资低于当地最低工资标准的差额或者解除劳动合同的经济补偿;逾期不支付的,责令用人单位按照应付金额 50% 以上 1 倍以下的标准计算,向劳动者加付赔偿金:……"

③ 赔偿金是一个特定概念,特征有四:(1)由用人单位向劳动者支付;(2)支付的数额按劳动者的实际损失的一定倍数计算;(3)支付的依据是法律规定而不是双方的约定;(4)由劳动行政部门责令支付。参见董保华:《劳动保障监察与劳动仲裁选择或互补》,载《中国劳动》2005 年第 1 期。

④ 根据《劳动保障监察条例》第 23 条、第 25 条的规定,违反女职工保障禁止性规定的仅处每人 1000 元以上 5000 元以下的罚款;非法延长工时的则每人只罚 100 元以上 500 元以下。

（三）着力彰显具有性别意识的侵犯劳动权益预防

事后救济和处罚对女职工劳动权益保障固然重要，但就站位较高的劳动保障监察而言，作出具有“回应性”[①]的事前预防更加重要。劳动保障监察制度提出伊始就面临如何厘清与劳动仲裁界限的问题。劳动仲裁依托的一般是赔偿或补偿责任，具有极强的救济色彩，突出表现为它具有的补偿性和恢复原状性。劳动权益保障诉讼亦是如此，司法裁判虽然也具有一定的威慑力，但它的核心效果依旧是为劳动权益受损的女职工提供有针对性的补救措施。劳动保障监察则“主要是通过对劳动保障违法行为的惩戒和处罚，发挥预防和制止的作用，教育当事人遵纪守法”[②]。概言之，在与劳动仲裁和诉讼的比对当中，凸显出来的劳动保障监察的特点是对事前预防的看重。实际上，凭借事前预防营造对女职工友好的工作环境，远比事后对她们进行补救更重要。具体而言，侵害女职工劳动权益的事前预防可以从观念和行动两个维度展开。

思维的转变和新视角的确立是行为调整的前置性因素，相关主体特别需要通过吸收性别平等和女性主义视角，来打破否定性性别文化传统造成的歧视性思维定式。鉴于《劳动保障监察条例》旨在调整劳动保障监察机构的监察行为，有待打破女性歧视旧有思维并确立性别平等新思维的关键主体是劳动保障监察工作者。为此，需要作出两方面调整。一是在《劳动保障监察条例》总则部分有关原则的规定[③]中纳入“性别平等”或“女性权益保障”原则，使之与“公正”“公开”“高效”“便民”原则并列。这一调整反映的是国家对女职工在职场中面临之特殊脆弱性的关注，并通过对性别平等或女性权益保障的特别强调，来提醒劳动保障监察部门注意这一点，以防止侵犯女职工劳动权益行为的发生。二是克服“性别盲视”[④]的弊端，有针对性地展开面向劳动保障监察员的社会性别平等培训，培养他/她们的性

---

① 1983年，蒂布纳率先提出回应型法概念，其保留了实质法的某些方面，延续了形式法的自主性，旨在通过自我规范的社会体系以实现“监管下的自治”。Gunther Teubner, *Substantive and Reflexive Elements in Modern Law*, Law and Society, Vol. 17:2, p. 239 - 285(1983).

② 胡登峰：《劳动保障监察概论》，湖南人民出版社2010年版，第21页。

③ 《劳动保障监察条例》第8条规定，“劳动保障监察遵循公正、公开、高效、便民的原则。实施劳动保障监察，坚持教育与处罚相结合，接受社会监督”。

④ Ingrid Sandole - Staroste, *Gender - Blindness: A Significant Shortcoming of Basic Human Needs Theory and Practice in Conflict Analysis and Resolution*, https://www.researchgate.net/publication/281593324_Gender_Blindness_A_Significant_Shortcoming_of_Basic_Human_Needs_Theory_and_Practice_in_Conflict_Analysis_and_Resolution, 2024.9.23.

别平等意识和女性权益保障观念,激发其社会性别意识觉醒,使之有能力识别出工作场所中存在的侵犯女职工劳动权益的潜在风险,从而尽早纠正,避免这种风险在实际的劳动关系中变成现实。

随之而来的是劳动保障监察机构行动方面的调整。出于"共情"的需要,也就是说,"通过设身处地地从他人的角度来感受和思考"①,可能有同样遭遇,或多或少受否定性性别文化影响的女监察员一般拥有更强的"共情能力"②。故应在劳动保障监察员招录的规定中③纳入"女劳动保障监察员应占适当比例"的内容;在有关展开调查和检查活动的规定中④增加"展开女职工劳动保障监察工作时,应有女劳动保障监察员参加"的内容。在确保有女劳动保障监察员参与的基础上,为了预防侵犯女职工劳动权益的行为发生,劳动保障监察的形式亦应有所侧重。一是要重视日常巡视中对侵犯女职工劳动权益行为的监察。劳动保障监察员要有发现问题的敏锐眼光,及时指出用人单位存在的侵犯女职工劳动权益的风险并要求其及时纠正。二是参照"社会规范备案审查制度"⑤构想,趁审查书面材料之机,检查用人单位的规章制度中有无性别歧视的内容。此举"一方面有利于增加用人单位遵守和执行劳动保障法律、法规的自觉性、主动性和积极性;另一方面也有利于全面掌握用人单位用工管理中存在的不足"⑥,从而为女职工营造良好的工作环境。

(四)女职工劳动保障监察职能和职权的优化

我国劳动保障监察制度具有之综合性特征,在对女职工的关注上可能有所欠缺。总体考虑女职工劳动保障的重要性、侵犯女职工劳动权益的行为普遍存在但又很少通过劳动保障监察的方式解决,在劳动保障监察机构内设女职工劳动保障

---

① 唐丰鹤:《司法过程中的共情》,载《浙江社会科学》2022 年第 9 期。

② T. D. Kariagina & A. V. Ivanova, *Empathy as an Ability: Structure and Development during Training in Psychological Counseling*, Journal of Russian & East European Psychology, Vol. 54:6, p. 470 - 479 (2017).

③ 《劳动保障监察条例》第 4 条第 2 款规定:"劳动保障行政部门和受委托实施劳动保障监察的组织中的劳动保障监察员应当经过相应的考核或者考试录用。"

④ 《劳动保障监察条例》第 16 条规定,"劳动保障监察员进行调查、检查,不得少于 2 人,并应当佩戴劳动保障监察标志、出示劳动保障监察证件。劳动保障监察员办理的劳动保障监察事项与本人或者其近亲属有直接利害关系的,应当回避"。

⑤ 刘作翔:《构建分种类、多层级社会规范备案审查的具体机制》,载《法学论坛》2022 年第 2 期;《论建立分种类、多层级的社会规范备案审查制度》,载《中国法学》2021 年第 5 期。

⑥ 文志东:《劳动保障监察案件查处及文书制作实务》,中国法制出版社 2017 年版,第 11 页。

监察专门部门很有必要。日本就此作出了积极努力，其在劳动省内设妇女、少年等五个分局。[①] 我国可以借鉴日本经验，在各层级劳动保障监察机构中设女职工劳动保障监察部。相应地，《劳动保障监察条例》有关设置劳动保障监察机构和组织的规定中需要增加“劳动保障行政部门认为确有必要的，可以在劳动监察机构和组织内部设女职工、未成年工、农民工等专门职能部门”的内容。女职工劳动保障监察职能部门专门展开侵犯女职工劳动权益行为的监察工作，开辟女职工投诉维权绿色通道、设立女职工维权岗及相应的法律服务热线，[②]以更深入有效的方式对特定行业展开监察活动。

掌握较强的劳动保障监察权对女职工劳动权益保障具有重要意义。有别于拒绝给付农民工工资、雇用未成年工人、未按照规定签订劳动合同等较好把握的行为，女职工在职场中更容易被“穿小鞋”，她们劳动权益受损的形式多样，很难被发现或即便被发现也难有证据证明。在此情形下，加大劳动保障监察机构的权力就很有必要。例如，规定劳动保障监察员有权在未事先通知的情况下进入用人单位；适度增加查封、扣押、冻结、责令停产，甚至拘留权。通常来说，采取这些行政措施要以证据翔实为基础，但在女职工劳动权益保障的语境下，则可采用自由心证的证据规则，[③]典型体现在性骚扰案件中。假使遇到以言语、目光、动作等为依托发生性骚扰的情况，则需要降低证明标准，如果有盖然性的主客观要素支撑，女职工劳动保障监察机构就有权认定存在性骚扰事实。鉴于公益诉讼拥有维护社会弱势群体利益的价值功能，故还可以明确劳动保障监察机构有权就用人单位普遍侵犯女职工劳动权益的行为提起公益诉讼。[④]

另外，女职工劳动保障监察涉及面广，情况复杂，单靠劳动监察机构的力量远远不够，这要求其主动寻求与女性“娘家人”——妇联的沟通和协作，以在充分发挥各自职能的基础上形成合力。这种沟通和协作主要可通过三种形式表现出来：

---

① 参见曹艳春：《加强与完善劳动保障监察制度的重要法律工具——写在〈劳动保障监察条例〉颁布之际》，载《法学杂志》2005 年第 4 期。

② 参见《人力资源和社会保障局采取三项措施维护女职工合法权益》，载中国人力资源协会网，http://www.hrac.org.cn/CN/viewnews/20110308/201138112111.htm。

③ 下述证成思路是典型，“作为一名认知正常的女性，在明知社会对性骚扰受害妇女存在偏见的情况下，通常不可能谎称被男性骚扰，因此赵某诬陷熊某的可能性较小，其证言可信度较高”。参见杨一帆：《我国用人单位职场性骚扰防治义务问题研究——基于劳动争议案例的分析》，载《山东女子学院学报》2022 年第 3 期。

④ 参见孙昊、张炜炜：《二孩政策背景下女性劳动权益的法律保护》，载《行政与法》2016 年第 4 期。

首先,如果确实遇到与女职工劳动权益保障相关的问题,劳动保障监察部门需要主动汇报,人社部门应当予以积极协调,在妇联内部聘请有相关专业背景的人作为劳动保障监察员展开工作。其次,妇联在获悉侵犯女职工劳动权益的线索时须移交劳动保障监察部门,后者应及时处理。现实中,女职工更多熟悉的是妇联,妇联确实有接受女职工投诉的功能。但鉴于"去'行政化'是妇联组织改革的导向与目标"①,作为群众组织的妇联对涉及女职工劳动权益保障的问题能做的很少。这时,妇联要及时将相关案件移送给劳动保障监察机构,处理结果应通报妇联。最后,在涉及女职工劳动保障监察的情境中,妇联相关人员可以列席。这种列席并不是为分割劳动保障监察机构的权力,而旨在发挥监督和专业帮助的作用,促使劳动保障监察员注意到女职工的劳动权益保障困境,并为她们提供尽可能的救济。

五、结语

女性进入有偿劳动力市场伊始就受资本主义的严重剥削,她们的工作不是最累的,就是最脏、最有害健康的。② 在女性解放运动不断推进、男女平等成为基本国策、消除对女性歧视法律制度相对完善的当下,尽管就业性别歧视的程度和形式发生改变,但女职工劳动权益受到损害的情况仍屡见不鲜。为解决该问题以夯实女性解放的物质基础,女职工劳动保障监察制度的提出有重要价值。准确识别并保障女职工劳动权益是女职工劳动保障监察制度设立的初衷,但从社会性别视角看,该制度亦有诸多不足。受案范围窄、执法权力弱、劳动保障监察员性别意识缺位及性别结构失衡、救济性不强、处罚力度较轻、与妇联的沟通和协作欠缺等问题的存在,将牵制女职工劳动保障监察制度的适用,甚至不排除让这一制度沦为具文。凡此种种都表明,2004 年出台的《劳动保障监察条例》不再适应于消除新形势下女职工在工作场所中面临的劳动权益保障困境。新社会情势呼吁我国亟须在社会性别平等理念的指引下,修订《劳动保障监察条例》及相关法律法规,让女职工劳动保障监察制度实现设立初衷,为女性营造更优良的工作环境。

---

① 李鹏飞、王晶:《新时代基层妇联组织角色与工作机制创新思考》,载《湖北社会科学》2020 年第 3 期。

② 参见[德]奥古斯特・倍倍尔:《妇女与社会主义》,葛斯、朱霞译,中央编译出版社 1995 年版,第 228 页。

纪检监察大数据监督的现状分析及发展路径*

岳智慧**

[摘要] 监督是纪检监察机关的基本职责、第一职责。纪检监察工作高质量发展,要求创新监督方式方法,提高工作质效。大数据嵌入纪检监察监督,具有科技赋能优势。本文运用案例分析方法梳理了纪检监察大数据监督发展现状,分析了存在的若干问题,按照系统论的观点从大数据监督体系的顶层设计、嵌入数据的重点、破解数据共享和安全等难点、数据监督平台的构建、法规制度的建立健全等几个方面,试析纪检监察大数据监督的发展路径,以期对纪检监察机关开展大数据监督有所启示。

[关键词] 纪检监察 监督 大数据 实践

大数据泛指巨量的数据集,因可从中挖掘出有价值的信息而受到重视。① 大数据不同于传统数据,具有“6V”的特点:Volume(海量数据)、Velocity(高效数据处理)、Variety(包括结构化数据和视频、图片等非结构数据)、Validity(有效数据)、Veracity(精确数据)、Value(数据价值)。② 基于这样的特点,大数据不仅可以用于分析事物发展的规律,还可以对未来进行预测。当前,大数据在各个领域得到广泛应用,纪检监督领域也不例外。纪检监察大数据监督的概念目前尚无明

---

* 陕西省社会科学基金 2022 年度项目“纪检监察大数据监督理论构建与实践路径研究”,项目编号:2022B015;陕西省教育厅 2022 年度重点科研计划项目“省级纪检监察机关大数据监督理论构建及实践路径研究”,项目编号:22JZ062。

** 岳智慧,西北政法大学行政法学院(纪检监察学院)讲师,陕西高校廉洁文化研究中心副主任,主要研究方向为纪检监察学、党内法规学。

① 参见邬贺铨:《大数据时代的机遇与挑战》,载《求是》2013 年第 4 期。

② 参见漆海霞:《大数据与国际关系研究创新》,载《中国社会科学》2018 年第 6 期。

确界定,可以理解为将大数据的科技手段,深度融合到纪检监察监督工作,提升监督质效。从本质上讲,大数据监督并非对纪检监察监督的数字化替代,而是数据嵌入和数字化延伸。大数据监督具有科技赋能优势,为纪检监察机关实现全员监督、精准监督、高效监督提供信息化支持。本文运用案例分析方法,抽样选取70余个大数据监督典型案例,围绕分布情况、监督内容、模型类别等系统梳理纪检监察大数据监督现状,分析制约大数据监督发展的因素。按照系统论的方法将大数据监督作为一个系统考量,提出省级纪检监察机关统筹规划设计、突出重点嵌入数据、打通数据共享痛点难点、打造上下联动监督平台、完善制度规范体系的构建路径。

一、纪检监察大数据监督的紧迫性和必要性

(一)监察对象成倍增加,迫切要求破解"人少事多"矛盾

随着纪检监察体制改革和监察法的实施,各级纪检监察机构监督范围扩大,监督对象数量成倍增加。比如,黑龙江省、市、县三级监察委员会成立后,监察对象数量从改革前的29万人增加到了105万人;广西壮族自治区全区监察对象数量从改革前的30.5万人增加到了90.3万人。[①] 再如,2018年1月,吉林省通化市监察委员会成立,实现了对全市所有公职人员监督的全覆盖,监督对象的数量比原来扩大了4倍,监督单位由原来的80多家,扩大到280多家。[②] 此外,上级纪检监察机关因工作需要从下级抽调业务骨干,使基层监督力量相对薄弱。尽管改革后的纪委监委整合了原纪委、原行政监察、检察机关原反贪反渎等职能,监督力量补弱增强,但是与成倍增加的监督对象数量相比,纪检监察干部少和监督对象多、工作量大的矛盾仍然十分突出,制约新时代纪检监察工作高质量发展,迫切需要转变工作模式,实现"数据多跑路,干部少跑腿"。

(二)监督职权更加丰富,迫切要求创新监督方式方法

随着相关党内法规和监察法律法规的陆续出台,赋予纪检监察机关监督的职权进一步扩大。《中国共产党章程》规定,党的各级纪律检查委员会对党的组织和党员领导干部履行职责、行使权力进行监督。《中国共产党纪律检查机关监督执

---

① 参见姜洁:《蹄疾步稳描绘监察体制改革蓝图》,载《人民日报》2018年2月26日,第4版。

② 参见《吉林:首个市级监察委员会组建 监督对象扩大4倍》,载《中国日报》2018年1月11日,第2版。

纪工作规则》专列“监督检查”一章,对党内监督进一步细化。《监察法》第11条第1项规定,对公职人员开展廉政教育,对其依法履职、秉公用权、廉洁从政从业以及道德操守情况进行监督检查。《监察法实施条例》进一步细化监督检查的内容和方式。同时,新时代纪检监察职能发生变化,肩负“监督保障执行、促进完善发展”的重大使命。监督内容的丰富,监督职权的扩大,对履职能力提出了新的更高的要求,大数据的嵌入融合,为纪检监察监督提供了更加精准有效的方法手段。

(三)风腐问题日趋隐蔽复杂,迫切要求发挥科技赋能优势

党的二十大报告指出:“惩治新型腐败和隐性腐败。”当前,传统腐败与新型腐败交织,贪腐穿上了“隐身衣”,监督起来更为困难。群众身边微腐败和不正之风范围广、形式多,监督难免存在漏洞死角。“四风”问题由明转暗,查处难度不断加大。这些腐败行为和作风问题的隐形、变异,给纪检监察监督带来了新的挑战。如何进一步提高纪检监察监督发现问题的能力,是亟待研究解决的重大问题。大数据对比分析、深度挖掘、关联预警等功能,为破解监督“瓶颈”提供了可行有效的途径。

(四)纪检监察高质量发展,迫切要求强化信息化运用

信息化建设是新时代纪检监察工作高质量发展的重要内容。信息化建设内涵丰富,包括将大数据、云计算、区块链、物联网、人工智能等互联网技术和信息化手段,运用到监督检查和审查调查等全过程,打造智慧纪检监察。大数据监督是纪检监察信息化建设的龙头工程,也是全面实现纪检监察信息化的试验田。着眼推动监督手段从人力人工向智能智慧转变,监督效率从经验判断向数据自动分析转变,监督质效从线下事后监督向线上实时监督转变,构建纪检监察大数据监督体系时不我待,需要统筹谋划、合心合力,加快建设、应用、完善一体推进步伐。

二、纪检监察大数据监督理论研究综述

现有研究成果中研讨的问题主要包括以下几个方面:

一是探讨信息化技术在纪检监察监督工作中的应用领域。比如,有学者提出智慧纪检监察的概念,主要是指通过大数据、物联网、云计算、移动互联网、人工智能等科技手段与纪检监察监督业务的深度融合,推动纪检监察监督工作的高效化、精准化和智慧化。[①] 有的研究着重分析把大数据这一信息化手段运用于纪检

---

① 参见曾智洪、陈煜超、吴金群:《智慧纪检监察:概念框架、实践图谱和优化策略》,载《电子政务》2020年第8期。

监察监督工作全过程各环节。还有的研究指向更为聚焦,从技术手段上主要运用大数据,从运用领域上主要针对党内监督和监察监督。

二是梳理纪检监察大数据监督模式。部分研究成果在分析比较了全国各地将纪检监察监督业务和大数据进行多重融合后的实践,概括出各具特色的纪检监察监督模式,比如,有学者将其分为精准公开模式、关联预警模式、智能管理模式、评估测量模式。[①] 也有学者将其概括为事务型、管理型、决策型、未来型等模式。[②]

三是分析纪检监察大数据监督面临的挑战和存在的问题。纪检监察监督与大数据结合仍然是新鲜事物,必然存在诸多挑战和矛盾。现有研究成果有的从基础数据、内部管理、技术层面分析存在的挑战,有的提出数据孤岛、专业人才缺乏、信息安全顾虑等都是现实存在的问题。

四是提出纪检监察大数据监督的实现路径。比如,有学者提出从搞好顶层设计、加强平台建设、充实力量资源等方面着手。[③] 有学者提出,构建一套统一的大数据体系、规范一套大数据运用标准、建设一支专业化队伍。还有学者提出地方探索与顶层设计的对接、区块监督与系统监督的协同、数据孤岛与数据安全的平衡、创新实践与理论支撑的耦合。[④] 此外,还有研究聚焦大数据监督规范化制度化,指出大数据监督"在制度层面存在赋权不足和限权不足的问题",并对规制大数据监督权力提出制度构建思路。[⑤]

分析现有研究成果可以看到,学界对纪检监察大数据监督的关注度越来越高,但是理论研究成果数量并不多,基础理论研究还比较薄弱。比如,如何界定纪检监察大数据监督及其相关概念的范围,纪检监察机关办公数据化、流程化、信息化能否纳入大数据监督的范畴,这些基本的内涵、界限不明确,势必影响有的放矢的质效。比如,纪检监察大数据监督是一项复杂的系统工程,体系框架的构建、法律法规的健全、平台模块的设计等还需要进一步深入探讨。

---

① 参见宋伟、邵景均:《基于大数据的廉政监督模式与发展趋势分析》,载《中国行政管理》2019 年第 7 期。

② 参见曾智洪、陈煜超、吴金群:《智慧纪检监察:概念框架、实践图谱和优化策略》,载《电子政务》2020 年第 8 期。

③ 参见蒋文亭:《大数据在纪检监察工作中的应用探析》,载《政工学刊》2021 年第 6 期。

④ 参见宋伟、邵景均:《基于大数据的廉政监督模式与发展趋势分析》,载《中国行政管理》2019 年第 7 期。

⑤ 参见杨建军:《纪检监察机关大数据监督的规范化与制度构建》,载《法学研究》2022 年第 2 期。

三、纪检监察大数据监督实践现状及存在问题分析

（一）纪检监察大数据监督的政策依据

习近平总书记强调：“善于获取数据、分析数据、运用数据，是领导干部做好工作的基本功。各级领导干部要加强学习，懂得大数据，用好大数据，增强利用数据推进各项工作的本领，不断提高对大数据发展规律的把握能力，使大数据在各项工作中发挥更大作用。”十九届中央纪委四次全会提出：“加强信息化监督平台建设，以公开促公正、以透明保廉洁。”十九届中央纪委五次全会强调：“运用信息化技术，贯通共享审计监督、财会监督、统计监督等数据信息，提高精准监督能力。”十九届中央纪委六次全会进一步提出：“善于运用信息化手段提升监督水平、规范化水平。”二十届中央纪委二次全会在部署2023年主要工作中要求：“构建基层公权力大数据监督平台，畅通群众监督渠道，健全基层监督网络。”“推进党风政风监督信息综合平台建设，运用大数据等信息化手段加强预警纠治，持续加固中央八项规定堤坝。”围绕贯彻落实习近平总书记重要讲话重要指示批示精神和中央纪委战略部署，各级纪检监察机关不断加快推进信息化建设，努力实现高质量发展。部分省份出台信息化规划或实施方案，比如，江苏省纪委监委研究制定《江苏智慧纪委监委建设指南》，提出“省级主建、市级辅建、县乡应用”的总体建设思路，将各类纪检监察业务系统模块纳入江苏智慧纪委监委平台，形成全省智慧纪委监委建设统筹协调“一盘棋”新格局。部分省份结合实践，制定信息化工作五年工作规划，如山东省纪委监委制定的《数字纪检监察体系建设规划（2023—2027年）》，2023年12月贵州省纪委监委印发的《数字纪检监察体系建设五年规划》等。大数据监督是纪检监察信息化的一个子系统，各地纪检监察机关制定的信息化规划指南，为统筹建设纪检监察大数据监督体系提供了工作指引。

（二）纪检监察大数据监督的实践探索

笔者从《中国纪检监察》《中国纪检监察报》以及中央纪委国家监委和部分省纪委监委网站中，收集到160余篇关于纪检监察大数据监督的报道，时间跨度从2016年至2022年，涉及20余个省（自治区、直辖市）。从层级上看，覆盖了省、市、县甚至是乡镇（街道）、村（社区）。从监督内容上看，包括运用大数据开展纪检监察全方位监督，如贵州省纪委监委纪律监督“数据铁笼”工程、浙江省纪委监委开发建设的贯通省市县乡村五级的基层公权力大数据监督应用平台、重庆市构建的

“1+3”大数据党风政风监督体系、沈阳市纪委监委开展的大数据监督实践等;还包括巡视巡察、防治“四风”、群众身边微腐败、精准扶贫、信访、惠民政策、招投标等专项领域的大数据监督。目前公开的信息显示,纪检监察大数据监督在各地的实践颇为丰富。本文选取了其中比较有代表性的案例,统计分析后显示,浙江省、贵州省、湖北省、江苏省等纪检监察大数据监督实践比较活跃。大数据监督应用在涉及民生、扶贫等专项领域最多,占比约43%。此外,占比较多的还有利用大数据开展全方位的监督,占比约21%;信访举报综合应用平台的使用,占比约15%。具体情况如表1所示。

表1　大数据监督应用领域及地区分布情况

大数据监督应用领域	所在地区
大数据全方位监督系统应用	重庆市、贵州省、浙江省、内蒙古自治区、四川成都、辽宁沈阳、浙江江山、安徽望江、湖南澧县、江苏昆山、江苏张家港、山东茌平、四川郫都、天津滨海新区
信访举报大数据运用	甘肃省、北京朝阳、重庆涪陵、成都双流、广东德庆、广西梧州、江苏无锡、山东威海、山西河津、辽宁辽中
纠治“四风”	重庆市、安徽省、河南省、黑龙江哈尔滨
巡视巡察	浙江江山、广西北海、江西龙南
政治生态评估系统	浙江温州、江西芦溪、山东任城、广东珠海
民生领域问题、群众身边微腐败	贵州省、浙江省、湖北省、福建省、陕西省、重庆綦江、辽宁沈阳、江苏徐州、甘肃兰州、辽宁抚顺、江苏连云港、广西崇左、河南濮阳、江苏苏州、内蒙古固阳、浙江庆元、四川成都、湖北潜江、广西宾阳、贵州黔东南苗族侗族自治州、江苏启东、山东淄博、山西芮城、广东深圳、浙江台州、云南德宏、安徽怀远、海南定安、四川泸州
违规经商、招投标、人防三公等专项领域	湖南省、辽宁省、山西太原

从国有企业情况来看,大数据监督的步伐似乎稍慢于各级纪检监察机关。目前公开资料显示,开展大数据监督的企业基本处于起步探索阶段。比如,某省纪委监委针对省属国有企业共性化的监督需求,探索构建国有企业分层履职、上下贯通、协同联动的公权力大数据监督总体架构。比如,某钢铁集团公司纪委探索建立大数据监督预警平台,将现有在建信息化项目、内外部可调用重点业务数据

和信息导入平台数据库，通过构建智能化监督预警系统，实现对指定业务实时监控查询，发现业务中可能存在的问题，实时发出预警提示。再如，浙江某文旅国有企业打造公权力大数据监督平台、智慧景区系统、办公自动化系统“三驾马车”，探索纪检监察大数据监督的应用。

（三）纪检监察大数据监督存在问题分析

经过几年的发展，各地纪检监察大数据监督体系和平台建设阔步前进，但同时也存在一些不容忽视的问题。

一是系统地、全面地构建大数据监督体系的并不多。在20%的大数据综合应用的案例中，省级统筹设计建设的大数据监督体系比较少，上下联动开展监督的案例并不多见，使用中的大数据监督平台尚未实现重点、精准、全面监督的目标。

二是数据共享交换挖掘等难点痛点客观存在。比如，民生领域应用大数据监督，大多数情况下是纪检监察部门依法借助其他部门的数据进行比对、数据挖掘等来发现问题，影响监督工作质效。如何依法共享接入数据，严格按照权限使用数据，是亟待解决的关键问题。比如，各级纪检监察机关在当地党委统一领导推动下，建立与相关部门数据共享交换机制尚有可行性，但是国有企业囿于垂直管理领导体制，整合地方数据资源难度较大。

三是大数据监督的制度机制尚不健全。按照依规依纪依法做好新时代纪检监察工作、推进纪检监察机关规范化法治化正规化的要求，大数据监督体系的构建应与配套政策制度同步推进。目前的大数据监督实践在组织协调、数据监管安全保障等方面的制度规范体系的建立健全还有一定的不足。

四是特殊监督对象开展大数据监督难度较大。比如，按照管理权限为主、属地管辖为辅的监察管辖原则，工作单位在地方、管理权限在主管部门的公职人员，利用大数据监督存在一定的难度。

四、纪检监察大数据监督的实践路径

大数据监督体系的构建和应用是一项复杂的系统工程，涉及硬件建设、软件开发、制度规范建立等。结合当前各级纪检监察机关开展大数据监督的实际，针对实践中存在的突出问题，应当审慎、稳步推进大数据监督体系构建。

（一）注重顶层设计，构建总体框架布局

考虑到全国各地信息化建设、大数据开发应用水平存在地区差异，中央纪委国家监委构建全国通用的大数据监督体系难度较大,时机尚不成熟。同时,鉴于大数据监督体系构建是一项系统工程,着眼集成高效,避免多头开发、重复开发、标准差异、衔接障碍等问题,也不宜分散构建。省级纪委监委加强顶层设计,统筹构建大数据监督体系,是目前比较可行的方式。实践中,省级纪检监察机关根据国家信息化规划和中央纪委国家监委关于纪检监察信息化建设的部署,制定明确的时间表路线图,在目标指引驱动下,明确牵头协调部门及相关配合部门,围绕基础设施体系、数据资源体系、应用平台体系、政策制度体系、标准规范体系等,确定重点工程和优先行动工程,稳步搭建大数据监督体系。由于大数据监督涉及党政机关、司法机关、国企高校、基层组织等多个场域,省级纪委监委在深入调研的基础上,可以优先聚焦一个领域研究制定大数据监督平台建设标准,明确阶段性任务、数据标准、预警惩处规则、安全防控规范等,在部分市级或区县级纪委监委试点基础上,在全省范围内推开。按照成熟一个推及下一个的思路,稳步有序构建起覆盖所有公权力的大数据监督体系。如浙江省纪委监委"坚持基层先行,从解决群众身边的腐败问题入手,围绕村级工程、资产资源等村级权力运行6大高频事项,建设基层公权力大数据监督多跨场景,村社覆盖率达到99.96%"①。在此基础上,逐步构建覆盖其他领域公权力的大数据监督平台,为纪检监察大数据监督提供了省级建设模板。

(二)着眼提升质效,突出重点嵌入数据

在监督内容上,突出政治监督。依据《中国共产党章程》《中国共产党纪律检查机关监督执纪工作规则》《监察法》《监察法实施条例》等党内法规和监察法律法规,纪检监察监督的重点内容包括政治监督、遵纪守法监督、党风政风监督、履行职责监督、行使权力监督等。② 其中,政治监督是重中之重,大数据嵌入务必把握这个核心。在数据收集上,与政治监督相关联的数据应接尽接。在平台模块设计上,把政治监督作为重点板块打造开发。比如,落实"第一议题"制度的记录和台账等信息,如实录入系统平台。再如,结合地区、行业、系统实际,对落实党中央重大决策部署和习近平总书记重要要求情况建立清单,明确时间表、路线图、任务

---

① 王卓:《浙江运用大数据技术对公权力开展实时监督 让监督全时全程在线》,载中共中央纪律检查委员会、中华人民共和国国家监察委员会2023年11月18日,https://www.ccdi.gov.cn/yaowenn/202302/t20230226_249142.html。

② 参见王希鹏:《纪检监察学基础》,中国方正出版社2021年版,第324页。

书,健全完善台账管理、动态跟踪、督查问责、“回头看”等措施制度,推进政治监督具体化精准化常态化。

在监督对象上,抓住“关键少数”。十九届中央纪委六次全会强调:“各级党委(党组)要履行党内监督的主体责任,突出加强对‘关键少数’特别是‘一把手’和领导班子的监督。”党内监督和监察监督的重点对象是领导干部特别是主要领导干部,大数据监督也要与此同频共振,紧盯“关键少数”,形成“头雁效应”,带动“绝大多数”。通过全国纪检监察系统检举举报平台,定期分析研判信访举报“一把手”和领导班子存在的突出问题,通过大数据平台对领导干部依法用权、廉洁自律、家庭财产等关键指标及异常情况进行对比分析,发现倾向性问题及时预警提示。

在监督领域上,突出廉政风险重点领域。针对干部任用、人力资源管理、市场营销、工程建设等领域违纪违法问题易发多发,通过数据梳理汇总、分类统计、分析对比,量身定制分析图,划定廉政风险“高危区”和易发多发“敏感区”,形成脉络清晰的廉政风险分析图表,厘清容易诱发腐败的风险点,让大数据精准锁定监督重点。

(三)围绕互联共享,打通数据痛点难点

数据是大数据监督的基石,数据交换共享、数据深度挖掘、数据安全保障是构建大数据监督体系必须攻克的难题。“如何对政务数据、网络信息企业数据、个人信息、政法机关和纪检监察机关的办案数据或管理数据等进行规范化地共享、处理与使用”①,是纪检监察机关规范化正规化法治化进行大数据监督的最大“瓶颈”。

纪检监察机关有限共享公共数据资源有法律授权依据。《监察法》第4条第3款规定:“监察机关在工作中需要协助的,有关机关和单位应当根据监察机关的要求依法予以协助。”《监察法实施条例》第9条第2款进一步明确规定:“有关部门、单位应当根据监察机关的要求,依法协助采取有关措施、共享相关信息、提供相关资料和专业技术支持,配合开展监察工作。”以政务数据为例,国务院2016年印发的《政务信息资源共享管理暂行办法》规定,政务数据仅在政务部门之间不同程度地共享。政务部门是指政府部门及法律法规授权具有行政职能的事业单位和社会组织。按此规定,监察机关无法共享政务数据,但在实践中,问题线索处置、初

① 杨建军:《纪检监察机关大数据监督的规范化与制度构建》,载《法学研究》2022年第2期。

步核实、立案调查等阶段都需要使用政务数据。学者提出了两种制度设计,①但是行政法规和监察法规在衔接上并不顺畅,在操作层面的法规规范仍不健全,需要通过完善或制定相关监察法律法规或行政法规来进一步明确共享公共数据资源的范围、权限、程序等。

实践中,纪检监察机关可通过函商相关部门建立公共数据资源协作查询机制。中央纪委国家监委、省级纪委监委可积极沟通协调对接司法、审计、财税、房产、工商、交管、金融、通信等部门和单位,实现重要数据互联、畅通、共享,建好用好信息查询平台,以便于办案部门在初步核实和审查调查阶段跨区域查询信息,节约人力、物力、财力,提高办案效率。派驻机构可加强与当地纪检监察机关协调,实现就地查询、获取结果。

获取数据只是大数据监督的第一步,更重要的是发挥数据智能挖掘、自动比对和关联分析等功能,瞬时发现、智能预警问题线索,高效精准锁定关键人、关键事,对权力运行实现"一键监督",提高主动监督、精准监督能力。数据安全是大数据监督的生命线。利用态势感知、分布式计算等技术,开展数据智能监管建设,定期同步重要数据,构架集数据采集、安全监测、预警分析、保密检查、追踪溯源、应急响应于一体的安全监管平台。细化信息录入、应用查询、监察预警、统计对比和维护管理等功能权限设置,确保系统和数据信息安全保密。

(四)遵循系统集成,建设上下联动平台

统筹考虑从省级到村(街道)五级纪检监察机构需求,结合纪检监察监督核心业务工作,开发上下联动的综合监督应用平台。综合考虑平台整体结构、主要需求、功能布局、建设资金等,紧扣实用首要目标,避免盲目追求高大上,边推动建设、边实际应用、边产生成效、边完善系统。实践中,可以优先开发涉及群众利益的基层公权力大数据监督平台,设计若干功能模块,包括日常监督、预警分析、数据维护等。日常监督模块对监察对象权力行使、个人及其家属经商办企业、房产、车辆等事项进行关联查询、对比分析,为发现问题、核实线索提供依据。预警分析模块可按事项对存储数据进行分析统计并提示异常情况,为监督提供直接参考。数据维护模块主要是对数据真实性、有效性进行核验,监测数据安全性,控制数据使用权限等。落实《中国共产党纪律检查委员会工作条例》,以信息化促进监督下

① 参见杨建军:《纪检监察机关大数据监督的规范化与制度构建》,载《法学研究》2022年第2期。

沉，加强基层监督，整合基层监督资源和力量，发挥纪检监察、巡察等作用，有效衔接村（居）务监督，建立小微权力"监督一点通"服务平台，扩大群众参与，及时发现、处理群众身边的腐败问题和不正之风。平台接入投诉建议、反馈查询、监督公开、政策查询等面向用户的移动互联网监督功能，让群众参与到监督中来。待基层公权力大数据监督平台平稳有序运行后，逐步建立涵盖所有公权力、所有党内监督对象和监察对象的系统全面的大数据监督平台。具体如图1所示。

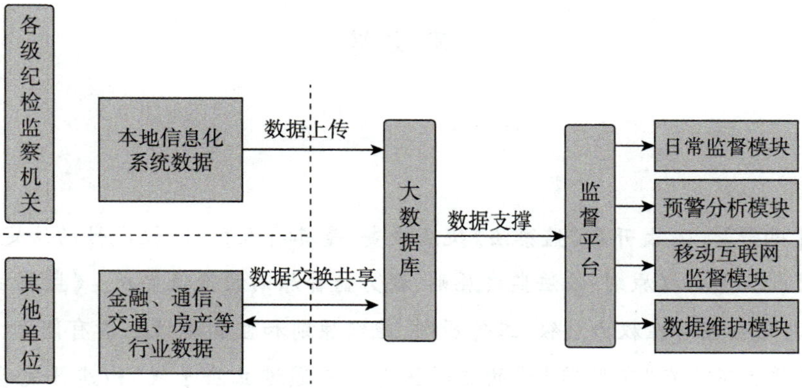

图1　纪检监察大数据监督平台技术路线

（五）立足标准规范，健全政策制度体系

按照纪检监察工作规范化、法治化、正规化要求，大数据监督平台建设应与配套政策制度同步推进，具体包括建立健全五个方面的制度规范体系。一是组织协调制度体系，大数据监督体系的构建对外与相关单位沟通对接，对内需要相关部门参与合作，这就要求建立组织领导机构，健全组织协调机制，确保有力有序推进。二是数据管理制度体系，着眼数据共享交换、使用管理等规范合规，建立数据查询、应用、维护等制度机制，助力数据安全规范有序汇聚交换，严格按照职权和审批事项授权使用数据，操作过程同步录像、电脑同步录屏，实现全程留痕，做到既用好数据又不滥用数据。三是技术规范制度体系，包括数据精确性、完整性、一致性、有效性、唯一性规范，监督平台操作规范等，为实现监督数据规范有序接入和平台顺利使用提供制度保障。四是安全保障制度体系，主要是围绕基础设施运维、技术保障、安全保密等方面建章立制。五是队伍建设制度体系，每年至少组织一次大数据监督业务培训，建立法学和理工复合型人才引进机制，为大数据监督体系的构建和管理使用打造坚实的骨干团队。

人大开展《监察法》执法检查的功能逻辑与实施体系*

邓文昊**

[摘要] 人大开展《监察法》执法检查,是具有人民性、权威性的法定监督手段,符合人民主权原则、依法监察原则、权力监督原则的价值要求。《监察法》执法检查与监察监督在权力层级、工作原则、组织原则和监督属性上各有侧重、互不相同,实质上不存在"交叉监督"的逻辑困惑。应通过立法手段,构建并完善《监察法》执法检查的实施体系,保障各级人大常委会对本级监察委依法展开执法检查监督。

[关键词] 《监察法》 执法检查 人大监督 监察监督 依法监察原则

自党的十八大以来,国家监察体制改革便处于不断发展的过程之中。从2018年设立国家监察委员会,制定《监察法》至今,监察委不断发挥着保障公权力廉洁性的重要作用。正如习近平总书记指出的那样,"任何权力都要有个制约,这是一条法则"。监察权力"属于国家专门监督体系的组成部分,要服从并从属于人民代表大会的宪法监督"①。执法检查作为"全国人大常委会最常见、最稳定的监督手段"②,应当成为人大监督监察机关是否依法监察的有力手段。但是,对《监察法》

* 四川省社会治理创新研究中心重点项目"总体国家安全观视域下的国家风险预防责任"(项目编号:SHZLZD2306)的阶段性成果。

** 邓文昊,中国政法大学法学院博士研究生。

① 陈瑞华:《论国家监察权的性质》,载《比较法研究》2019年第1期。

② 林彦:《从自我创设,到政治惯例,到法定权力——全国人大常委会执法检查权的确立过程》,载《清华法学》2009年第3期。

的执法检查却并未在全国各级人大主导下展开落实。究其原因,在于《监察法》第53条中对于执法检查的规定不够清晰,无法依此解决执法检查与监察监督“交叉监督”的逻辑困惑。具言之,“监察权是通过人大授权的方式获得独立性,地方人大与地方监察委员会在各自独立职责的限度内,原则上应是互不干涉的”①。这一逻辑困惑导致对《监察法》的执法检查难以顺利开展。

由此可见,实施对《监察法》执法检查的关键在于在厘清人大及其常委会与监察委的法律关系的同时,建构《监察法》执法检查实施体系。有鉴于此,本文自《监察法》执法检查的制度功能开始进行梳理,说明如何消解“交叉监督”的逻辑困惑,并提出完善目前监察法执法检查实施体系的相关建议,以期为保障国家公权力依法运行,推动国家监察体制改革作出相应贡献。

一、《监察法》执法检查的价值功能

(一)人民主权原则的体现:“对人大负责,受人大监督”

《监察法》执法检查具有确认监察权与人大权力之间“负责—监督”的法律关系的价值功能,充分体现了人民主权原则。人大及其常委会监督监察机关的工作,实际上再次确认了《宪法》与法律中所规定的人大与监察机关之间、人大权力与监察权力之间产生与被产生的法定关系,从根本上体现了人民主权原则。

一方面,对《监察法》的执法检查有助于统一法律规范与法律实践之间良好的相互配合。首先,法律规范上确定了监察机关与人大的法律关系,以及其自身所具有的国家机关属性。《宪法》第3条、第104条与第126条明确了人大及其常委会与监察机关之间是“产生和被产生”“监督与被监督的关系”。“产生”意味着监察权力源于人大权力的确认,“监督”即表明监察权力应依法受到人大权力的监督与制约。其次,执法检查被视为人大监督的有力手段。《监察法》第60条第2款规定,“各级人民代表大会常务委员会听取和审议本级监察委员会的专项工作报告,组织执法检查”。也就是说,人大常委会可依据该款规定,展开面向同级监察委的《监察法》执法检查。最后,依据《宪法》和《监察法》的规定并结合系统解释的方法,监察委作为国家监察机关,应当属于人大常委会的监督对象。

另一方面,对《监察法》的执法检查作为一种新的人大监督方式,具有体现人

① 周佑勇:《对监督权的再监督 地方人大监督地方监察委员会的法治路径》,载《中外法学》2020年第2期。

民主权原则、确保实现监察权力始终受到人大监督、加强人大监督有效性(激活和带动其他人大监督形式)的价值功能。第一,对《监察法》的执法检查是强化人大权威性的有效手段。我国根本的政治制度是人民代表大会制度,人大在监督权力体系中享有"主位监督"地位,是宪制国家的保障,应当对所有授予的国家权力进行监督。组织执法检查是监督法律实施状况最有效的方式,是具有刚性,能够达到维护法律尊严、促进法律贯彻执行,强化人大权威性,保证人民代表大会主导地位,防止监察权滥用目的的重要手段。[①] 第二,开展对《监察法》的执法检查,"能够激活和带动国家权力机关运用其他监督形式监督监察机关"[②],根据执法检查中发现的突出问题,确定人大听取和审议监察机关专项报告的议题,综合加强人大监督的有效性。第三,对监察机构开展《监察法》执法检查可以加强人大与监察委之间联系的紧密程度。自年度执法检查计划设定时,人大就开始向监察委传递这种政治压力,直至执法检查小组工作结束前,能够实际确保人大的权威性与立法目的等传达至监察机关,持续性地督促监察机关依法履职。

(二)依法监察原则的贯彻:"把监察权关进制度的笼子"

我国《宪法》第127条规定了"监察委员会依照法律规定独立行使监察权"的原则。"依法监察理论,是监察法治原理的核心内容。本质上就是要求一切检查活动都符合法律,由此在最低程度上使其获得形式正当性。"[③]在《监察法》中,依法监察原则的内容被进一步具体化,即"监察机关应在法定职权范围内行使监察职责的同时,非经授权不得补充或创制监察规则"[④]。进言之,依法监察原则是人民主权原则的进一步延伸。当确定监察权"对人大负责,受人大监督"后,必然需要制度将监察权予以规范,以保障其始终依法运行,不脱离人大的监督范畴。

贯彻依法监察原则的必要性在于,监察权是由国家权力机关授予的,独立行使的国家权力。权力来源和权力运行的合法性是监察权监督其他公权力的首要前提,即依法监察是监察权力运行的基本保障与底线。对《监察法》的执法检查,

---

① 参见刘艳红:《〈监察法〉与其他规范衔接的基本问题研究》,载《法学论坛》2019年第1期。

② 段鸿斌:《〈监察法〉执法检查的实施机制》,载《四川师范大学学报(社会科学版)》2019年第6期。

③ 秦前红、石译华:《论依法监察与监察立法》,载《法学论坛》2019年第5期。

④ 曾哲、丁俊文:《问题展开与路径阐释:依法监察理论与地方监察立法之证成》,载《河北法学》2020年第10期。

能够在保障监察权合法性基础的同时，进一步强化监察权的权威性。除了依靠权力机关向监察机关传导政治压力之外，还可以通过执法检查这一手段，以贯彻实现依法监察原则。《监察法》与其他监察法律、监察规章、规范性文件等将共同形成监察法制体系。总之，只有较为系统与完善的监察法制体系，才能为监察权的行使和运行提供法定依据。

执法检查对保障依法监察原则发挥着重要作用，其在对《监察法》执法检查过程中的各个程序环节上发挥着不同的价值功能。具体而言，其分别具有"自身价值"与"系统价值"。一方面，在执法检查小组到达监察机关进行检查的过程中，执法检查体现了"自身价值"，发挥了自身具有的即时性效果，以确保监察权力严格依法运行。执法检查能够在最短时间内指出并纠正监察机关的错误，达到防止监察权滥用、保障依法监察原则的落实与贯彻的法律效果。简单来说，在执法检查小组进行直至完成执法检查工作的过程中，将会持续对监察机关提出进一步严格依照法律进行监察工作的意见与建议。监察机关能够在第一时间对此作出反应，避免更加严重后果的出现。另一方面，在执法检查报告被提交至人大常委会以后，执法检查就发挥着其"系统价值"。通过执法检查所发现的突出问题，具有引导监察法律体系不断完善的功能。在专项报告审议前，问题导向是所需秉持的方法论前提，而恰好执法检查所发现的问题，能够帮助聚焦报告议题。并且在此之后，为激活人大立法程序和完善监察法律体系提供理由与研究角度。譬如，执法检查所发现的问题可以推动人大积极地将人民主权原则、法律保留原则等一系列公法原则逐步纳入监察法制体系之中，完善监察权依法运行的原则性规范内容。

（三）权力监督原则的实现："对监督权全覆盖、再监督"

对《监察法》的执法检查实现了"对监督权的再监督"，有效地保障了人大监督体系的完整性。"监察权本质上建基于'性本恶'的理论假设之上"①，监察权力的主要任务与目标是预防、纠正、阻止公权力向滥用方向倾斜。在此基础上，形成了监察权全面覆盖其他国家公权力的监察关系。但是，监察机关拥有的留置权、查封权等权力所对应的措施相当严厉，若不予以监督与制约，则可能会产生"利用自身执掌的监督权力来规避、压制甚至迫害反腐败者"②的后果。因此，执法检查

① 郝建臻：《我国设立监察委员会的宪制机理》，载《中国政法大学学报》2017 年第 4 期。
② 谷志军：《谁来监督监督者：监督权问责的逻辑与实现》，载《社会科学战线》2017 年第 1 期。

应当作为将人大监督全面覆盖所有监察权的方法,将监察权力全面纳入人大监督体系之内,以有效抑制监察权的特殊扩张属性。相较于人大进行工作报告的听取与审议,执法检查能够全面深入工作实践,对于监察权力的实际运行全过程予以监督,从监察机关整体与工作人员个体两方面展开执法检查,能够真实全面地将人大监督覆盖至所有监察权力,以人大对监察权全方位全覆盖的监督与制约,抑制公权力监督者的腐败倾向。

进言之,权力监督原则基于权力之间的相互作用,“为了防止滥用权力,必须通过事务的统筹协调,以权力制止权力”①。由于监察权的特殊属性,人大对于监察权力的再监督就更具重要意义。第一,再监督保障监察权力规范运行。在人民代表大会制度下,人大及其常委会是国家权力机关,是民主集中制中的权力集中点,其他由其产生的国家机关所行使的权力,都是由人大分工出去的。② 因此,监督人大所授权力是人大所具有的一项重要职权,是保障人大主要地位及权力始终遵循民主集中制的基本手段。第二,再监督间接保障其他公权力规范运行。在现代国家中,对公权力的监察工作与人民主权有着非常紧密的联系,一般是由人民直接监察或委托相关机关代人民实施监察,③其最高目的是维护人民主权,保障国家公权力始终处于依法运行的轨道内。人大对于监察权力予以监督,实际上是对监察权力的“再次监督”,人大可以通过再监督保障监察权依法行使的同时,间接促进监察机关积极履职,保障国家工作人员秉公用权、依法履职。

二、执法检查与监察监督“交叉监督”逻辑困惑的消解

有观点认为,执法监察与监察监督之间存在“交叉监督”的逻辑困惑,使二者的监督实效受到减损。④ 然而,这一逻辑困惑产生自“监察全覆盖”与“监察委员会受人大监督”的关系表征,忽略执法检查与监察监督在多个方面上各有侧重、互

① [法]孟德斯鸠:《论法的精神》(上卷),许明龙译,商务印书馆2012年版,第185页。

② 参见魏昌东:《国家监察委员会改革方案之辨正:属性、职能与职责定位》,载《法学》2017年第3期;周佑勇:《监察委员会权力配置的模式选择与边界》,载《政治与法律》2017年第11期。

③ 参见靳海婷:《论人大监督权与监察委监察权之关系、界限与衔接》,载《华侨大学学报(哲学社会科学版)》2018年第5期。

④ 参见伊士国:《论人大监督监察委员会的合理界限》,载《中南民族大学学报(人文社会科学版)》2023年第4期;李云霖、银鹰、岳天明:《人大及其常委会监督监察委员会的逻辑与作为》,载《湖南科技大学学报(社会科学版)》2020年第4期。段鸿斌:《〈监察法〉执法检查的实施机制》,载《四川师范大学学报(社会科学版)》2019年第6期。

不相同，换言之，二者之间不存在“交叉监督”的逻辑困惑。因此，下文通过对执法检查与监察监督的权力属性进行分析，首先，明确两种权力之间的层级关系；其次，确认两种监督之间互不影响与冲突；最后，得出两种权力属于既支持又监督的法律关系，以消解对《监察法》执法检查的“交叉监督”逻辑困惑。

（一）监督属性上人民性与国家性的侧重

“监察监督具有人民性，其核心源于人民主权。”①在监督属性方面，执法检查与监察监督同时具有“人民性”与“国家性”两种属性。自概念上辨析，“人民性”体现为以人民为主体，以人民利益为重点；②“国家性”体现为国家的组织形态与制度结构。③ 由于执法检查与监察监督具有不同的权力来源、运行方式和制度功能，所以在监督属性上各有侧重。因此，执法检查更加侧重人民性，监察监督更加侧重国家性，具体分述如下。

一方面，人大常委会执法检查权侧重人民性。首先，“立法机关对行政机关的立法监督是立法机关自身性质的要求”。④执法检查作为人大立法监督手段的一种，其目的是推动法律法规有效实施，维护人民群众合法权益，也是人大行使监督权的重要举措。⑤各级人大常委会依据《各级人民代表大会常务委员会监督法》开展执法检查人大监督，即是人民当家作主管理国家、监督人大授予各国家机关权力的过程。其次，“人民代表大会与其他国家机关的关系，是上下关系、主从关系、监督和被监督的关系”⑥。人大执法检查属于对国家机关的监督，涉及国家政治体制和国家权力结构关系，体现着国家机关之间的制约关系，是一个宪法问题。⑦ 再次，在执法检查权的运用过程中，多数存在人大常委会主导、人大代表参加、社会

① 庄德水：《监察监督的全过程人民民主建构研究》，载《广州大学学报（社会科学版）》2022 年第 3 期。

② 参见李军：《人民性——党规与国法关系共存的逻辑》，载《理论与改革》2020 年第 3 期。

③ 参见曹胜：《从“国家”到“国家性”：语境与论域》，载《中国行政管理》2017 年第 3 期。

④ 卓泽渊：《法政治学研究》，法律出版社 2011 年版，第 229 页。

⑤ 参见汪闻生等：《人民代表大会制度理论与实践》，经济科学出版社 2021 年版，第 171－173 页。

⑥ 董茂云：《监察委员会独立性地位的三个认识维度》，载《东方法学》2020 年第 3 期。

⑦ 参见刘小妹：《人大制度下的国家监督体制与监察机制》，载《政法论坛》2018 年第 3 期。

专业人员及公众参与的情形。① 在多元主体结合组成推动执法检查权顺利行使的过程中,进一步体现了执法检查人民性的特征。最后,执法检查自始至终都需要遵循"民主集中制"的原则,以形成具有民主性,能够代表人民意见的执法检查报告。

另一方面,监察委监察权侧重国家性。第一,各级监察委员会具有"国家机关"属性。"国家监察权是国家权力结构的重要组成部分,其权力行使体现了国家意志,由国家强制力保证实施,具有国家性和强制性。"②具言之,在经由人大进行权力配置后,监察委作为国家机构,构成了人大下的"一府一委两院"的"一元二阶"权力结构形式。③ 第二,《监察法》再次明确了监察工作的基本原则是依法监察原则。监察委必须严格遵照《宪法》和法律独立行使监察权,以实现对行使公共权力的公职人员的监察全覆盖,保证公职人员依法正确履行职责、行使权力。④ 第三,监察权同行政权一样,具有浓厚的科层化属性。在运行过程中,监察工作中对上下级监察人员有着明显区分,运用行政科层制度可明确监察权力的范围与运行方式,以保障监察工作的效率。

---

① 北京市积极邀请人大代表参加执法检查活动。参见庞博、王文静:《代表积极参加执法检查活动》,载《北京人大》2016 年第 11 期。《黄冈市人民代表大会常务委员会执法检查工作规程》第 9 条第 2 款规定:"黄冈市人民代表大会常务委员会执法检查工作规程委会工作机构主要负责人担任,成员从市人大常委会组成人员、有关专门委员会组成人员中确定,应当邀请人大代表、相关专业人员以及专业机构人员参加。"载 https://www. hubei. gov. cn/pdb/article. shtml? articleid = hbsrdgfxwj58fc12db6e854a708c986ce8c6873049&sign = e,最后访问日期:2024 年 9 月 22 日。《兴化市人民代表大会常务委员会执法检查工作办法》第 12 条第 2 句规定:"由常委会领导同志担任组长,部分常委会组成人员、有关专门委员会组成人员、人大代表参加,也可邀请市'一府一委两院'有关部门负责同志和有关专家参与。"载 https://wjk. jsrd. gov. cn:8004/#/details/9edfefd0f7168474bb9a90cb26c3e215? text = % E6% 89% A7% E6% B3% 95% E6% A3% 80% E6% 9F% A5&title = % E5% 85% B4% E5% 8C% 96% E5% B8% 82% E4% BA% BA% E6% B0% 91% E4% BB% A3% E8% A1% A8% E5% A4% A7% E4% BC% 9A% E5% B8% B8% E5% 8A% A1% E5% A7% 94% E5% 91% 98% E4% BC% 9A% E6% 89% A7% E6% B3% 95% E6% A3% 80% E6% 9F% A5% E5% B7% A5% E4% BD% 9C% E5% 8A% 9E% E6% B3% 95&searchType = 0,最后访问日期:2024 年 9 月 22 日。

② 徐汉明:《国家监察权的属性探究》,载《法学评论》2018 年第 1 期。

③ 参见黄建水、马蓉蓉:《人大监督与监察监督的相向关系研究》,载《河南工业大学学报(社会科学版)》2020 年第 3 期。

④ 参见董茂云:《监察委员会独立性地位的三个认识维度》,载《东方法学》2020 年第 3 期。

表 1　执法检查与监察监督法律属性的不同侧重

	执法检查	监察监督
职责主体	人大常委会	监察委员会
工作原则	民主集中制	依法监察
组织原则	多元化平等主体	科层化级别分明
监督属性	侧重人民性	侧重国家性

(二)监督方式上整体性与个别性的差异

人大监督权与监察监督权分别有着不同的监督对象及监督内容。总的来说,执法检查报告中将总结监察权运行中的整体性法律问题,再形成意见反馈给监察委及人大立法部门。而监察监督对每一个国家工作人员不同程度的贪腐案件单独进行立案,每一个独立的监察案件内容都具有相当的差异。因此,二者分别具有整体属性与个案属性,在监督对象及监督内容上不具有重合交叉或冲突之处,不会造成“交叉监督”的逻辑困惑。具体分析如下。

一方面,二者具有不同的监督对象。人大常委会执法检查的对象是监察机关整体,执法检查过程中人大与监察委都以机构整体的形式参与其中。组织执法检查是人大对作为专职专责机关的监察委实施整体性监督的法律措施。① 依据《各级人民代表大会常务委员会监督法》第 37 条的规定,执法检查在对象上具有整体性,执法检查权的监督面向是监察机关整体,针对的是监察机关在权力运行过程中,未能良好实施监察法律内容的突出性问题。相对地,监察委进行监察监督的对象是人大代表个体。《监察法》第 15 条明确规定监察机关有权对人民代表大会及其常务委员会机关的人员进行监察。因此,监察委面向人大的监察对象是每一个具有独立自然人属性的人大代表。

另一方面,二者具有不同的监督内容。执法检查在内容上具有宏观性,其具有不介入国家监察职能活动与监察工作个案,仅对监察机关主体的权力运行及相关决策进行监督的特点。依据《监察法》的规定,监察机关接收的是人大常委会提出的,内容包含法律实施评价等具有总结整体性内容的执法检查报告,最终由整个监察机关作为报告主体,形成宏观性的研究处理情况报告向本级人大通报并向

① 参见周佑勇:《对监督权的再监督　地方人大监督地方监察委员会的法治路径》,载《中外法学》2020 年第 2 期。

社会公布。监察委以个案形式,对所有受委托的行使国家权力的人大代表个体开展监察,对具有超越权力限度倾向的人大代表予以提醒教育以期其自身纠正该行为,运用调查权、留置权对具有严重腐败与滥用权力的人大代表个体予以惩处,并依法取消其人大代表资格,保障人大代表队伍的人民性、廉洁性,坚守公权力为人民服务的宪制要求。

(三)监督功能上补充性与协同化的调和

执法检查与监察监督在依据《宪法》、法律规范的情况下确定了监察机关与权力机关"产生、负责和监督"的法定关系。在我国人民代表大会制度下,全国人大常委会将"把推动自行整改与依法纠正结合起来"总结为其多年来开展监督工作、增强监督实效的成功经验之一。[1] 此外,在中国共产党的统一领导以及中国传统的和合观念的影响下,国家机构内部普遍存在一种非对抗性合作关系。[2] 因此,在工作实践中,二者自"支持型监督"出发,形成了"既支持又监督"的"二元关系"。具体来讲:一是监督功能上的补充性;二是与监察工作的协同性,共同为推动监察体制改革产生推动作用。

一方面,执法检查能够发现并补充监察工作实践的现有不足。目前监察工作制度仍然处于发展阶段,实践经验不足。执法检查能够直接面对监察工作的实践一线,客观发现其中的问题与不足,并及时通过执法检查报告等形式反馈至监察机关,最快地纠正或优化其监察工作。

另一方面,执法检查能够协同监察工作推动监察体制改革。既相互制约又相互协调的国家权力结构模式决定了人大对其他国家机关的监督体现着合作与支持属性,[3]执法检查恰是通过发现问题来加强人大对监察委的指导作用。申言之,执法检查将人大的立法权力聚焦于当前监察权运行中的重点问题,然后运用立法手段在法律规范层面完善监察法律体系,为监察权正确顺利运行奠定法律基础,保障监察法律得到监察机关的全面实施。就执法检查报告来说,报告既交由监察机关自查自纠,也提交至人大进行具体研究。在理想层面上,若监察机关在研究

---

① 参见《许安标:备案审查信息平台已经完成测试》,载新华网,http://www.xinhuanet.com/politics/2017lh/2017-03/09/c_129505417.htm。

② 参见林来梵:《合宪性审查的宪法政策论思考》,载《法律科学(西北政法大学学报)》2018年第2期。

③ 参见蒋清华:《支持型监督:中国人大监督的特色及调适——以全国人大常委会备案审查为例》,载《中国法律评论》2019年第4期。

处理情况的报告中能够通过执法检查报告对自身法律实施情况中的不足予以改善，则后续即无须通过质询、撤职议案等具有法律问责及刚性纠正性质的监督方式进行处理。

三、《监察法》执法检查的实施体系建构

目前，人大监督效果不彰，难以发挥约束权力之功能。究其原因在于人大执法检查实施制度的模糊与体系的缺失。[①] 为了使监察权的运行始终遵循依法监察原则，需要从法律规范、执法检查标准、体制改革、组织保障四个方面对《监察法》执法检查的实施体系进行建构。

（一）完善监察法律规范体系

第一，对《监督法》进行解释，以细化人大监督监察权力的具体规则。尽管《监督法》为执法检查提供了法律依据，但没有对如何开展《监察法》执法检查进行具体规定。对执法检查的性质、地位，检查者和被检查者的权利和义务，执法检查与其他监督手段的关系等都没有具体的规范，影响了执法检查的效果。因此，应该细化执法检查的一般性规定，尤其是执法检查的选题标准与其他执法检查程序性规定。分别针对不同国家机关具体说明“关系改革发展稳定大局和群众切身利益、社会普遍关注的重大问题”的范围，如确定对《监察法》的执法检查内容就在于以法律规范为起点，结合实际监察工作，如关于监察体制改革、监察队伍建设、涉及公民基本权利的监察权力运行等方面内容。

第二，补充《全国人民代表大会和地方各级人民代表大会代表法》中代表有权参加人大常委会对《监察法》执法检查的规定。目前，人大代表参加本级国家权力机关的执法检查，已经成为代表闭会期间活动的一项重要载体，[②]《监察法》执法检查工作对人大代表履职有了更高标准的要求，因此要结合《监察法》进行相应完善。人大代表参加执法检查可以进一步增强执法检查的人民性，并弥补执法检查小组“精简效能”组成原则下人力资源受限的问题。为了消除“交叉监督”的逻辑困惑，需要明晰监察机关所具有的“不受干涉”的独立性是面向行政机关而非人大权力机关，增强监察法执法检查的合法性、正当性、常态化。因此，建议在现行《全

---

① 参见吕永祥、王立峰：《反腐败机构的模式比较及其启示》，载《中州学刊》2018 年第 9 期。

② 参见段鸿斌：《〈监察法〉执法检查的实施机制》，载《四川师范大学学报（社会科学版）》2019 年第 6 期。

国人民代表大会和地方各级人民代表大会代表法》第26条中补充明确“人大代表可以参加本级人民代表大会常务委员会组织的,对象为‘一府一委两院’的执法检查和其他活动”,为各级人大常委会邀请本级人大代表参加对监察委的执法检查工作提供法律依据,同时消解人大常委会、人大代表的“交叉监督”逻辑困惑。

(二)构建监察执法检查标准

监察机关与监察人员的监察履职行为将直接产生法律后果,只有建构实现对监察机关与监察人员的有效监督,才能同时保障公民基本权利与依法监察的实现。对《监察法》执法检查的标注可以依不同内容的严格程度,区分为原则性标准和一般性标准。

一是原则性标准,主要判断是否依照法律开展监察工作。监察委作为国家机关,必须严格依照《宪法》与法律规范开展涉及监察权力运行的工作,依法监察是必须始终坚守的基础性原则。具言之,可以将监察机关是否依照《宪法》、《监察法》及相关法律法规运用监察权力进行监察监督工作区分为两个评判层次,即监察权程序合法性与监察权实质合法性。一方面,监察机关在行使调查权、讯问权、留置权等监察权力时,必须严格遵守《监察法》所规定的法律程序,依照法律程序开展监察监督工作,防止擅自扩大权限范围以及滥用权力的情况出现。另一方面,监察机关需严格把握查明客观事实,适用较一般水平更高的证据标准,以形成相互印证、完整稳定的证据链并据此正确适用相关法律,让每一个案件都能够经受法律和历史的双重检验。此外,还要坚持程序正义与实体正义相统一,在程序与实体两方面严格依法用权所进行的监察工作,才符合人大立法与授权的目的,且具有合法正当性基础。

二是一般性标准,用以区别评判预防为主或案件办理的监察方式。依据《监察法》的精神,监察监督的主要目的在于“惩前毖后、治病救人,抓早抓小、防微杜渐”[①],监察委被赋予的监察监督职能的路径是“预防—教育—惩戒—教育—预防”的一个循环,功能定位是预防滥用权力的腐败行为发生或恶化,以保障权力在法律预设的轨道内运行。对监察委的执法检查不能同对行政机关的执法检查一样,以所处理工作事项的数量多寡进行评价。因此,有必要结合监察教育预防是其主要职能的结论,总结得到除依法监察之外更高层次的监察工作评判基准。首

---

① 中共中央纪律检查委员会、中华人民共和国国家监察委员会法规室编写:《〈中华人民共和国监察法〉释义》,中国方正出版社2018年版,第90-91页。

先,以反腐败教育预防工作开展计划及落实情况作为评判基准。监察监督的职能定位是"防患于未然",在严重贪腐情形出现以前,通过谈心谈话、警示教育预防贪腐行为的措施。而且,反腐败教育与预防工作还具有影响力广泛、为建设廉洁国家公职人员队伍提供良好基础的作用。其次,结合教育预防工作开展的情况,对比本年及上一年的年度所处理的监察案件数量情况。若在预防工作扩大开展的情况下,监察案件数量逐年下降,则说明其监察预防效果较好,反之则监察预防工作具有实效性不足的问题。最后,在严重贪腐较为多见的区域,资源有限的监察机关只能以监察案件办理作为主要监察方式。此种情形要求其在不能完全放弃监察预防工作的前提下,以监察案件办结数量作为一般性基准。待本区域严重贪腐状况改善后,及时以前两种评判基准展开评价,以形成以预防教育保持国家公职人员廉洁性的有效机制。

（三）推动监察体制改革优化

其一,执法检查具有促进内生动力,加快监察队伍建设的作用。"打铁还需自身硬",无论是开展监察监督工作,还是进行监察体制改革,都离不开监察机关的内部力量。监察队伍组织管理的建设与监察人员素质能力的增强都与监察体制改革的内部动力存在正相关联系。执法检查作为人大面向监察机关的外部监督方法,可以通过整体性了解并把握监察机关整体组织的纪律性、协调性,以及监察人员整体素质能力的水平高低,间接地掌握监察机关对于推动监察体制改革优化所能够产生的内生动力大小。相应地,人大及其常委会也可以针对执法检查队伍建设提出建议,调动促进监察机关的内部动力,以推行监察体制改革。

其二,执法检查具有落实外部监督,完善人大刚性监督的作用。在实践情况中,人大监督处于"柔性有余而刚性不足"①的状况。因此,必须将刚性监督工作提至幕前,通过充分发挥其全过程性监督职能以及重启刚性问责监督职能,保障人大再监督的实效性,②以执法检查作为发现问题的首要步骤,调动配合人大进行其他如质询、问责等刚性监督手段。

其三,执法检查具有结合内部监督,形成监察改革合力的作用。一方面,人大

① 刘畅:《权力结构视域下的国家监察体制改革与优化》,载《行政论坛》2020年第5期。

② 参见周佑勇:《对监督权的再监督　地方人大监督地方监察委员会的法治路径》,载《中外法学》2020年第2期。

执法检查具有客观性。《监察法》的内部监督方式,未必符合"任何人不得做自身裁判官"的公平正义原则,而执法检查具有外部性、人民性,配合监察委的内部监督,足以消除其所固有缺陷。另一方面,人大执法检查监督具有整体性。执法检查小组观察的层级相比监察委内部监督,具有高屋建瓴的特征,能够以更高层面的视野结合内部监督的视角,促进监察体制全方位改革。

(四)强化执法检查组织保障

执法检查小组作为"具有专业性、专门性的监督力量,是人大监督由静态、被动,转向动态、主动的推动器"①。同时,执法检查作为监督监察机关的最有效方法,必然需要强化执法检查的组织保障,以提升执法检查的法律效果,保证依法监察原则的落实。

第一,邀请人大代表参加执法检查工作,保障执法检查民主性。《各级人民代表大会常务委员会监督法》第33条第2款规定,执法检查组的组成人员可以邀请本级人民代表大会代表参加。人大常委会进行执法检查过程中邀请人大代表参加,可以同时提升与保障本次执法检查工作的专业性及人民性。一方面,受邀的人大代表是经过人大常委会选择的,通常是与《监察法》执法检查工作具有专业性联系或其他联系的人,能够为执法检查提供专业支持。另一方面,人大代表相比于人大常委会组成人员,具有更多与其选民相互沟通交流的现实机会。因此,人大常委会应当广泛地邀请与《监察法》执法检查工作具有紧密联系的人大代表参加执法检查工作,增强执法检查工作的民主性保障,使人民意志充分体现在执法检查工作的全程中。

第二,规定同级人大常委会副委员长或副主任领导执法检查组,保障执法检查对等性。相较于行政权、司法权、检察权,监察权具有一定的政治性和相对的独立性,对其开展执法检查的组织应当具有与之相互对等的级别,以保障执法检查的顺利开展。依据2006年《各级人民代表大会常务委员会监督法》第24条第2款规定,执法检查组从人大常委会成员、专委会成员中确定。为了执法检查组拥有与监察机关相互对等的政治性权力,同级人大常委会副委员长或副主任应当对执法检查组进行领导,以保障执法检查组顺利开展监督工作,避免因政治层级低于监察机关而导致无法充分进行执法检查的困境。

第三,提升执法检查小组专家组成比例,保障执法检查专业性。依据《监督法》,执法检查小组由人大常委会专门委员会成员组成,其成员人选由主席团在代

① 程衍:《论监察权监督属性与行权逻辑》,载《南京大学学报(哲学·人文科学·社会科学)》2020年第3期。

表中提名，大会通过。全国人民代表大会监察和司法委员会的23位委员中，有8位具有法学专业工作经历，有3位具有纪委工作经历，与监察工作及司法工作具有专业联系的人士共计11人，未达到半数。① 综合以上情况，亟须提升执法检查小组专家组成比例，具体可以通过两个方法达到这一目的：一是在提名通过专委会委员时，选取更高比例的《监察法》法律专家与具有纪委监察工作经验的人员进行提名，提升执法检查小组中的专家组成比例。二是在现有的专委会基础上，组织《监察法》执法检查监督工作培训，培养具备满足《监察法》执法检查专业知识的委员，在工作过程中以后续培训的方法，提升专委会委员工作专业水平。

四、结语

人大执法检查具有人民性、宏观性、整体性的制度特点，具有与监察监督相互补充、相互协同的制度逻辑。虽然执法检查是人大常委会最有效的监督方式，但由于《监察法》执法检查在制度实践中存在的理论与现实问题，导致实际开展对《监察法》执法检查则需要依据更为详细具体的法律规范作为支持基础。从长远来看，应当进一步对《监督法》规范进行解释，对《监察法》执法检查的内容、标准、程序、主体等予以补充完善，规范建构《监察法》执法检查的实施体系。运用体系化的执法检查手段将监察权力全面纳入人大监督，时刻保障依法监察原则的落实，以及时抓住监察权运行中的突出问题，推动国家监察监督体系的全方位改革，保障国家监察权的依法稳定运行。

---

① 载全国人民代表大会检查和司法委员会，http://www.npc.gov.cn/npc/c34376/jcsfwyh.shtml，2021年7月26日访问。

刍议构建留置必要性审查机制的意义与路径

——以健全完善监检衔接机制为视角

伍　晋[*]　唐鸿雁[**]

[**摘要**]　留置措施与刑事强制措施的衔接是监检衔接的重要一环，留置措施虽然不属于刑事强制措施，但是具有很强的人身强制属性，与审查调查对象的权利保障息息相关，其适用应当受到严格限制。纪检监察机关应当强化对留置措施的必要性审查，不断深化制度机制建设，进一步明确审查主体、审查事项，严格规范审查程序、细化留置适用条件，确保留置措施的审慎、准确适用。立法上可以考虑增加留置替代措施，建立变更申请制度，纪检监察机关应同时加强对留置措施适用的监督制约，不断提高审查调查工作的规范化、法治化、正规化水平，促进监检衔接更加顺畅、案件质量更加过硬。

[**关键词**]　先行拘留　留置必要性　逮捕　监检衔接

为了解决审查调查期间的羁押问题，《监察法》第24条①设置了留置制度，取

---

* 伍晋，重庆市九龙坡区纪委监委驻区委政法委纪检监察组组长，重庆市纪检监察机关法规人才，中国法学会会员、中国廉政法制研究会理事，西南政法大学硕士研究生导师，法学博士。

** 唐鸿雁，重庆市九龙坡区纪委监委派出第四监察室干部，法律硕士。

① 《监察法》第24条规定："被调查人涉嫌贪污贿赂、失职渎职等严重职务违法或者职务犯罪，监察机关已经掌握其部分违法犯罪事实及证据，仍有重要问题需要进一步调查，并有下列情形之一的，经监察机关依法审批，可以将其留置在特定场所：(一)涉及案情重大、复杂的；(二)可能逃跑、自杀的；(三)可能串供或者伪造、隐匿、毁灭证据的；(四)可能有其他妨碍调查行为的。对涉嫌行贿犯罪或者共同职务犯罪的涉案人员，监察机关可以依照前款规定采取留置措施。留置场所的设置、管理和监督依照国家有关规定执行。"

代了先前的"双规""双指"制度,《刑事诉讼法》第170条第2款[①]也相应设置了先行拘留制度,有效解决了监察机关留置措施与检察机关审查批准逮捕之间的程序衔接问题。从实践情况看,现阶段两项措施在运行中还存在羁押必要性审查制度作用发挥不充分的问题。本文将准确厘清留置与先行拘留、留置与逮捕的相互关系,论证设立留置必要性审查机制的必要性与合理性,并提出建立健全留置必要性审查机制的具体建议。

一、留置措施与刑事强制措施的衔接现状

(一)留置措施与先行拘留的关系

根据《刑事诉讼法》第82条[②]之规定,公安机关对于现行犯或者重大嫌疑分子,在正在预备犯罪、实行犯罪或者在犯罪后即时被发觉等七种情形下,可以先行拘留。同时,《刑事诉讼法》第170条第2款规定,人民检察院对于监察机关移送起诉的已采取留置措施的案件,应当先行拘留。对比可见,公安机关与人民检察院在先行拘留强制措施的适用上,存在三点区别:一是公安机关的先行拘留措施适用于全部罪名,人民检察院的先行拘留措施仅限于监察调查罪名;二是公安机关适用先行拘留措施必须符合七种法定情形之一,人民检察院适用先行拘留措施没有相应的法定情形限制;三是公安机关为"可以适用",人民检察院为"应当适用"。进言之,人民检察院对留置案件犯罪嫌疑人采取先行拘留措施,按照法律规定无须考虑现实紧迫危险,是一种法定适用,一般情况下不存在例外情形。作为一种过渡性强制措施,监检衔接中的先行拘留制度具有合理性与必要性。依照《监察法》第47条[③]之规定,采取留置措施由监察机关内部决定。这就意味着检察

---

① 《刑事诉讼法》第170条第2款规定:"对于监察机关移送起诉的已采取留置措施的案件,人民检察院应当对犯罪嫌疑人先行拘留,留置措施自动解除。人民检察院应当在拘留后的十日以内作出是否逮捕、取保候审或者监视居住的决定。在特殊情况下,决定的时间可以延长一日至四日……"

② 《刑事诉讼法》第82条规定:"公安机关对于现行犯或者重大嫌疑分子,如果有下列情形之一的,可以先行拘留:(一)正在预备犯罪、实行犯罪或者在犯罪后即时被发觉的;(二)被害人或者在场亲眼看见的人指认他犯罪的;(三)在身边或者住处发现有犯罪证据的;(四)犯罪后企图自杀、逃跑或者在逃的;(五)有毁灭、伪造证据或者串供可能的;(六)不讲真实姓名、住址,身份不明的;(七)有流窜作案、多次作案、结伙作案重大嫌疑的。"

③ 《监察法》第47条规定:"监察机关采取留置措施,应当由监察机关领导人员集体研究决定。设区的市级以下监察机关采取留置措施,应当报上一级监察机关批准。省级监察机关采取留置措施,应当报国家监察委员会备案。"

机关只能在监察机关审查调查终结后,才能接触到完整的案卷材料并对犯罪嫌疑人进行逮捕必要性审查,从案件受理到作出逮捕决定中间存在一段程序空白,于是先行拘留应运而生。① 我们认为,先行拘留制度解决了程序空白的问题,但是在客观上也引起了一些争议与质疑。

一方面,刑事诉讼中的先行拘留一般具有现实紧迫性,如犯罪行为正在发生或者有毁灭证据、串供的可能,是为了保障诉讼顺利进行而不得不采取的一种刑事强制措施,而监检衔接中的先行拘留虽然沿用了拘留的概念,但在内涵上却突破了立法的本意,属于对原有含义的一种延展。② 这种立法模式容易引起实务界的困惑与学术界的质疑,既然都是先行拘留,又都处于刑事诉讼程序,为什么普通刑事案件犯罪嫌疑人适用拘留需要满足一定的条件,而对留置案件犯罪嫌疑人适用先行拘留却不需要考虑这些因素。③ 质言之,这种特殊设置是否符合《刑事诉讼法》关于刑事强制措施的立法本意,“应当先行拘留”在司法案件中是否具有必要性和合理性,都是需要个别判断和深入思考的问题。

另一方面,根据《刑事诉讼法》的相关规定,人民检察院应当在拘留后的 10 日内作出是否逮捕、取保候审或者监视居住的决定。实践中,存在上级纪检监察机关指定下级纪检监察机关调查的情形,按照级别管辖的相关规定,这些案件应当移送至上级人民检察院审查起诉。由于人随案走,下级纪检监察机关将案件移送至同级人民检察院时,留置措施就已经自动解除,先行拘留就开始起算,留给上级人民检察院进行逮捕必要性审查的时间也会因为移送过程而缩短,可能致使逮捕必要性审查工作受到影响,留置后被调查人被采取逮捕强制措施成为常态。④

(二)留置措施与逮捕措施的关系

从审批权限上看,逮捕由司法机关批准或者决定,而留置则由监察机关领导人员集体研究决定。以基层纪检监察机关为例,对同级党委管理的正、副职领导人采取留置措施的,需要由承办部门提出意见,经同级党委主要负责人、纪委监委专题会议集体研究决定及上级监察机关批准;对同级党委管理的干部以外的其他

---

① 参见史卫忠:《监察机关与检察机关办案衔接难点问题解析》,载《人民检察》2021 年第 Z1 期。

② 参见李嘉:《监检衔接拘留的合理性质疑与替代性思考》,载《宜宾学院学报》2022 年第 7 期。

③ 参见谢小剑:《衔接留置型刑事拘留的法规范分析》,载《内蒙古社会科学》2022 年第 1 期。

④ 参见王圭宇、王埔恩:《监察留置措施与刑事强制措施衔接机制研究》,载《河南警察学院学报》2021 年第 4 期。

人员采取留置措施的，需要经监委主要负责人和上级监察机关批准。[①] 基层纪检监察机关采取留置措施，按规定报批后，向上级纪检监察机关提出申请，并附初核报告、立案审查调查决定书、留置必要性说明、审查调查工作方案、被审查调查人身体情况报告以及主要证据材料复印件等，由上级纪检监察机关有关部门提出审核意见报分管领导审批，必要时报主要负责人审批。

从适用条件上看，根据《刑事诉讼法》第 81 条第 1 款[②]之规定，适用逮捕措施的基本条件为：有证据证明有犯罪事实、可能被判处徒刑以上刑罚以及采取取保候审尚不足以防止社会危险性发生。依照《监察法》第 24 条之规定，监察机关已经掌握部分违法犯罪事实及证据，并存在涉及案情重大、复杂等四种情形之一的，可以采取留置措施。相对而言，留置措施的适用条件更加宽泛，[③]比如，监察机关已经掌握其部分违法犯罪事实及证据，但是掌握多少犯罪事实及收集多少证据算是符合标准，是需要达到立案标准还是逮捕标准或是略高于立案而略低于逮捕的证明标准，尚无明确规定，实践中各地纪检监察机关对此的认定也存在一定差异，需要进一步理顺。[④] 实践中，由于逮捕措施的适用条件比较明晰，对同类型案件的处理基本一致，相较而言，由于留置措施适用条件的规定相对不够明确，各级各地纪检监察机关存在不同认识和不同理解，就可能引发适用不统一、不规范的问题。

从立法条文关于刑期折抵的规定来看，留置措施对人身自由的强制程度与逮捕措施基本等同，逮捕后羁押 1 日可折抵刑期 1 日，留置 1 日折抵有期徒刑 1 日，二者都具有很强的人身强制属性。从救济渠道看，逮捕作为一种严厉的限制人身自由的强制措施，事关基本人权，其适用有严格的限制性规定。[⑤] 逮捕前，人民检察院会根据犯罪嫌疑人涉嫌犯罪的性质、情节严重程度、自首立功表现等因素，综合分析其社会危险性并决定是否批准逮捕。逮捕后，如果出现犯罪嫌疑人、被告人患有严重疾病或者怀孕等情形，根据其本人及其法定代理人、近亲属或者辩护

① 参见高童非：《监检衔接中先行拘留措施的法教义学反思》，载《地方立法研究》2020 年第 2 期。

② 《刑事诉讼法》第 81 条第 1 款规定："对有证据证明有犯罪事实，可能判处徒刑以上刑罚的犯罪嫌疑人、被告人，采取取保候审尚不足以防止发生下列社会危险性的，应当予以逮捕：(一)可能实施新的犯罪的；(二)有危害国家安全、公共安全或者社会秩序的现实危险的；(三)可能毁灭、伪造证据，干扰证人作证或者串供的；(四)可能对被害人、举报人、控告人实施打击报复的；(五)企图自杀或者逃跑的。"

③ 参见谢登科：《论留置措施的证明标准》，载《当代法学》2022 年第 6 期。

④ 参见谢登科：《留置措施的类型化分析》，载《兰州学刊》2022 年第 5 期。

⑤ 参见刘文轩、董慧娜：《认罪认罚自愿性的重申与重释》，载《西南政法大学学报》2022 年第 3 期。

人的申请,可以变更强制措施。发现逮捕错误的,当事人可以申请国家赔偿。由此可见,在逮捕强制措施中,犯罪嫌疑人的救济渠道较为全面和明确,至于留置措施,现阶段有关权利救济的立法规定还相对较少。

二、建立留置必要性审查机制的价值意义

(一)有利于顺畅衔接逮捕措施

审查逮捕阶段,检察机关将全面审查犯罪嫌疑人的人身危险性与犯罪行为的社会危害性,综合考量犯罪动机、前科劣迹、危害程度、可能判处的刑罚、身体健康状况等因素,并结合宽严相济的刑事政策与认罪认罚情况,最终作出审慎判断。如果监察机关能够在审查调查阶段就做好前期摸底工作,详细了解被调查对象的工作经历、性格特点、家庭关系、健康状况等,并结合涉嫌罪名及可能被判处的刑罚进行留置必要性审查,必然会减轻下一阶段检察机关的工作量,提高诉讼效率,使监检衔接更加顺畅。

(二)有利于被调查人权利保护

《监察法》第5条①建立了权利保护原则,依法保障监察对象及相关人员的各项合法权益。从法理上分析,留置措施不属于刑事强制措施,但是具有很强的人身强制性,如果对其适用不加以严格限制,就可能侵犯当事人的基本权利。② 在监察调查阶段,按照规定,律师不能介入,立法上也没有设置本人及其近亲属申请变更措施的有关程序,在这种情况下,强化对公权力的监督制约、优化当事人的权利救济机制意义重大。

(三)有利于节约办案资源

凝聚办案合力,整合反腐资源是监察体制改革的核心要义。在审查调查中节约办案资源、提高办案效率是题中应有之义。实践中,纪检监察机关对于留置案件,往往会组建专案组,在线索、调查、安保、后勤等方面投入人力物力。建立留置必要性审查机制,严格把握留置标准,对缺乏留置必要性的案件进行区别处理,可

---

① 《监察法》第5条规定:"国家监察工作严格遵照宪法和法律,以事实为根据,以法律为准绳;权责对等,严格监督;遵守法定程序,公正履行职责;尊重和保障人权,在适用法律上一律平等,保障监察对象及相关人员的合法权益;惩戒与教育相结合,宽严相济。"

② 参见冯骁聪、孙伟峰:《监察机关留置措施必要性审查机制研究》,载《福建农林大学学报(哲学社会科学版)》2022年第2期。

以进一步节约反腐资源,把反腐力量集中到典型案件查办上。

三、建立留置必要性审查机制的具体设计

(一)审查主体

在纪检监察机关内部,由哪个部门承担留置必要性审查职责,目前主要存在四种观点。第一种观点认为,应当由案件办理部门自行审查。理由是办案部门最熟悉案情,最了解审查调查对象的基本情况,办案的亲历性使其对被调查人是否应当被留置最有发言权。第二种观点认为,应当由案件审理部门负责审查。理由是对审查调查对象进行留置必要性审查,属于对案件质量把关的范畴,应当由负责案件定性、证据收集审核把关的案件审理部门负责。第三种观点认为,应当由案件监督管理部门负责。理由是案件监督管理室是负责审查调查措施使用的部门。第四种观点认为,应当由上级监委案件指导部门负责审查。理由是下级纪检监察机关作出留置决定,需要经过上级纪检监察机关批准,因此,理应由上级纪检监察机关负责案件指导工作的部门进行必要性审查。我们同意第四种观点,主要理由如下。

其一,承办部门不宜既当"运动员"又当"裁判员"。目前,留置措施是纪检监察机关审查调查措施中唯一限制人身自由的手段,当无法通过"走读式"谈话取得突破时,留置措施就显得尤为重要。基于查明事实、追诉犯罪的职责,承办部门一般希望能够采取有利于审查调查工作、有助于推动被调查人如实供述的措施,在这种情况下,承办部门可能会降低留置标准,积极采取留置措施。由案件承办部门承担留置必要性审查职责,不利于审查调查对象的人权保障,也容易引起质疑。

其二,审理部门过早介入审查调查,会弱化审理工作的独立性,也有违审调分离原则。如果由审理部门进行留置必要性审查,并作出留置决定,审理工作会延伸至审调环节,引发权责混淆的问题,不利于后期的独立、客观审理。

其三,案件监督管理部门主要对办案程序进行监督管理,不介入案件的实体性处置,由其承担留置必要性审查工作,与部门的职能职责不符,同时与办理案件的保密规定也存在一定程度的抵触。由上级纪检监察机关负责案件指导工作的部门进行审查,是更为适宜的选择。按照现行办案流程,下级纪检监察机关的留置决定应当报经上级纪检监察机关负责案件指导工作的部门批准,由其对留置必要性进行审查,这既有利于加强对留置措施的监督制约,也有利于一体贯通办案程序,提升监督管理效率。

(二)审查事项

我们认为,应当从以下几个方面开展对留置案件的留置必要性的审查。

1. 被留置对象违法犯罪行为的严重程度。对涉及案情重大、复杂的认定,应当以《监察法实施条例》第92条第2款[①]为依据,综合判断被调查人涉嫌的职务违法行为是否属于情节严重,是否可能被给予撤职以上的政务处分。具体而言,撤职以上政务处分包括撤职和开除,撤职适用于违法情节严重、不适宜继续担任现任职务的公职人员;开除则说明该公职人员违法情节严重,已经不适宜继续留在有关机关工作。对于影响范围广、横跨多部门多领域、作案手段新颖的案件,可以纳入案情复杂的范畴。

2. 被留置对象的社会危险性。社会危险性是留置必要性审查的重要内容,判断犯罪行为人的社会危险性主要需把握三个方面:一是是否存在逃跑、自杀的可能。纪检监察机关在审查调查中,应当对被调查对象的工作履历、身体状况、性格特点、家庭关系等方面全面摸底,尤其是要关注其性格是否开朗,是否有抑郁倾向,与家人同事相处是否融洽等,包括被调查人是否曾经有过自杀、自残行为,或者曾经向亲友流露过轻生的念头。二是是否存在串供或者伪造、隐匿、毁灭证据的可能,包括关键证据是否已经收集固定,同案犯罪嫌疑人是否到案等。三是是否存在其他妨碍调查的行为,包括是否曾有过打击报复举报人的行为等。

3. 被留置对象的身体健康状况。严格执行《监察法实施条例》第96条[②]的相关规定,对存在"患有严重疾病"等法定情形的审查调查对象,不适用留置措施,依法保障审查调查对象的合法权利。

4. 审查调查对象的认罪悔错态度。纪检监察机关在办案过程中,要坚持严管与厚爱相结合,把宽严相济理念贯穿于执纪执法全过程,鼓励、引导审查调查对象认罪悔错态度,并作为重要的量纪量法情节。坚持惩前毖后治病救人方针,让执纪执法既有力度又有温度。突出系统施治标本兼治理念,将查办案件的治标成果

---

① 《监察法实施条例》第92条第2款规定:"监察法第二十二条第一款规定的严重职务违法,是指根据监察机关已经掌握的事实及证据,被调查人涉嫌的职务违法行为情节严重,可能被给予撤职以上政务处分;重要问题,是指对被调查人涉嫌的职务违法或者职务犯罪,在定性处置、定罪量刑等方面有重要影响的事实、情节及证据。"

② 《监察法实施条例》第96条规定:"对下列人员不得采取留置措施:(一)患有严重疾病、生活不能自理的;(二)怀孕或者正在哺乳自己婴儿的妇女;(三)系生活不能自理的人的唯一扶养人。上述情形消除后,根据调查需要可以对相关人员采取留置措施。"

转化为治本效能。

(三)审查程序

现阶段,留置必要性审查工作尚处于探索阶段,各地存在不同做法。部分地区要求下级纪检监察机关在向上级纪检监察机关报送留置审批材料时,同时报送必要性说明,包括被调查人身体情况及已掌握的主要证据材料。上级纪检监察机关负责案件指导工作的部门,根据收到的报送材料作出是否批准留置的决定。由此可见,上级纪检监察机关对留置必要性的审查工作实际上已经展开,只是尚未形成正式的制度办法。

四、关于留置措施配套机制的完善建议

(一)设置留置替代措施

对被调查人是否采取留置措施,应当与其涉嫌违法犯罪行为的严重程度相适应,经过留置必要性审查,对没有留置必要性的被调查人,应当通过其他非羁押性替代措施来防止其社会危险性的发生,以保障诉讼的顺利进行。我们建议,可以借鉴《刑事诉讼法》的相关规定,在监察调查措施中增加适当的留置替代措施,一方面,丰富审查调查措施的类别;另一方面,解决审查调查措施与刑事强制措施“一对多”的问题。

(二)建立变更申请制度

为进一步强化对审查调查对象的权利保障,并及时适应案件情况的变化,我们建议可以考虑设立留置措施变更申请制度。当案件情况发生变化,留置必要性不复存在时,除了纪检监察机关依职权主动变更外,可以允许审查调查对象本人及其近亲属申请变更留置措施。比如,被调查人积极配合审查调查,诚恳认错悔错,主动交代违法事实,提供监察机关尚未掌握的其他人涉嫌犯罪的线索,有自首立功表现的;或者案件证据发生重大变化,被调查人可能被判处缓刑或者免予刑事处罚的;或者案件事实已经查清,证据已经固定完毕,不需要对被调查人继续留置的。

(三)不断强化监督制约

一方面,持续加强办案信息化建设,不断改进完善现有的网上办案系统,深化办案全留痕、信息可追溯,强化上级纪检监察机关对下级纪检监察机关执纪执法活动的监督指导,从内部推动留置必要性审查工作的有序开展。另一方面,用好

反向检视机制,以人民法院生效判决所判处的刑罚为参照,在案件事实未发生变化的情况下,如果人民法院判处有期徒刑缓刑、拘役缓刑或者免予刑事处罚等非羁押性刑罚,承办部门应当检视前期适用留置措施的必要性与合理性,并在今后的办案过程中不断加以改进。

五、结语

审查调查措施体系的建立完善是一个不断深化的过程,既要考虑有力有效推进正风肃纪反腐,也要考虑依法维护审查调查对象的合法权利,通过对留置必要性审查制度的探索和运用,审查调查工作的规范化、法治化、正规化水平将得到有效提升。

国家监察全覆盖背景下
我国生态环境督察的完善路径*

徐丽红**

［摘要］ 我国的中央生态环境保护督察建立在国家监察体系的大背景下，党政同责，大大提升了我国的生态环境质量，但也存在顾此失彼，法律监管不足及地方政府落实不到位等诸多问题。因此，只有坚持党的领导，坚持新发展理念，坚持系统谋划源头治理，依法督察，层层压实责任，充分调动地方政府的积极性，才能最大效能地发挥中央生态环境保护督察的价值。

［关键词］ 中央生态环境保护督察制度 我国监察制度 生态文明与高质量发展的共赢

生态环境督察的核心是监察制度的具体应用，督察对象是生态环境，督察是核心行为，督察目的是追求生态环境平衡，促进经济的高质量发展。自中央生态环境保护督察行动启动以来，已经取得显著的成绩，正如习近平总书记所言："中央生态环境保护督察制度建得好、用得好、敢于动真格，不怕得罪人，咬住问题不放松，成为推动地方党委和政府及其相关部门落实生态环境保护责任的硬招实招。"①但其仍需坚持问题导向，查摆不足，压实责任，把生态环境治理置于我国监察制度全覆盖的背景下，以最大效能地发挥生态环境督察的监察价值。

---

* 本文是2022年度山东社会科学规划课题"黄河流域生态保护和高质量发展法治保障山东经验研究"编号22CFZJ01的阶段性研究成果，是2022年度德州学院人文社科专项"德州市对黄河流域生态保护和高质量发展联动与协同治理探究"的阶段性研究成果。

** 徐丽红，德州学院副教授，西南政法大学经济法学院博士，研究方向为经济法学。

① 孙金龙、黄润秋：《坚决扛起中央生态环境保护督察政治责任》，载《环境保护》2022年第15期。

一、国家监察制度嵌入生态环境督察的实施现状

在国家监察制度大背景下,我国的环境保护监察制度走过了从环保部门牵头到中央主导,从以督查企业为主的环境监察阶段转变为"查督并举,以督政为主"的党政同责的环境督察阶段,从"行政监察"到"国家监察"的升级的重大变革。随着2018年《监察法》的出台,我国的生态环境治理督察制度已基本形成了由国家环境监察局到区域环保督察中心、环境监察总队、环境监察支队、环境监察大队的五级监察体系。①

2015年7月1日,中央全面深化改革领导小组第十四次会议审议通过《环境保护督察方案(试行)》,2015年8月30日,中共中央办公厅、国务院办公厅印发该方案,正式启动了中央环境保护督察机制,2018年8月,中央环境保护督察正式更名为中央生态环境保护督察,因此,2018年成为打好污染防治攻坚战的开局之年。中央生态环境保护督察是国家监察制度下的生态环境督察制度与党的政治监督和国家监察制度相结合的产物,属于生态环境保护的政治巡视和法治巡视,之所以由党中央牵头,坚持党政同责,加强政治监督与引导,是为了彰显国家解决生态环境保护问题的决心,可以说,中央生态环境保护督察制度的建立,是迄今为止我国最高规格、最行之有效的生态环境治理制度。

我国已经形成以国家监察制度为主,生态环保督察制度为辅的分层监督设计的生态环境保护监察制度,且两个层级间构成有序衔接和补充关系。② 中央生态环境保护督察是党中央、国务院推进生态文明建设的一项重大制度安排和重大改革举措,是党中央强化党对生态文明、建设美丽中国全面领导的重要政治制度,是国家监察制度在环境保护监督制度上的具体应用,是一种特殊的监察制度,或者说中央环境保护督察机制是对我国监察制度的丰富与充实、开拓与创新、落实与践行。

依据中央生态环境保护督察坚持精准、科学、依法督察的原则,坚持习近平法治思想和"两山"理念,坚持严的基调和问题导向,在习近平总书记亲自谋划、亲自部署、亲自推动下,中央生态环境保护督察自启动以来,分两个阶段有力、有序地

① 参见腾延娟:《生态环境监察新转向》,载《中国环境监察》2018年第7期。

② 参见黄鑫:《深化国家监察体制改革视阈下生态环保督察制度衔接问题研究》,载《学术探索》2021年第7期。

开展全国性的督察工作，第一轮督察巡视的足迹遍布全国31个省(区、市)、新疆生产建设兵团、两个国务院部门和6家中央企业，第二轮前三批整改方案明确的1227项整改任务，半数已完成，第四、五、六批督察整改正在积极有序推进，[①]截至2021年4月底，第一轮督察和“回头看”整改方案明确的3294项整改任务，总体完成率达到95%。[②] 累计受理转办群众生态环境信访举报28.7万件，目前已经完成28.5万件，使11个省市区沿长江岸线腾退累计达457公里，[③]截至2022年年底，第二轮中央生态环境保护督察整改方案共明确2164项整改任务，已完成1275项，完成率近60%，其余整改任务正在推进。[④] 记者刘毅以“守护一江碧水浩荡东流”“咬住问题不放松”“责任层层传导共建美丽中国”等为视角，对中央生态环境保护督察的实际成效进行了综合性的专题系列报道，并刊发在《人民日报》头版头条，引发了群众广泛关注与热议。自2015年中央环境保护督察成立以来，中央环境保护督察坚决查处一批破坏生态环境的重大典型案件，解决一批人民群众反映强烈的突出环境问题，遵循“中央肯定、百姓点赞、各方支持、解决问题”[⑤]的工作原则，其督察效果被写入《中共中央关于党的百年奋斗重大成就和历史经验的决议》，成为贯彻落实习近平生态文明思想生动实践的典型。

这种由中央推动的督察制度在推进生态文明治理水平空前迈进的同时，也存在些许的不足，一言以蔽之，即监察权的落实不到位，关键是央地关系中地方如何严格落实中央的处理决定，以层层压实责任，因此，完善中央生态环境保护监察制度既可完善该制度本身，又可提升我国生态环境治理能力，丰富我国的监察制度。

二、国家监察全覆盖背景下生态环境督察面临的主要问题

(一)生态环境治理面临短期利益与长效机制顾此失彼的问题

如此高效的中央生态环境督察制度，必然是各界关注的重点。现有的理论研

---

① 参见《国新办举行中央生态环境保护督察进展成效发布会》，载《中国环境监察》2022年第7期。

② 参见刘毅：《“咬住问题不放松”——中央生态环境保护督察成效综述之二》，载《人民日报》2022年7月11日，第1版。

③ 参见李灵娜：《协同推进长江流域生态环境保护》，载《中国纪检监察报》2022年7月14日，第1版。

④ 参见李媛媛、郑偲：《元治理视阈下中央环保督察制度的省思与完善》，载《治理研究》2022年第1期。

⑤ 刘毅、寇江泽：《推动生态文明建设不断取得新成效》，载《人民日报》2022年7月7日，第1版。

究多围绕着中央生态环境督察制度源起、核心特征、发展现状、运作机制等基本问题展开,或是直接对其所取得的成绩进行新闻纪实性的报道,或对其督察的政策和文件进行转载。当然,比较深入的研究也多是从生态环境治理的角度,运用集权—分权理论、委托—代理理论、压力型体制、运动式治理等理论框架就中央、地方与民众之间党的策略互动关系进行论证与建构,因此,在该制度深入施行的阶段,现有研究提炼出的关于中央生态环境保护督察制度的本质、核心特征、作用机理等内容仍有待深化、推进、创新。又因构筑本制度的理论多移植于西方,即便具有一定的理性,也仍不足以准确界定我国生态环境治理机制的全部特征,存在本土化创新不足的缺憾,因此,急需建构起具有中国特色的国家监察全覆盖背景下的生态环境治理监察制度。

"引导式共识"理论基于监督生态环境保护"党政同责、一岗双责"落实情况的核心职能,及以党中央权威和集中统一领导凝聚国家生态环境治理和生态文明建设的共识,促进环境政策在地方层面的"运动式应对"向"创造性落实"转变的实施本质,其以精神宣讲、会议动员、环保约谈、问责惩处等多种监察方式嵌入党中央、国务院与地方党委和政府之间就环境治理进行最深层次的互动和沟通的功能中,将党的生态文明建设理念和习近平生态文明思想转化为各方共识和行动指南,在制度、信念与现实的双向调适过程中,优化并塑造国家和社会之间的关系,促进了环境政策的有效执行,也取得了良好的效果。虽然,"引导式共识"理论构建"政策分歧—中央环保督察('引导式共识')—政策共识"的逻辑链条,为考察中央生态环境督察的制度逻辑、内在特征及其作用机制提供了一个新的理论叙事视角,①但"引导式共识"理论依然无法保障其长效机制的发挥,难免遭遇长效化机制不足的质疑。因此,仍需进一步探索兼顾当前利益与长远利益的适合我国国情的生态环境治理监察模式。

(二)存在党内监督与法律监督混同的问题

现有的生态环境治理制度,实行中央主导的督察机制,即以党中央权威和集中统一领导凝聚国家生态环境治理和生态文明建设共识。为把生态文明政策的执行共享统一到党中央的权威上,这种自上而下的行政命令开展方式是当前最为严厉的环保监察制度,让督察工作以党内法规的形式作为规范行动的指导,明显

---

① 参见陈贵梧:《中央生态环境保护督察何以有效?——一个"引导式共识"概念性框架》,载《中国行政管理》2022年第5期。

存在党内规范适用的不规范现象,使督察缺乏法律层面的依据。党的政策与国家的法律具有明显的差别,政策不能代替法律,政策需在时机成熟时上升到法律,且立法有着独立而严密的法定程序,需要遵守《立法法》的规定。环境治理是一个兼具全球性和鲜明本土化特征的问题,既能凸显中国独特的制度优势和治理能力,也会为世界各国攻克这一全球性难题提供中国智慧和中国方案。因此,需要与法治建设统一起来,借助“法治固根本、稳预期、利长远的重要作用”①,开辟出一条具有中国特色的环境保护监察制度及国家治理体系和治理能力现代化之路。

(三)存在中央与地方责任落实不到位的问题

我国环境保护工作中对政府进行责任追究的制度呈现两个特点:其一,问责对象范围过于狭窄,强调以政府责任为主;其二,问责方式以政府内部的行政处分为主,以人大的质询、罢免和司法部门的行政诉讼、检查监督为辅。② 地方政府对区域生态环保治理的履责情况和区域生态环保目标的实现情况,是督察关注的重中之重,地方政府究竟会如何进行回应?值得进一步研究。为更好地理解生态环境监督中的中央和地方之间的关系,有人引入了组织调适理论,通过组织战略和组织结构等的调整,把地方政府在外部压力和环境变化下采取的更优资源配置和更高组织绩效的回应开展组织调适,以应对常态化、制度化的,着眼考量地方政府持续提升生态环境质量的长期能力的中央督察,通过央地积极回应与良性互动,完成纵向的监督。“督政型”环境监管工具注重运用责令整改和政治问责等手段,提高基层政府环境保护监管执法不作为的违法成本,将督察结果直接用于地方党委,政府领导干部的考核、晋升与惩戒。③ 但这种治理手段注重制裁、惩罚与事后矫正,是行政权力单方性与强制性的直接体现。④ 在中央督察实施中,靠的是行政命令,并非追求地方政府运动式的短期执行,使地方政府执行环境问题的自主性受到限制。有些地方政府或部门工作的推进因落实不够,生态环境保护还存在明

---

① 习近平:《坚定不移走中国特色社会主义法治道路 为全面建设社会主义现代化国家提供有力法治保障》,载《党员之友(新疆)》2021 年第 4 期。

② 参见李媛媛、郑偲:《元治理视阈下中央环保督察制度的省思与完善》,载《治理研究》2022 年第 1 期。

③ 参见吴永:《环保“督察高压”步入常态化》,载《经济参考报》2018 年 5 月 4 日,第 1 版。

④ 参见马原:《督政与简政的“平行渐进”:环境监管的中国逻辑》,载《中国行政管理》2021 年第 5 期。

显短板、一些突出的生态环境问题亟待解决。[①] 由于环保督察有明确期限,基层政府须在督察期内用相对短暂的时间(平均9天左右)完成整改并上报结果,为此,地方政府会采取分类回应的方法,对简单的可直接整改完成的督察进行强回应,而对一些复杂性高、整改难度大的督察意见,基层政府很难在督察期内给出明确的整改结果,只是列计划、说目标、表决心式的弱回应。[②] 或者为应付督察,直接采取紧急停工、停业、停产等简单粗暴的行为,或"一律关停""先停再说",或采取层层加码,级级提速等"一刀切"行为敷衍应对,而没有为直接负责整改工作的单位和人员留足时间。甚至"滥问责",[③]将简单问题复杂化,违背了问题导向,反而增加了基层落实和践行生态环境的负担,因此,处理好生态环境督察中的央地关系,不能单靠行政权力的运作,更应依法治理。

总之,中央生态环境保护督察制度存在一些问题,如纪检监察委、人大等的作用有待加强,国家自然资源督察与中央生态环境保护督察的关系需要理顺,督标督本并举但督本不足,问责层次需要提高等。[④] 且"党政同责、一岗双责"的落实决定了中央生态环境保护督察要对督察本身督察,中央生态环境保护督察也需要进行监督,中央是地方的监督者,而谁是中央的监督者,同样需要论证清楚。

三、国家监察全覆盖背景下我国生态环境督察制度的完善进路

(一)坚持党的领导及习近平法治思想的指导

1. 坚持党的领导接受人民的监督

中央生态环境保护督察机制是党政一体化的监督体制,因此,其首先应坚持党的全面领导,习近平总书记强调坚持"党要管党、从严治党,'管'和'治'都包含监督"[⑤],生态环境是关系国计民生的大事情,中国共产党高瞻远瞩,从中央层面启动了全国性的生态环境治理制度,是党推进生态文明建设上的第一项重大改革举

---

① 参见郁建兴、刘殷东:《督察制度变迁中的纵向治理:以第二轮中央生态环境保护督察为研究对象》,载《学术月刊》2021年第11期。

② 参见夏瑛、张东、赵乾:《环保督察中的环境诉求与政府回应——基于省级环保督察资料的实证分析》,载《经济社会体制比较》2021年第1期。

③ 参见《中央生态环境保护督察办公室要求有力有序推进边督边改、严禁"一刀切""滥问责"》,载《中国轮胎资源综合利用》2021年第9期。

④ 参见常纪文:《中央生态环境保护督察的历史贡献、现实转型与改革建议》,载《党政研究》2019年第6期。

⑤ 参见房正:《中国共产党自我革命的三重解读》,载《中国高校社会科学》2022年第2期。

措,因此,落实中央生态环境保护督察制度,对深入贯彻落实习近平生态文明思想、夯实生态文明建设和生态环境保护这项艰巨的政治责任至关重要,彰显了党始终把人民的利益放在第一位、全心全意为人民服务的工作核心,是解决人民群众反映强烈的环境污染和生态破坏问题的有效途径。中央生态环境保护坚持问题导向,敢于解决真问题、真解决问题,督察到哪里,中央的权威就带到哪里,充分体现了党中央对生态环境的高度关注,以实际行动呈现在人民面前,更以优异的成绩实实在在地赢得了群众的广泛认可。由此可见,生态文明建设已经深入人心,大环保的工作基本形成,中央生态环境保护督察制度正是党中央推动的一项行之有效的制度安排,值得坚持下去。中央督察组的监督者是人民,党的二十大报告指出“江山就是人民,人民就是江山。中国共产党领导人民打江山、守江山,守的是人民的心”①,如果人民满意了,说明督察工作做得好,如果人民不满意,说明督察工作仍需改进。

2. 坚持习近平的“两山”理念

经济的发展使环境付出了高额的代价,当我们意识到生态平衡与经济高质量发展之间需双赢时,习近平总书记提出了“绿水青山就是金山银山”(以下简称“两山”理念)的发展理念,从而为环境和经济之间的关系找到了思路。因此,实现经济的高质量发展,必须坚持习近平生态文明思想的指导,克服片面追求经济增长的政绩冲动,发展不能以牺牲环境为代价,不能单纯为追求 GDP 的增长或业绩而牺牲环境,不能竭泽而渔,而应时刻坚持生态文明优先发展不动摇。认真贯彻、努力践行、真正落实新时代新发展理念,时刻紧绷生态优先的发展要求,树立可持续发展目标,追求高质量发展。

3. 坚持新发展理念

创新、协调、绿色、开放、共享的新发展理念中,创新是引领发展的第一动力,协调是持续健康发展的内生特点,绿色是永续发展的必要条件和人民对美好生活追求的重要体现,开放是国家繁荣发展的必由之路,共享是中国特色社会主义的本质要求。坚持新发展理念,是关系我国发展全局的一场深刻变革,因此,全党全国要统一思想、协调行动、开拓前进。中央层面要做好整体架构与规划,各部门应从自身职能出发贯彻落实新发展理念,各地区应立足经济发展状况,有针对性地

---

① 《不负使命担当 忠实履职为民——党的二十大报告在生态环境系统引发热烈反响》,载《中国环境报》2022 年 10 月 19 日,第 2 版。

克服短板,真抓实干,绿色发展、共享发展,家家都要抓,需要大家齐心协力。生态环境保护是最能体现新发展理念的事业,因此,在督察的过程中,应坚持新发展理念。

4. 秉承党的二十大报告的指示

党的二十大报告指出中国式现代化的本质要求之一是促进人与自然的和谐共生,牢固树立和践行“两山”理念,站在人与自然和谐共生的高度谋划发展,是全面建设社会主义现代化强国的内在要求,贯彻新发展理念是新时代我国发展壮大的必由之路。党的十八大以来,“两山”理念、生态文明建设、绿色原则、新发展理念等已经深入人心,且我国的生态文明建设的确取得了骄人的成绩,实现一江清水向东流、水清山绿天蓝,是党的十八大以来治理江河所取得的最大成就。生态养殖、生态农业、生态旅游、绿色产业,随之发展起来。环境美了、人民富裕了、生活幸福了,均是生态经济高质量发展的体现。党的二十大再次坚定了生态环境督察的信心,进一步明确了生态环境督察的目标和方向。

(二)夯实生态环境督察制度

中央环保督察制度实行党政一体化,党中央、国务院的双重体制充分体现了最高权威,所依托的正是国家的“专断性权力”,虽有助于统一实施,但在整体推进国家能力的提升与国家环境治理的现代化进程上也会有阻力,不利于有效整合社会力量实现经济社会可持续发展,因此,应对环境保护“专断性权力”的行使加以必要的约束,确保其对国家环境治理的“基础性权力”不构成阻碍,使国家环境治理能力融入国家其他能力提升的进程中,以最终提升整个国家的治理水平和能力。

一是拓展督察对象和内容。现有的督察是围绕生态环境保护展开的,但生态保护是为了促进经济的发展,实现共同富裕,为此,可将督察方向由生态环境拓展到生态环境促进经济、社会发展相协调方面,可将经济发展是否坚持高质量发展及新发展理念等纳入督察范围。二是实现中央和省级二级督导之间的顺畅衔接。可加强地方督察制度的建立,并明确其职责范围,以分担中央督察的部分工作,并压实地方整改的落实,以保障督察的效果。三是提高督察的针对性和实效性。贯彻中央生态环境督察是发现问题的途径之一,通过督察,针对性发现问题,提出问题,督促企业自查自纠,及时整改,解决问题,对违规的企业依法查处,开展针对性处置,并实行动态监控。积极探索以“督”为主、以“察”促“督”和开放式的督查方式。中央生态环境督察可促使相关部门严格审批管理，坚决依法按程序办事。要立足解决突出生态环境问题，始终保持严的基调，该查处的查处，该曝光的曝光，紧盯发现的问题整改，加强信息公开，接受社会监督，持续传导压力，坚决遏制非环保项目冲动上马，坚持发展绿色产业，鼓励传统产业，优化产业结构和能源结构，督促地方政府和企业绿色低碳、高质量的发展道路。四是可采用纠建并举的方式。坚持问题导向与目标导向相统一，当前与长远利益相统一，压实责任，落实到位，让工作规范化、制度化，形成发现问题与解决问题的督察整改闭环。[①] 督察可发现问题，但督察的目的和意义在于解决问题。发现问题可问责，问责的结果不是“一刀切”，更不是对与错、是与非、黑与白的取舍，而是通过督察，赋予其重建的能力，并能真正修复自然，实现生态平衡与经济发展的双赢。

发挥纪检监督、行政监督、生态监督与检察监督的合力。2021 年至 2022 年，驻生态环境部纪检监察组在中央生态环境保护督察中开展了 4 次嵌入式督察，完善回避制度和交叉督察制度。为紧盯督察廉洁，驻生态环境纪检监察组成立了专门的监督工作组，实行从制订方案到督察整改的全链条跟进监督，就未批先建、边建边批、利益输送环评造假、过度开发冰雪资源等问题线索，工作组进行实地调查，听取分管领导的意见 6 人次、约谈总协调人 5 人次、个别谈话 51 人次、查阅资料 50 余份、实地查访 49 处，[②]并就精准问责、用好典型案例、加强督察队伍建设及完善机制制度等，向生态环境部党组和中央环境督察办公室发出监察建议书、建议函，有效增强了监督的时效，嵌入式监督制度，更有利于推动中央生态环境保护督察制度落到实处。最高人民检察院与中央生态环境督察的衔接协作，由检察机关通过公益诉讼的方式，派驻检察官做专业的监督员，大大推动了各地突出生态环境问题的解决，彰显了检察监督的力量。

（三）坚持系统谋划源头督察原则

习近平总书记说：“生态环境保护和经济发展不是矛盾对立的关系，而是辩证统一的关系。把生态保护好，把生态优势发挥出来，才能实现高质量发展。”[③]思想

---

① 参见刘毅：《责任层层传导　共建美丽中国——中央生态环境保护督察成效综述之三》，载《人民日报》2022 年 7 月 18 日，第 1 版。

② 参见张弛：《推动中央生态环保督察制度落到实处》，载《中国纪检监察报》2023 年 4 月 21 日，第 1 版。

③ 刘毅：《守护一江碧水浩荡东流——中央生态环境保护督察成效综述之一》，载《人民日报》2022 年 7 月 9 日，第 1 版。

认识不到位,是导致问题屡禁不止的主要原因。如果对习近平生态文明思想理解不深不透,没有牢固树立“两山”理念,就不能真正领会高质量发展与高水平保护的关系,就会故步自封,自我束缚。中央在督察中发现的一些地方对生态环保工作重视不够,创新不足,甚至通过有意做选择、搞变通、打折扣等错误方式,层层下放管理权,缺乏事中和事后监管措施,进而导致问题不断,无形中加大了中央督察的工作量及难度,因此,地方政府在督察中发挥着落实与践行习近平法治思想、生态文明思想的重任。

发展观念存在偏差是进行源头治理的关键原因。部分地方政府为追求 GDP 的增长,片面追求以高耗能、高排放项目对本地区经济增长的短期拉动作用,忽视盲目引入带来的长远不利影响。唯 GDP 理念根深蒂固,发展观念未得到根本改变,同时,受经济下行压力、传统发展路径依赖的影响,惯性坚持高耗能、高排放项目,人为节约成本,继续采用以资源环境为代价的粗放型发展模式,而拒绝更新换代,敷衍甚至弄虚作假应付督察小组的检查,懒政不作为等诸如此类的问题一直存在,可见,思想认识不到位、发展观念存在偏差,导致无法认识到源头治理的重要性,又怎会认识到源头治理的好处呢?

(四)坚持依法督察

法治化发展应重点在党内法规体系的建立健全、党内法规与国家法律关系的统筹协调、党内法规与配套法律制度的有机衔接三个场域内展开,[①]《中央生态环境保护督察工作规定》是中央生态环境保护督察制度的法治化的直接体现。从《加快推进生态文明建设的意见》到以《生态文明体制改革总体方案》为统领的“1+6”政策框架,再到“十三五”规划对生态环境保护提出的新思路、新手段、新方法,使生态文明建设和环境保护既有顶层设计及其后的战略部署和政策落地。2019 年 6 月,《中央生态环境保护督察工作规定》出台,明确把省级党委政府、国务院有关部门和有关中央企业作为督察对象;将贯彻落实习近平生态文明思想,贯彻落实党中央、国务院生态文明建设和生态环境保护决策部署情况,及落实新发展理念、推动高质量发展情况等作为督察重点;实行例行督察、专项督察和“回头看”共同发力,督察组享有调查取证、个别谈话、走访问询、责令作出说明等权限,各项工作齐头并进,在督察方式上,实行中央和省(区、市)两级督察体制的督

① 参见冀鹏飞:《论中央生态环境保护督察制度的法治化——以〈中央生态环境保护督察工作规定〉为中心》,载《环境保护》2019 年第 14 期。

察体系，领导小组设在中央层面，省级重在落实与践行，从此，《环境保护督察方案（试行）》奠定了中央层面督察的法律基础，使中央生态环境保护督察有法可依。现有的生态环境立法堪称“最严格的制度，最严密的法治保护”体系，其中由生态环境部门负责组织实施的法律13部，行政法规30部，国家层面有效的环境标准总数多达2011项，但生态环境部正在加快立法，以推动建构起最严密的法制体系，[①]这再次说明我国治理生态环境的坚定决心。

以高耗能、高排放项目问题的依法治理为例，证实中央生态环境督察依法治理的重要性。为确保生态文明，高效能、高排放项目导致全国节能形势十分严峻，某些省份的能耗不降反升，能耗超标，直接导致整改，并在整改达标前无法再获批新的项目，严重影响了生态环境及经济高质量发展的进度，与我国绿色发展的新发展理念极度不符。《国民经济和社会发展第十四个五年规划和2035年远景目标纲要》提出，要杜决“两高”项目盲目发展，推动绿色转型实现积极发展。国务院印发《2030年前碳达峰行动方案》，明确在工业领域碳达峰行动中坚决遏制高耗能、高排放项目盲目发展。国家发展改革委、工业和信息化部、生态环境部等部门陆续出台文件，引导高耗能、高排放项目低碳绿色转型发展。[②] 2021年4月30日，习近平总书记在主持中共中央政治局第二十九次集体学习时强调，不符合要求的高耗能、高排放项目要坚决拿下来。2021年5月，由生态环境部印发的《关于加强高耗能、高排放建设项目生态环境源头防控的指导意见》指导文件，围绕严把审批关、准入关和监管关，明确了生态环境管理要求，引导高耗能、高排放项目低碳绿色转型发展。[③] 2021年10月29日，在生态环境部印发的《2021—2022年秋冬季大气污染综合治理攻坚方案》中，遏制高耗能、高排放项目盲目发展作为新内容，且位于十项主要任务之首。[④] 中央生态环境保护督察小组使用的措辞越来越严厉，旨在压实地方责任，让发现的问题得以真正解决。

法治化是必不可少的保障措施，法治可统一国家治理的依据和标准，能够协调冲突，形成规则化的制度安排。2018年8月31日，《土壤污染防治法》的公布填补了我国土壤污染防治领域的空白，并与《水污染防治法》《大气污染防治法》共

---

① 参见郄建荣：《中央生态环保督察规定最具创新性》，载《法治日报》2019年8月2日，第6版。

② 参见毛涛：《碳达峰与碳中和背景下工业低碳发展制度研究》，载《广西社会科学》2021年第9期。

③ 参见刘诗萌：《碳排放迎来强监管》，载《华夏时报》2021年6月7日，第7版。

④ 参见张蕾：《二〇二一从十大热词看生态环境》，载《光明日报》2021年12月25日，第9版。

同构建起用法治守护净土、碧水、蓝天的“三位一体”体系。随着2020年4月修订《固体废物污染环境防治法》,2022年6月5日施行《噪声污染防治法》,我国形成了大气、土壤、水、固体废弃物、噪声“五位一体”的体系。由此可见,生态环境督察制度的功能不能局限于“加强环境执法与监督”,而应结合国家治理体系加以综合考虑,为依法治理提供直接的法律依据。

(五)严格落实生态环境督察责任制

为明确责任主体,生态环境督察实行“党政同责、一岗双责”,党是领导核心,应科学决策、民主决策,而政府部门是接受党领导的落实者和践行者,也是地方生态环境监督的责任主体,生态环境督察实行双重领导下的双重责任,充分说明我国治理环境的决心和实现生态文明的重要性。“党政同责”是针对地方党委和政府的执政理念和实践的重大创新,通过全面落实生态文明建设中党委和政府环境保护的主体责任,强化纪律约束,以形成高效负责的决策体系,而《环境保护督察方案(试行)》是落实党政同责的依据。但《环境保护督察方案(试行)》与《中国共产党巡视工作条例》《开展领导干部自然资源资产离任审计试点方案》《党政领导干部生态环境损害责任追究办法(试行)》《生态环境部约谈办法》等环境目标责任制的文件,在实施主体、实施条件和责任承担方面有无冲突以不协调因素?厘清中央生态环境保护督察办公室与环保部的各部门及地区派出部门之间的责任范围,以夯实地方党委政府环境保护的主体责任,确保形成各级党政领导班子和有关部门齐抓共管环境保护工作的长效机制。[①] 同时,中央生态环境保护督察制度应走向“常态化”,包括责任的常态化,明确的问责机制可以让决策者对督察职能的行使产生敬畏心理,又因考虑到问责后果及成本,进而从内心产生一种自觉遵守的心理,再在行动上遵守法律法规,最终达到共同提高,优化行动的效果。

总之,这场由中央启动的生态环境保护督察制度,正是我国监察制度在生态环境方面的体现,人民群众感受到了中央环境督察制度产生的成效,并对其逐渐认可。生态环境与生态经济相辅相成,中央生态环境保护监督制度应常态化,以确保生态环境、生态文明和生态经济的协调与共赢。

---

① 参见葛察忠、翁智雄、赵学涛:《环境保护督察巡视:党政同责的顶层制度》,载《中国环境管理》2016年第1期。

监察与司法衔接适用认罪认罚从宽制度研究

——基于50个职务犯罪案件的实证分析

刘　晨[*]　陈思雨[**]

［摘要］　在国家监察体制改革与司法体制改革共同推进的新时代背景下，认罪认罚从宽制度在职务犯罪治理领域的推行，对减轻监察调查取证负担，执行宽严相济的刑事政策，尤其是贯彻落实党和国家对党员干部一直以来所奉行的“严管厚爱”“惩前毖后、治病救人”的执纪执法原则精神，提升反腐败工作质效具有重要现实意义。由于具体的法规范对认罪认罚从宽制度规定的差异性，导致了监察机关在职务犯罪案件中适用认罪认罚从宽制度还存在从宽处罚建议效力不明、从宽幅度缺乏统一量化标准等问题。为此，需在制度层面明确监察从宽处理建议的诉讼证据地位，以“自愿性”要件替代“主动性”要件化解认定标准模糊性的问题，并进一步规范从宽幅度的统一量化标准，从而推进认罪认罚从宽制度在监察与司法程序中的协调衔接。

［关键词］　监察与司法　职务犯罪　认罪认罚从宽　实体要件

一、问题的提出

2014年，党的十八届四中全会通过的《中共中央关于全面推进依法治国若干重大问题的决定》首次提出“完善刑事诉讼中认罪认罚从宽制度”，为认罪认罚从宽制度改革部署拉开了序幕。2018年10月，《刑事诉讼法》第15条首次确立刑事

[*] 刘晨，西南政法大学公法研究中心研究人员。

[**] 陈思雨，西南政法大学公法研究中心研究人员。

诉讼程序中的认罪认罚从宽制度,这一制度成为刑事司法的重要原则之一。涉嫌职务犯罪的公职人员作为刑罚的对象,职务犯罪作为刑事法规范的对象当然适用认罪认罚从宽制度,2019 年 10 月最高人民检察院与最高人民法院等部门在《关于适用认罪认罚从宽制度的指导意见》中也明确了认罪认罚从宽制度的适用条件不存在适用罪名与刑罚限制,适用范围贯穿刑事诉讼侦查、起诉、审判全过程。

随着国家监察体制改革的不断深化,对职务犯罪的预防、调查、处置一直是监察工作的重要内容,在监察程序中对职务犯罪案件适用认罪认罚从宽制度是"惩戒与教育相结合,宽严相济"监察原则的应有之义。实际上,2018 年 3 月通过的《监察法》即在监察体制中确立了认罪认罚从宽制度,在时间维度上先于《刑事诉讼法》。这样一来,职务犯罪案件中的认罪认罚从宽制度便具备了跨越监察与司法、贯穿监察程序和刑事司法程序的特性,呈现出其他诉讼制度所不具有的特殊性。

然而,《监察法》与《刑事诉讼法》在认罪认罚从宽制度的构成要件及适用程序、从宽适用范围、从宽量刑幅度等方面存在规定差异,在实体审查与程序衔接上并不流畅。具体而言,监察程序中的职务犯罪认罪认罚从宽条件相比刑事诉讼程序中的更为严格;监察机关向检察机关提出的"从宽处罚建议"在后续司法程序中发挥的效力尚不明确;刑事司法程序中适用认罪认罚从宽制度,由犯罪嫌疑人在充分理解法律规定的前提下自愿签署认罪认罚具结书即可,而监察调查阶段被调查人认罪认罚后仍需经集体研究与报批程序方可适用,职权主义色彩更强;适用认罪认罚后的从宽幅度也缺乏统一的量化标准。

两部法律对于认罪认罚从宽制度的具体规定存在互补性差异和抵牾性差异,在这些差异的共同作用下,认罪认罚从宽制度在监察程序和刑事诉讼程序中的适用将会呈现出"交叉适用"和"适用冲突"的景象。① 法律规范的严格性和法律体系的自洽性,是建设发展法治体系的应有之义,此种差异与衔接不畅不仅违背了法律的形式理性要求,更会降低监察调查阶段认罪认罚程序的可操作性,给实践中职务犯罪案件认罪认罚制度的广泛适用带来阻碍,既不利于实现认罪认罚制度的实体价值与程序价值,也会导致彼此间职权重叠,引起监察与司法资源的双重浪费。

---

① 参见詹建红:《认罪认罚从宽制度在职务犯罪案件中的适用困境及其化解》,载《四川大学学报(哲学社会科学版)》2019 年第 2 期。

实际上,近年来的司法实践也反映出了认罪认罚从宽制度在监察体制与刑事司法中适用的衔接问题,各地监检法结合实际对此进行了有益尝试,但是具有局限性与不稳定性的地方实践尝试不能作为化解职务犯罪认罪认罚从宽制度适用问题的一般性解决方案。可以通过案例考察总结实践经验完善顶层设计,打破《监察法》相关条款落地实施的理论藩篱,促进监察认罪认罚与刑事司法程序认罪认罚从宽衔接规范化、法治化,为进一步深化监察体制改革提供理论参考。

二、职务犯罪认罪认罚从宽制度在监察法上之确立

随着国家监察体制改革的全面展开,打击各类职务犯罪的机构进行了职能整合与人员转隶,极大提高了预防和惩治腐败的效能。作为刑事司法中兼具实体价值与程序价值的重要制度,认罪认罚从宽制度在《监察法》上的建立是职务犯罪纳入监察机关的职责范围后的必然要求。2018 年颁布的《监察法》充分吸收了多年来试点工作的经验,首次将认罪认罚从宽制度纳入职务犯罪案件审理过程,并在理论研究与实践反馈中逐步细化规则以期促进监察与司法制度衔接,增强职务犯罪治理效能。

(一)国家监察体制改革背景下的职务犯罪惩治

2016 年 11 月,中共中央办公厅印发了《关于在北京市、山西省、浙江省开展国家监察体制改革试点方案》,为在全国逐步积累并优化监察体制改革的试验性经验,第十二届全国人大常委会第二十五次会议决定,在此三地试点设立各级监察委员会,率先进行制度层面的尝试与实践。2017 年 11 月,国家监察体制改革试点在全国推行,至 2018 年 2 月,全国范围内的 31 个省级辖区全面完成了省、市、县三级监察委员会的设立,我国的反腐败斗争进入全面实现法治化的新阶段。2018 年《宪法修正案》新设"监察委员会"一节以及《监察法》的颁布实施,标志着国家监察体制改革取得重要阶段性成果,体现了国家对于加强反腐败工作、推进全面从严治党的坚定决心和明确方向。

监察体制改革整合了监察职能,将行政监察、预防腐败和检察机关查处贪污贿赂、失职渎职及预防职务犯罪等工作力量整合至新设立的监察委员会,[①]同时实现人员转隶,充实监察机构组织。在监察对象上实现对所有依法行使公权力的公

---

① 参见秦前红、刘怡达:《国家监察体制改革背景下人民法院监察制度述要》,载《现代法学》2018 年第 4 期。

职人员的监察全覆盖,同时为保证监察职能的有效行使,增设了12项监察手段。从机构体制上改变了以往监察主体多样、监察对象缺漏、监察范围交叉、监察资源分散的情况。

反腐败领域的刑事案件将从检察机关与审判机关的二元主体模式,重新演变为监察机关负责案件侦查,检察机关依法提起公诉,审判机关独立审判的三元主体模式,是更科学的刑事案件处理模式。[①] 在监察体制改革前,监察机关对于涉及职务犯罪的案件必须移送司法机关处理,案件相关证据材料又需在审查起诉阶段重新收集,这不仅浪费了监察资源,也增加了检察机关的工作负担,降低办案效率的同时割裂了日常行为监督与职务犯罪惩处。传统纪检监察和检察院职务犯罪侦查曾经发挥了巨大的监督作用,但其无法适应经济社会的发展,离中央全面依规治党和全面依法治国的时代要求仍有差距,在打击高层次职务犯罪方面的能力和权威不足,加上党政关系的复杂性、运行程序的正当性和监督措施的合法性,要求必须进行法治化转型。[②] 监察体制改革将监察权独立于行政权、审判权和检察权,增加了对职务犯罪调查处置的权利。赋予监察机关监督、调查、处置三项基本权能,这是对行政监察和检察侦查权整合后的升级再造,是惩治和预防腐败的权力配置。[③] 原属检察机关的职务犯罪侦查权转变为监察机关的职务犯罪调查权,职务犯罪的刑事诉讼程序由"侦查—检察—审判"变为"调查—检察—审判",克服了以往职务犯罪监察机构与检察院侦查阶段职能重复、资源浪费、人员衔接不畅、同体监督等弊端,加大了职务犯罪打击力度,节约了司法资源,提高了反腐败的质量和效率。

(二)监察体制下职务犯罪认罪认罚从宽制度的建立

国家监察体制改革带来的职能转变,客观上必然产生监察与司法间直接、间接的业务衔接问题。自国家监察体制改革以来,《监察法》与《刑事诉讼法》的规范分析比较、留置与刑事强制措施的衔接与完善、移送审查起诉、从宽处罚制度的落实等问题一直为学界广泛关注与探讨,国家出台各项法规政策以促进《监察法》与《刑事诉讼法》衔接的一体化、严密化、规范化。2021年1月,国家监察委等四部

---

① 参见秦前红、叶海波等:《国家监察制度改革研究》,法律出版社2018年版,第33页。

② 参见李红勃:《迈向监察委员会:权力监督中国模式的法治化转型》,载《法学评论》2017年第3期。

③ 参见吴建雄:《国家监察体制改革若干问题探析》,载《新疆师范大学学报(哲学社会科学版)》2019年第5期。

门联合印发了《关于加强和完善监察执法与刑事司法衔接机制的意见(试行)》,对认罪认罚从宽建议的适用标准、量刑效果、对接方式、沟通机制等问题进行了集中阐述。监察权的加强、监察对象的全覆盖等反腐败高压态势体现的是监察制度的“严”,《监察法》第34条、第35条确立的监察法视域下的认罪认罚从宽制度则体现了监察制度的“宽”,“惩前毖后、治病救人”,“惩戒与教育相结合”是《监察法》与《监察法实施条例》共同确立的原则,同时契合刑事犯罪认罪认罚从宽制度“该严则严,当宽则宽;严中有宽,宽中有严;宽严有度,宽严审时”[①]的刑事政策核心价值。

监察法认罪认罚从宽是对《刑事诉讼法》认罪认罚从宽在职务犯罪治理领域的进一步实践化。[②] 基于认罪认罚从宽制度的试点实践的经验总结,早在2018年3月,监察调查程序中的认罪认罚从宽制度就以监察基本法的形式确立了起来,《监察法实施条例》则对其适用条件、程序等进行了进一步的细化规定。随着《关于适用认罪认罚从宽制度的指导意见》的出台,认罪认罚从宽制度的适用范围正式从刑事诉讼程序向前延伸至监察调查程序。[③]

监察与刑事司法领域的认罪认罚从宽制度宽严相济的核心价值和预期功能基本趋同,兼具实体价值与程序价值。有效落实对被追诉人的实体权利供给,即给予其从宽处罚的优待,应当成为完善认罪认罚从宽制度的首要目标。[④] 在监察调查阶段建立起认罪认罚从宽制度,一方面,有助于从内在原因上降低调查阶段刑讯逼供、暴力取证、违规留置的风险,增强被调查人的人权保障,实现认罪认罚从宽制度的实体价值。通过被调查人主动到案、如实坦白、自愿认罪认罚等形式,让被调查人主动悔罪、深刻认识错误,降低人身危险性,真正实现不敢腐、不能腐、不想腐的长效机制。另一方面,程序价值虽不应作为认罪认罚从宽制度的核心本义,但却可以成为制度推进的现实动因。通过给予被调查人主动供述的机会,有效降低了由职务犯罪案件特有的手段复杂性、言词证据易变性、犯罪主体反侦查性导致的调查取证难度,降低监察工作难度,提高职务犯罪案件的办案效率,节约

---

① 马克昌:《宽严相济刑事政策研究》,清华大学出版社2012年版,第74-75页。

② 参见王学辉、徐寅智:《监察法视阈下认罪认罚从宽制度的检视与优化》,载《理论月刊》2021年第11期。

③ 参见《准确把握监察法和刑事诉讼法规定的认罪认罚从宽制度》,载《中国纪检监察报》2018年11月23日,第2版。

④ 参见左卫民:《认罪认罚何以从宽:误区与正解——反思效率优先的改革主张》,载《法学研究》2017年第3期。

司法资源。尽管如此,监察机关行使监察权与司法机关行使司法权在权力性质上的根本区别仍不可忽略,监察体制改革背景下的监察从宽处罚制度具有监察特色,在条件、范围、程序、效力等方面都存在明显的差异性。因此,为确保监察认罪认罚从宽制度的准确适用,必须清晰界定其与刑事司法程序中认罪认罚从宽制度的具体区别,从而明确二者的适用范围,构建合理的衔接机制。

(三)职务犯罪认罪认罚从宽制度的规范分析

《监察法》中的认罪认罚从宽制度包括实体和程序两个方面的规定。

1. 职务犯罪案件适用认罪认罚从宽的实体要件

职务犯罪认罪认罚从宽的实体要件采用一个基础性条件和四种法定从宽情形的模式。其中,基础性条件即"被调查人主动认罪认罚",又可拆解为适用对象、主观要件与行为要件三部分。

首先,在监察认罪认罚从宽制度的适用对象上,《监察法实施条例》第 218 条对 2018 年《监察法》第 32 条[①]的规定进行了进一步明确。根据这一规定,监察从宽处罚建议的适用对象被严格限定为职务犯罪人员,而不包括仅涉及职务违法案件的个体。然而,值得关注的是,根据《监察法》第 32 条的规定,被调查人"揭发有关被调查人职务违法犯罪行为"是获得监察从宽处罚建议的途径之一,此时并不局限于职务犯罪行为。

其次,在主观要件和行为要件的要求上,有别于刑事诉讼中的认罪认罚从宽制度,监察认罪认罚从宽制度的适用对被调查人的主观心态要求较为严格,以被调查人"主动"认罪认罚作为从宽处理的前提条件,即要求被调查人主动认识到所犯罪行、愿意接受量刑处罚,并且主动悔过、改恶向善;换言之,消极性、被动性的自愿认罪认罚不能符合在监察调查阶段适用认罪认罚从宽制度的条件。相较而言,在刑事司法领域,"'认罪'实质上就是'认事',即承认指控的犯罪事实,这里的犯罪事实应指主要犯罪事实……'认罪'的表现形式可以是自首、坦白,也可以是当庭认罪等其他表现形式"[②]。刑事诉讼的认罪认罚适用仅要求犯罪嫌疑人的"自愿性",主动认罪、投案自首即可作为获得更大量刑"优惠"的情节,由此可见,《监察法》第 34 条规定的认罪认罚相较于《刑事诉讼法》第 15 条规定的"自愿如实供述"对被调查人的主观意愿考察较为严格。

---

① 现对应 2024 年《监察法》第 35 条。

② 胡云腾主编:《认罪认罚从宽制度的理解与适用》,人民法院出版社 2018 年版,第 77－78 页。

最后,在《监察法》第34条规定的四种法定从宽情形中,除第1项要求被调查人具有"真诚悔罪悔过的"主观心理状态外,第2项在如实供述的案件范围上不仅要求被调查人如实供述所涉案件还要求供述监察机关尚未掌握的行为,该行为不仅包括职务犯罪行为还包括职务违法行为,此外还附加了被调查人对调查工作提供积极配合的要求。第3项、第4项则分别与《刑法》第383条第3款"积极退赃"和第68条"重大立功"规定的情形基本相同。由此可见,《监察法》上的认罪认罚规定与刑事司法领域的规定相近但又不完全一致,总体而言适用要求更严格。此种情况一是提高了监察机关工作人员对从宽条件的认定难度,可能造成监察阶段认罪认罚从宽制度的适用障碍;二是可能在司法实践中产生法律适用、认定标准、从宽幅度等方面的差异。

2. 职务犯罪案件适用认罪认罚制度的程序要件

(1)"集体研究"程序。在监察调查阶段启动认罪认罚从宽制度的程序性前置条件是,经本级监察机关领导人员集体研究认定被调查人符合法定实体要件,即需要本级监察机关"集体"研究决定。但是,对于集体研究的表决方式和通过流程尚未形成统一规范,如到会人数要求、表决形式以及通过率等,[①]有待实践检验和立法上的进一步完善。

(2)报批程序。集体研究程序导向两种结果,案件若经过本级监察机关集体研究后,被认定为不具备适用从宽制度的法定条件,则仍然遵循办理职务犯罪案件的一般流程。如果经本级监察机关集体研究认为符合认罪认罚标准,则须报上一级监察机关"批准"。在监察认罪认罚适用的决定上采用"两级"审查调查和监督程序,存在正反两面影响。从积极的角度来看,报批程序无疑能够提高认罪认罚制度适用的准确性,得以最大限度地避免适用错误、案件漏洞以及腐败等因素对案件调查结果的影响;但从另一个方面来看,此制度实际上把适用认罪认罚从宽制度的决定权放在了上一级监察机关手中,有学者指出,此程序的设置,非但没有实现其在限制监察机关权限方面的价值,反而实际上由于上级监察机关更高的政治属性加持,在实际效果上使监察机关适用认罪认罚从宽制度的权力范围更加

① 参见王圭宇:《监察程序中认罪认罚从宽制度的适用条件论——以〈监察法〉第三十一条为中心》,载《河南社会科学》2022年第5期。

广泛,①并且有可能对本级检察机关和审判机关造成压力。另外,在一定程度上,双重程序也会造成监察机关调查案件效率降低,导致资源浪费。

三、纪检监察与刑事司法衔接适用认罪认罚从宽制度的实践考察

对于监察和司法程序中适用认罪认罚从宽制度的衔接问题,在职务犯罪案件层出不穷的背景下,由于立法规定存在差异、学界亦未形成一致观点,因此倒逼司法机关在具体操作中进行各种尝试。然而,从检索到的裁判文书来看,地域性做法尚未在全国范围内形成统一经验,司法实践中暴露出的监察机关从宽处罚建议效力不明、从宽幅度标准不一等制度衔接适用中的具体问题仍值得进一步探讨。

(一)学理争议及其基本观点

从学理上来看,目前学界对于监察和司法程序中适用认罪认罚从宽制度的协调存在一元说和二元说两种理论路径。

一元说主张通过修改法律的方式使二者在概念、认定标准等要件上达成一致,以实现法律体系内在一致。主要观点是修改《监察法》使其与《刑事诉讼法》一致,而非修改《刑事诉讼法》,其原因在于,一方面,监察机关开展职务犯罪案件调查,也属于刑事侦查范畴,并不存在实质性区别;另一方面,《刑事诉讼法》对于认罪认罚从宽的适用条件规定得较为宽松,并无上述"主动性""真诚悔罪悔过"等要求,能够更好地实现鼓励犯罪嫌疑人或被调查人积极认罪认罚的制度价值。二元构造说则认为《监察法》与《刑事诉讼法》中关于认罪认罚从宽的规定可以实现基于现有制度的协调并存,具体而言,部分学者提出监察过程中认罪认罚的适用影响刑事司法的效力,体现为检察院提出量刑建议与法院定罪量刑时,均需以监察机关对被调查人作出的认罪认罚从宽建议为重要根据。目前学界尚未形成通说。

笔者认为,一元说并不可取。《刑事诉讼法》虽然与《监察法》均具有追究犯罪行为刑事责任的程序性内容,但在立法宗旨上有显著不同。前者主要是为了保障《刑法》的正确实施,而后者则更多地服务于深化国家监察体制改革、加强对公职人员的监督,因此,二者在调整对象、制度设计以及价值取向上均有区别。《监察法》严格化认罪认罚的适用条件,在一定程度上体现出党对加强党风廉政建设和反腐败斗争的决心,也能对有思想滑坡倾向的公职人员起到震慑作用。若忽视

---

① 参见周慧琳:《监察程序中适用认罪认罚从宽的误区及其校正》,载《昆明理工大学学报(社会科学版)》2020年第5期。

此种立法宗旨的差异，出于便利司法和经济性考量而将二者规定趋同，虽然短期来看能够节约司法成本，但长此以往将消释《监察法》作为反腐败国家立法的价值。

（二）司法实践中职务犯罪案件认罪认罚从宽制度适用状况

笔者以“职务犯罪”“认罪认罚从宽”为关键词，通过北大法宝检索并阅读2017—2023年的相关案例68件，筛选其中符合条件的50件案例作为分析样本（见表1）。在50份分析本中，职务侵占罪5件，占比10%；非国家工作人员受贿罪2件，占比4%；挪用公款罪4件，占比8%；受贿罪15件，占比30%；贪污罪12件，占比24%；挪用资金罪4件，占比8%；行贿罪7件，占比14%；滥用职权罪1件，占比2%，具体如表1所示。

表1　50份认罪认罚从宽案件罪名类型及占比

涉嫌罪名	案件数量（件）	占比（%）
职务侵占罪	5	10
非国家工作人员受贿罪	2	4
挪用公款罪	4	8
受贿罪	15	30
贪污罪	12	24
挪用资金罪	4	8
行贿罪	7	14
滥用职权罪	1	2
总计	50	100

主观要件上，有别于刑事诉讼中的认罪认罚从宽制度，监察认罪认罚从宽制度的适用对被调查人的主观心态要求较为严格。但根据检索所得案例样本来看，在笔者筛选的50份裁判文书中，并无在说理部分强调被告人具有主动认罪认罚情节，而仅阐述“如实供述”“自愿认罪认罚”等情节。在肖某受贿案①中，泰兴市监察委员会工作人员出具的肖某涉嫌受贿案案件来源及到案情况说明证实，“调查期间，被告人肖某未能配合监察机关如实讲清问题，认罪态度较差”，这已经明

① 参见江苏省泰州市海陵区人民法院刑事判决书，（2019）苏1202刑初219号。

显不具有认罪认罚的主动性,但由于肖某当庭表示自愿认罪认罚,最终仍依据《刑事诉讼法》第15条对其从宽处罚。由此可知,审判环节并未将被告人认罪认罚的主动性作为重要考量因素,此处存在监察与司法衔接不畅的问题。对此,有学者指出"主动性"的认定标准存在模糊性。《监察法实施条例》中仅对具体情形进行了列举,并未对"主动认罪认罚"的认定标准进行明确,进而可能导致实践中存在理解上的障碍,如经过组织教育后才认罪认罚的,是否属于"主动认罪认罚",可否适用监察从宽处罚建议?[①] 此问题或会导致实践中监察认罪认罚从宽的适用困难,进而影响后续审判进程。

具体行为上,《监察法》第34条规定了四种从宽情形,[②]对于此四种情形,《监察法实施条例》亦作出了进一步细化规定,不难看出,从宽情形正是被调查人"主动性"的主观心态在客观行为上的体现。在司法实践中,裁判文书亦以"主动投案""如实供述""积极退赃"等表述予以明确。

在《监察法实施条例》实施以前,有学者提出监察过程中存在《刑事诉讼法》中认罪认罚从宽规范的"前伸适用"[③],即由于《监察法》对认罪认罚从宽制度的规定较为模糊宽泛,实际上导致了监察机关在办理职务犯罪案件时将《刑事诉讼法》中认罪认罚从宽的规定作为依据标准。随着《监察法实施条例》对监察程序中认罪认罚从宽制度进行了进一步的细化规定,监察机关在调查案件过程中对被调查人认罪认罚的认定标准不再存在障碍,但该制度在监察程序与刑事诉讼程序间的衔接适用仍存在问题。

(三)监察与司法衔接适用认罪认罚从宽制度的具体问题

从笔者所筛选的典型案例来看,监察与司法程序的认罪认罚制度的衔接问题症结有两个。首先,监察机关提出的"从宽处罚建议"效力的问题,此文书由监察机关在将案件移送人民检察院时一并提出,实为连接监察与司法程序的桥梁所在,其效力直接关系到监察机关介入司法程序的权力范畴。其次,从结果来看,在认罪认罚从宽这一刑事政策原则的指引下,司法机关在处理认罪认罚职务犯罪案

---

① 参见周建成:《论监察从宽处罚建议制度的适用及其完善》,载《海南大学学报(人文社会科学版)》2025年第1期。

② 具体包括:自动投案,真诚悔罪悔过的;积极配合调查工作,如实供述监察机关还未掌握的违法犯罪行为的;积极退赃,减少损失的;具有重大立功表现或者案件涉及国家重大利益等情形的。

③ 詹建红:《认罪认罚从宽制度在职务犯罪案件中的适用困境及其化解》,载《四川大学学报(哲学社会科学版)》2019年第2期。

件时的从宽幅度把握亦值得关注。

1. 监察机关从宽处罚建议效力不明

根据《监察法》第 34 条的规定，在符合法定实体要件和程序要件的基础上，监察机关可以在移送人民检察院时提出从宽处罚的建议。对于此处立法采用的“建议”一词，《监察法》、《刑事诉讼法》以及《监察法实施条例》均未对其效力进行明确，亦未规定这一建议在后续刑事诉讼程序中发挥效力的具体方式，这将导致监察机关与司法机关之间的理解差异。对此，在解释上存在两个困惑：首先，“从宽处罚的建议”可否解释为《监察法》第 71 条规定的“监察建议”，即将其认定为监察建议的一种类型，从而赋予其强制效力。有学者认为应当赋予其对后续诉讼阶段的约束力，但目前无论是《刑事诉讼法》还是刑事实体法，均未规定将监察机关提出的从宽处罚建议作为从宽量刑的依据，依此路径确定监察机关从宽处罚建议的效力，势必造成监察与司法冲突的局面。其次，监察从宽建议是否具有刑事证据效力？实践中的做法往往是监察机关决定适用认罪认罚从宽制度后，将从宽处罚建议作为《起诉意见书》的一部分一并提出，或单独向检察机关出具《关于建议给予×××从宽处理的建议函》，基于此种形式，有学者明确提出将从宽处罚建议材料纳入诉讼证据审查范围，①此观点还有待实践的进一步检验。

表 2　监察从宽建议对审判的影响情况分类及占比

监察从宽建议对审判的影响	案件数量(件)	占比(%)
裁判文书未写明监察机关出具从宽处理建议	41	82
在判决理由中予以采纳	6	12
作为证据列明	3	6

案例样本显示，司法实践中监察认罪认罚建议之效力在审判环节并未形成统一标准。如表 2 所示，在 50 件案例当中，在说理部分明确采纳监察机关的从宽建议的裁判文书仅有 6 件。例如，柯某行贿案②中认罪认罚的从宽处罚量刑说明为“监察机关亦提出从宽处罚的建议，其主动认罪认罚，可以从宽处理”。张某犯掩饰隐瞒犯罪所得、受贿案③中，监察机关认为张某具有到案后主动认罪认罚、真诚

---

① 参见王佳云、陈辉：《监察机关从宽处罚建议的司法回应》，载《江苏社会科学》2022 年第 4 期。

② 参见湖北省十堰市茅箭区人民法院刑事判决书，(2019)鄂 0302 刑初 497 号。

③ 参见内蒙古自治区赤峰市松山区人民法院刑事判决书，(2019)内 0404 刑初 574 号。

悔过、积极配合调查工作等从宽处罚情节,法院裁判为"公诉机关所提监察机关在移送检察机关时提出可以从宽处罚的建议适当,予以支持"。其余案例均未写明监察机关是否出具从宽处理建议,仅依据《刑事诉讼法》或《监察法》中的从宽处理条款进行判决。

例如,在龙某某贪污案[①]中,既没有表明监察机关出具了从宽处理建议也没有说明被告人已经签署认罪认罚具结书,法院则适用《刑事诉讼法》第 15 条认定"其在自首后积极退缴贪污所得赃款,自愿认罪认罚,依法可以从宽处罚"。在熊某某贪污案[②]中,被告人在留置期间主动交代办案部门未掌握的主要犯罪事实,即使未体现监察机关出具了从宽处罚建议,但由于被告人当庭自愿认罪,法院仍可适用《监察法》第 34 条对其从宽处罚。祝某某贪污、受贿、虚开发票、受贿案[③]判决书中仅有被告人被监察机关带回后如实供述了监察机关未掌握的贪污罪行的事实说明,没有监察机关出具从宽处理建议的说明,但对于被告人在调查阶段认罪认罚同样适用《刑事诉讼法》第 15 条予以从宽处罚。由此可见,在司法实践中监察机关连同向检察机关一并移送从宽处理建议以及被调查人在监察调查阶段认罪认罚均不是适用监察领域认罪认罚从宽的必要条件。

另有 3 份裁判文书直接将监察从宽处罚建议作为法定证据列明。王某平、王某军挪用资金案[④]中法院采信监察机关出具的从宽处理建议以证实"二被告人在调查期间能够积极配合调查工作,真诚悔过",并未提及被告是否在审查起诉阶段签署认罪认罚具结书。同时适用《监察法》第 34 条将从宽处理建议作为从轻处罚的裁判理由,"二被告人到案后均能如实供述自己的罪行,鹤壁市山城区监察委员会亦对王某平、王某军提出从宽处理建议,依法可以从轻处罚"。王某行贿案[⑤]中法院也采信了监察机关出具的《对王某适用从宽处罚建议的情况说明》以证实:"王某于 2018 年 11 月 8 日被牟定县监察委员会立案调查并采取留置措施后,积极配合案件调查,主动认罪认罚……建议对王某从宽处罚。"同时该判决书也未提及被告是否在审查起诉阶段签署认罪认罚具结书。此外,由于法院在量刑中对坦白情节和立功情节给予充分考虑,故不再对当庭自愿认罚等酌定从轻处罚情节给予评价。裁判

① 参见贵州省麻江县人民法院刑事判决书,(2022)黔 2635 刑初 12 号。
② 参见江西省吉安市中级人民法院刑事判决书,(2019)赣 08 刑终 245 号。
③ 参见黑龙江省勃利县人民法院刑事判决书,(2021)黑 0921 刑初 55 号。
④ 参见河南省鹤壁市山城区人民法院刑事判决书,(2018)豫 0603 刑初 52 号。
⑤ 参见云南省牟定县人民法院刑事判决书,(2019)云 2323 刑初 42 号。

依据既未适用《刑事诉讼法》第15条也未适用《监察法》第34条，但最终仍认定“被告人王某认罪认罚，并积极履行财产刑，缴纳了罚金，可对其从宽处罚”。

区别于前述两个案例，许某平、邱某琴贪污案①的判决书将监察机关从宽处罚建议的函与认罪认罚具结书同时作为证据列明，“上述事实，有公诉人向法庭出具的下列证据予以证明：……漾濞彝族自治县监察委员会从宽处罚的请示、中共大理州纪委大理州监委第三纪检监察监督室同意从宽处罚建议的函、认罪认罚具结书……”判决理由中采纳了律师的辩护意见，“被告人构成贪污罪无异议，其系初犯，认罪态度好，退清全部案款，悔罪表现积极，办案机关亦表示对其从宽处罚”。办案机关的从宽处罚建议仅具有对被告签署认罪认罚具结书和当庭认罪认罚表现的补充说明效力，还是与其共同构成最终认罪认罚从宽的必要条件，并未明确，最终裁判理由仅为“鉴于其自愿认罪认罚……可以对其宣告缓刑”。裁判依据既未适用《刑事诉讼法》第15条也未适用《监察法》第34条。由此可见，从宽处理建议作为证据的证明效力也并未明确。

总体而言，由于监察机关从宽处理建议的法律效力并不明确，在审判中并不是“从轻、减轻、免除”量刑从宽的必要依据，因此监察机关缺乏提出认罪认罚从宽建议的必要性，造成职务犯罪认罪认罚从宽制度适用的不规范、不统一，各级司法机关在立法尚未明确的情况下正结合实践情况进行有益尝试。

2. 从宽幅度缺乏统一量化标准

虽然《刑事诉讼法》第15条确定了认罪认罚从宽制度，但仅作为基本原则进行规定，对于在何种情况下进行从宽、从宽具体幅度等问题未进行明确说明。2019年出台的《关于适用认罪认罚从宽制度的指导意见》对认罪认罚后“从宽”的把握进行了一定程度的细化规定。随着认罪认罚从宽制度在刑事诉讼程序中逐渐发挥愈加重要的作用，实践中各法院已经作出了尝试。以笔者实习所在的基层法院为例，结合检察机关出具的认罪认罚具结书及其他法定从宽情节，已经形成了较为成熟的从宽幅度惯例。在职务犯罪案件中，虽然《监察法实施条例》对于《监察法》中的“从宽处罚的建议”进行了更加具体化的规定，即包括“从轻、减轻或者免除处罚等从宽处罚建议”，但对于具体从宽幅度并未有进一步的细化规定，需要法院自行把握。这一自由裁量空间或给司法实践造成适用困难，同一量刑情

---

① 参见云南省漾濞彝族自治县人民法院刑事判决书，(2019)云2922刑初7号。

节在从轻、减轻、免除处罚的选择上存在明显差异。

有学者认为,监察机关应当提出较为精确的从宽处罚建议书,其内容主要包括主刑、附加刑、缓刑适用建议等。① 笔者认为此方式有待商榷。第一,若监察机关出具较为精确的从宽处理建议书,或会因监察机关的政治属性给予后续审查起诉、审判环节无形的压力,造成监察对司法的不当干预。第二,由于各机关对案情、法律适用以及量刑标准的认定存在差异,监察机关建议的从宽幅度有可能与上述司法机关形成的惯例标准存在冲突,需要再次协商以达成一致,不利于审理效率的提高,甚至会造成监察与司法相冲突的局面。第三,监察机关主要在职务犯罪的调查阶段发挥作用,此阶段实为职务犯罪处理初始阶段,后续程序中可能出现新的犯罪证据,以及翻供、拒绝配合审理等情况,此时监察机关在一开始出具的从宽处罚建议将不再符合案件的实际情况,无法得到适用。此时,一方面,监察机关最初提出的从宽承诺无法得到兑现,势必造成被调查人对量刑优惠期待的落空,导致认罪认罚意愿的下降;另一方面,也会影响监察机关的权威和公信力。

四、监察与司法衔接适用认罪认罚从宽制度的完善路径

在明确了实践中衔接适用认罪认罚从宽制度的具体问题的基础上,笔者认为应当以明确监察机关从宽处理建议的地位为抓手,同时对监察认罪认罚从宽制度的构成要件进行适当调整,在从宽幅度的规范化上则以立法形式予以明确,从而破解制度衔接难题。

(一)明确监察机关从宽处理建议的法律效力

从司法实践来看,监察建议与检察主导之间实现了有效的衔接与贯通。② 由于《监察法》上认罪认罚标准更严格,监察机关若提出认罪认罚从宽处理建议,除事实不清、证据不足的情况外,检察机关一般会依法采纳该建议;监察机关若未提出认罪认罚从宽处理建议,那么犯罪嫌疑人也不会因此丧失享有量刑优惠的权利。根据《刑事诉讼法》的规定,犯罪嫌疑人必须以检察机关向其阐明认罪认罚的法律规定,确保其明确知悉所享有的诉讼权利为前提,同时满足犯罪嫌疑人本人、

① 参见王学辉、徐寅智:《监察法视阈下认罪认罚从宽制度的检视与优化》,载《理论月刊》2021 年第 11 期。

② 参见朱福惠、黄奕恺:《认罪认罚从宽制度的体系化适用——基于监察与司法衔接视角的考察》,载《厦门大学学报(哲学社会科学版)》2022 年第 5 期。

辩护人或者值班律师的意见得到听取和记录的严格程序要求，在辩护人或值班律师在场的情况下才能签署认罪认罚具结书。换言之，即使监察机关不提出认罪认罚从宽的处罚建议，检察机关也必须全面履行法律监督与认罪认罚从宽适用的职责，并在各个环节严格保障犯罪嫌疑人认罪认罚的真实性、自愿性。由此可见，监察机关提出认罪认罚从宽处罚的建议不是检察机关适用认罪认罚程序的必要条件，应当明确其法律效力，为实践中形成的衔接与贯通提供有力支持，从而提高职务犯罪认罪认罚从宽的实践适用率。无论是否赋予其强制力，检察机关都应当充分发挥法律监督职能。职务犯罪认罪认罚案件移送至审查起诉环节后，检察机关对案件不应仅是程式化对接，而应充分发挥检察职能，严格把关办案质量。① 检察院应当对监察机关移送起诉的案件认罪认罚从宽的证据材料进行审查，确保职务犯罪嫌疑人认罪认罚从宽的自愿性与合法性。避免为减轻处罚而滥用认罪认罚从宽制度，对缺乏自愿性的认罪认罚，人民检察院可以在与监察机关沟通的前提下重新开展工作。

在司法审判阶段，若不明确监察机关认罪认罚从宽处理建议的法律效力，容易出现说理不清、法律适用不统一的情况。根据案例样本，法院的裁判文书很少体现监察机关的从宽处理建议，或作为证据列明或在说理部分采纳，这部分裁判文书并不以《监察法》第 34 条作为法律依据，而是依据《刑法》及其他司法解释中关于从宽处理的规定。一旦写明监察机关提出了从宽处罚建议，法院可能会在裁判文书的判决理由部分予以采纳，如“监察机关亦提出从宽处罚的建议，其主动认罪认罚，可以从宽处理”，“同时结合监察机关出具的从宽处罚建议，依法可从轻处罚”，同时以《监察法》第 34 条作为法律依据。

《监察法》规定的认罪认罚从宽条件相较于《刑事诉讼法》上的认罪认罚从宽条件更为严格，因此只要监察机关提出从宽处理建议依据的事实清楚、属实，检察院和法院就必然依法采纳。但不能因此推定从宽处理建议具有法律强制力。在裁判理由中，对于监察机关的从宽处理建议的采纳是在符合坦白、自首、立功等法定从宽条件后对于监察机关提出建议的确认，即符合《刑法》或相关司法解释规定的法定从宽标准才是从宽处理的根本原因。若监察机关仅提供在监察调查阶段认定犯罪嫌疑人具有法定认罪认罚适用情节所依据的证据材料，而未在移送起诉

---

① 参见王学辉、徐寅智:《监察法视阈下认罪认罚从宽制度的检视与优化》，载《理论月刊》2021 年第 11 期。

时作为《起诉意见书》的内容一并提出,在提起公诉前,也未单独形成从宽处罚建议书移送人民检察院,人民法院也会再次核实证据并据此适用相关司法解释中关于自动投案的规定、《刑法》犯罪后有悔改表现,积极退赃的,可以减轻处罚或免予刑事处罚”以及《刑法》第 67 条、第 68 条关于自首、立功、坦白的规定,从而达到从宽处理的量刑效果。

总之,笔者认为不宜直接赋予监察机关的从宽处理建议法律强制力,更恰当的做法是,将其作为检察机关和司法机关认定犯罪嫌疑人在前期调查阶段的主观悔过态度的参考证据,因其由监察机关背书而具有更强的证明效力,在符合法律规定的情况下应当予以采信。此外,监察机关从宽处理建议的内容和效力应当在裁判文书中体现,以实现该制度的激励效果。

(二)以“自愿性”取代“主动性”

“主动认罪认罚”中“主动”的模糊性给监察机关工作人员认定认罪认罚增加了难度,容易产生法律适用错误的问题,这也是《监察法》颁布实施以来,监察机关慎重适用该法第 31 条规定的认罪认罚从宽制度、较少提出认罪认罚从宽处罚建议的原因之一。

“主动性”是一个主观性很强的概念,实践中不同地区的监察机关在认定“主动性”方面存在较大差异。① 根据主客观相统一原则,主观见之于客观,被调查人自愿认罪认罚并具有四种法定具体行为之一,已经能够说明其认识到了自身行为的违法性,并愿意承担相应的法律后果,具有改过自新的意愿,其认罪认罚能够达到真诚悔罪的标准,无须再以主动性作为必要条件。相比于刑事法律规定的自首,《监察法》除自动投案以外,还要求被调查人“真诚悔罪悔过”,对其主观态度加以限制;对比《刑法》中关于坦白的规定,《监察法》中增加了“如实供述监察机关还未掌握的违法犯罪行为”的要求,“积极配合调查工作”的主观心态要求,仅是如实供述本人的犯罪行为并不能达到监察领域认罪认罚从宽的标准。此外,构成《监察法》中立功的标准相较于刑事领域也更严格,《刑法》中犯罪嫌疑人依立功表现享受从宽量刑“优惠”的起点是一般的立功情形,即揭发他人犯罪行为或者提供重要线索且满足一定条件,重大立功则是提高了量刑优惠的幅度。但《监察法》

---

① 参见王圭宇:《监察程序中认罪认罚从宽制度的适用条件论——以〈监察法〉第三十一条为中心》,载《河南社会科学》2022 年第 5 期。

中限缩为“重大立功”[①],排斥了轻微的、一般程度的立功行为,量刑优惠的条件适用起点明显更高,也并未设置高低相异的量刑幅度。

(三)从规范上明确从宽幅度

笔者认为,若要解决从宽幅度缺乏统一量化标准之问题,需要国家监察委员会以制定具体规定的形式进行规范。对存在《监察法实施条例》第 214 条至第 217 条规定依法可以提出从宽处理意见的情况,综合考量对案件调查所作出的贡献,是否有重大立功等情况,明确规定每类情况的从宽处理幅度。理由在于:其一,仅规定从宽幅度,无须由监察机关提出主刑、附加刑等从宽处理建议,后续司法机关对该建议接受程度较高;其二,以具体从宽幅度取代“从轻”“减轻”等模糊表达,有利于监察机关的从宽承诺在后续审查起诉阶段兑现;其三,以具体规定的形式确定统一标准,也将对职务犯罪案件规范化处理产生积极影响,促进各机关之间的协调配合。

五、结语

职务犯罪案件适用认罪认罚从宽制度,在立法层面关乎法律体系的完善和制度价值的实现,在实践层面关乎监察、检察、法院三大机关在程序运行中的调适。笔者认为,职务犯罪案件适用认罪认罚从宽制度,其基本目的在于寻求监察与刑事司法程序的协调衔接。基于对《监察法》规定的认罪认罚构成要件的规范分析,一方面,需进一步明确监察机关从宽处理建议的诉讼证据地位,不赋予其法律强制性;另一方面,在认定职务犯罪被调查人符合认罪认罚适用条件时以“自愿性”要素代替“主动性”要素,适当优化配置监察机关适用认罪认罚从宽制度的权限。当然,在此仅论述了认罪认罚从宽制度在监察和司法程序中的衔接适用问题,对于监察机关在司法程序中的体系性地位未作过多的探讨,期待更多学者关注监察程序与刑事司法程序的衔接问题,进一步促进国家监察体制改革和反腐工作的深入推进。

---

① 根据《监察法实施条例》第 217 条的规定,重大立功情节包括:“(一)检举揭发他人重大犯罪行为且经查证属实的;(二)提供其他重大案件的重要线索且经查证属实的;(三)阻止他人重大犯罪活动的;(四)协助抓捕其他重大职务犯罪案件被调查人、重大犯罪嫌疑人(包括同案犯)的;(五)为国家挽回重大损失等对国家和社会有其他重大贡献的。”

御史在清末都察院改革中的自救行动及其困局

——以“弹劾奕劻案”为例*

杨国栋**

导　论

作为我国古代官员监察机构发展的最终产物，都察院在清代实际上成为辅助皇权对百官进行监督并通过对政事与民生提出条陈等方式进行建议而稳定统治之工具。在清末预备立宪活动中，与欧美所谓立宪国相比，都察院作为清代的监察权行使机构，其改制与存废问题更成为所谓改革派与传统派之间政治博弈的重要战场，其间更掺杂有清廷官员的派系与满汉的斗争因素。总体而言，目前学界对于都察院改制的研究主要围绕改制方案、派系立场、改制内容、权力争夺等展开，对都察院及其成员为进行机构与官员职业生涯自救所进行的努力关注较少。虽然有学者在其论文中对都察院官员通过官制改革方案建议体现的自救行为进行过探讨，①但未阐述他们如何通过对弹劾权的行使及由此获得的舆论支持来进行目的为机构自救的活动。本文将对这一问题，在上述研究的基础上，通过分析相关案件的处理来进行探讨。

---

* 本文是重庆市哲学社会科学规划项目（重庆社科培育项目）“职务犯罪案件中监检衔接问题规范化研究”（项目编号：2022PY98）的中期成果。

** 杨国栋，西南政法大学行政法学院/纪检监察学院副教授、硕士生导师，研究方向为行政法学、欧盟公法、监察法学。

① 参见杨芹：《从都察院到平政院（1901—1916）——清末民初的官员监督与惩戒》，吉林大学2020年博士学位论文。

一、清代都察院职权及其运行问题

清代都察院为承袭明代监察制度而设置的最高专职监察机关。与其他朝代相比,清代都察院自皇太极于崇德元年将其设置之初就与强化皇权密不可分。[①]都察院长官为从一品的左都御史满汉各一、正三品的左副都御史满汉各二。都察院下设六科、十五道、五城察院、宗室御史处和内务府御史处等监察机构。其中,为监察六部而设置的吏户礼兵刑工六科与京畿道、河南道、江南道、浙江道、江西道、山东道、陕西道、山西道、湖广道、福建道、四川道、广东道、广西道、云南道和贵州道等十五道为其最核心的机构,即所谓的"科道"。[②] 除此之外,清朝地方总督一般挂都察院右都御史衔,巡抚等挂右副都御史衔,形式上属于监察系统的一部分而对其下属之官员享有监察权。[③] 都察院左都御史与六部尚书平级,有利于实现都察院对六部官员的监察权之行使及其相对独立性。

作为中国历史上第一部以皇帝名义颁布且级别最高的有关监察制度的法典,《钦定台规》的编纂使清朝以都察院为核心的监察制度之运行有了明确规范的法律支撑,更明文确定了皇帝的最后监察权。[④] 到雍正一朝,将本来互不干涉的六科给事中与都察院合并,六科给事中正式纳入都察院之下。"科道合并"的结果一方面减少了两者之间的牵制,实现了以都察院为最高监察机关的监察体系的统一性和体系性,提高了监察系统的效率和严密性,但也使对君主的"谏议"制度遭到破坏。除此之外,清代监察制度的另一特点是"台谏合一"的最终实现,即纠劾官员的台官与规谏君主的谏官在职责上的统一。[⑤] 然而,两项职责合一的结果实际上导致清代科道官只能监督官员而事实上失去了对君主及其秘书班子的监察权。军机处的设立更使科道官的封驳只剩驳奏之权而无封敕之权。[⑥] 监察制度在清代臻于完备严密实际上是与君主专制权力的强化相一致的,这实际上意味着监察机关基本上成为君主控驭群臣的工具。

作为以六科十五道为核心的最高监察机关,《钦定台规》规定了督察院官员可

---

① 参见胡沧泽:《中国监察史论》,中国书籍出版社 2012 年版,第 113 页。
② 参见胡沧泽:《中国监察史论》,中国书籍出版社 2012 年版,第 113 - 114 页。
③ 参见张晋藩主编:《中国古代监察制度史》,中国方正出版社 2013 年版,第 248 页。
④ 参见张晋藩主编:《中国古代监察法制史》(修订版),江苏人民出版社 2017 年版,第 406 页。
⑤ 参见赵贵龙:《中国历代监察制度》,法律出版社 2010 年版,第 89 页。
⑥ 参见胡沧泽:《中国监察史论》,中国书籍出版社 2012 年版,第 117 页。

以行使包括谏君与纠臣在内的,涵盖对结党、财政开支、考试、刑名案件在内的各项权力。[①] 具体而言,在中央层面,六科给事中分别对对应六部的核心政务进行监察:吏科监察考试、选官与人事,户科监察赋税与在京各衙门之开销,礼科监察典礼相关事务,兵科监察武官选任及军政,刑科监察姓名案件、对死刑案件进行复奏并可监督对死刑犯之执行,工科对工程费用的报销、工程物料等进行监察。另外,六科还对对应各部及相关衙门的文卷有注销之权。[②] 在地方层面,十五道御史分别负责各省的刑名案件和对官员的纠弹,并在乾隆时期最终固定下来。按照张晋藩先生的分类,包括都察院在内的中国古代监察机关的权力主要包括立法监察、行政监察和司法监察三个方面。在立法监察方面,科道官员可以根据其所知悉和掌握的政务社情提出立法或修法意见,还可以在法律规范存在冲突或不一致之时提出审查和冲突处理意见。科道官甚至可以在办案官偏离现行法律规范进行裁判的时候提出驳正意见。在行政监察方面,监察机关主要行使三个方面的权力:一是对官员的职权行使(包括不当行使和怠于履职)与结党等问题进行监督;二是通过督催注销问卷的方式监督行政过程以提高行政效率;三是通过参与由都御史主持的"京察"和形式上挂正副都御史衔的地方督抚"大计"两种形式对京官和地方官进行考课。最后,在司法监察方面,都察院主要通过参与三司会审和九卿会审监督案件审理情况,还可通过"录因"来巡按地方以及对积案进行查核来监督官员。[③]

二、丙午改制中的都察院:背景、主张与方案

清朝末年,由于统治危机的加深,经历内忧外患的清廷逐渐放弃了对其制度的自信而开始进行政治制度的改革,以图经由政治和法律制度的向西方靠近以回应内部的变革压力,同时与西方接轨以获得西方的接纳并期望列强废除其领事裁判权等后者侵略所得的权益。官制改革构成了政治体制改革的核心内容。作为最具清代特色的监察机构,都察院的改制方案又成为改革派与传统派之间的重要战场,清廷官员的派系矛盾与满汉因素更使都察院改制方案的确定超出了思想观念和政治主张的范围。

---

① 参见张晋藩主编:《中国古代监察制度史》,中国方正出版社 2013 年版,第 256 页。

② 参见胡沧泽:《中国监察史论》,中国书籍出版社 2012 年版,第 115 页。

③ 参见张晋藩主编:《中国近代监察制度与法制研究》,中国法制出版社 2017 年版,第 4 - 11 页。

清末政治改革运动以官制改革为开篇。“出洋考察五大臣”向西太后“详言立宪利国利民，可造国祚之灵长，无损君上之权柄，及立宪预备必以厘定官制为入手”①。戴鸿慈更在“奏请改定全国官制以为立宪预备折”中引日本之例指出，“日本之实施宪法在明治二十三年，而先于明治七年、明治十八年两次大改官制，论者谓其宪法之推行有效，实由官制之预备得宜……既改官制以后，任法而不任人……中国今日欲加改革，其情势与日本当日正复相似”②。改革派官员的立宪必以官制为基础的观念系受戊戌变法派人士影响所致。早在预备立宪前，康有为即根据其参与戊戌变法的实践所产生的思考著有《康南海官制议》一书，该书旗帜鲜明地指出，“万事之治，纲举目张，皆在官制……变政之事，下手必从官制始”③。官制改革的动议在朝臣中引发了一股反对新官制的浪潮，御史群体更在反对浪潮中扮演重要角色。④

尽管遭到巨大反对，清廷还是于1906年9月1日颁布了“仿行预备立宪”谕，同时指定包括奕劻、孙家鼐、瞿鸿禨在内的数十人负责厘定官制。作为清廷独有的监察机关，都察院的改制方案也成了朝野关注之所在。事实上，自从清廷在庚子年之后宣布革新以来，都察院的职权已经有所削减，机构改革的开展更使都察院的监察权行使显得尴尬，新设之部门开始有意无意地拒绝配合都察院的工作。⑤清末官制改革对于都察院的改革方案主要有两个问题：第一，都察院是裁撤还是保留？第二，若保留，应当成为何种机关？对于第一个问题，各方的主张争议不大，考虑到减少改革阻力，即使是端方等改革派也主张将都察院以转型为其他机关的形式予以保留。袁世凯一开始是主张裁撤都察院的，但受制于言官的压力和奕劻、载泽等人的态度，也放弃了裁撤的主张。袁世凯主张裁撤都察院，无非是配合责任内阁制以实现其获得不受监察的行政大权之目的，此举当然遭到了洞悉其奸的包括孙家鼐（“台谏为朝廷耳目，自非神奸巨憝，孰敢议裁？”）在内的许多官

---

① （清）戴鸿慈：《出使九国日记》，湖南人民出版社1982年版，第272页。

② 沈云龙主编：近代中国史料丛刊续编第八十一辑，《清末预备立宪档案史料》（上），文海出版社1981年版，第367－383页。

③ 沈云龙主编：近代中国史料丛刊续编第四辑，《康南海官制议》，文海出版社1974年版，序，第3页。

④ 参见周增光：《论新旧博弈中的丙午中央官制改革》，载《社会科学战线》2019年第7期。据作者统计，从宣布厘定官制到草案上奏期间有39件反对新官制的奏折，主要来自御史和翰林院编修等中下层京官。

⑤ 参见鞠方安：《中国近代中央官制改革研究》，商务印书馆2014年版，第118页。

员的反对。[①] 于是,对于都察院的改制方案,只剩下如何转型的选择。

有关都察院转型改革方案的讨论大致可以分成两派观点:改为集议院(下议院)派和改为纠弹机关派。第一种观点以戴鸿慈和端方为代表。该主张指出,官制革新乃以西方和日本为模范,而东西洋各国官制中皆以行政裁判院监督行政机关及官员之权力行使,因此,在设立了独立的行政裁判院后应将都察院改为集议院(下议院)。除了此二人之外,两广总督岑春煊也是该主张的支持者,其曾上奏:今日扼要之图,不患不能齐壹天下之命令,而患不能齐壹天下之心志。欲先齐壹督抚之心志,则宜寓下议院之制于都察院,以考核督抚,而令各督抚于年终派员来京会议于资政院、都察院,以讲求实政,而渐谋画一之法。其尤要者,都察院会议、各省谘议局会议,未开议之前,朝廷指明应行研究之条文,先期延请通人编为讲义,颁示京外各官,使人人备有普通之常识,庶莅会时咸知以法律为归宿,而不至以意见为是非,能由京师各部院为之倡率,则造车合辙,内外翕然,更为握本探原之办法。如蒙俞允,应请饬下总司核定官制王大臣,详订会议规则咨行各省,俾资遵守。此以都察院代下议院即国会也,省城谘议局即各省之总议院也。[②]

另外,在赞成将都察院改制为集议院的人士中,事实上还存在阳奉阴违、以拖待变者,这一类人士多为科道官,其人自知都察院或改或裁乃大势所趋,但作为裁改的直接受害者又不乐见裁改早日到来,遂主张“暂缓”改为集议院,以拖待变,并为个人职业生涯转型争取时间。例如,江西道御史叶芾棠即指出,“集议院为国会基础,但民格太低,一时尚无议员资格,遽集二十二省未经教育之人于一院,各执己见,党同伐异……集议院可缓设”,这一论断也可从叶在奏请反对设置行政裁判院这一点看出叶其实主张保留行使监察职权的都察院:“纠弹不法,下通民隐,剔弊锄奸,宜仍归都察院,则行政裁判院可无庸设。”[③]保留都察院作为纠弹权行使之机关的支持者亦不在少数,尤其以面临失业和转型挑战的科道官为主。有意思的是,该主张的支持者更涵盖不同派系的首领如奕劻和瞿鸿禨等人。他们的官制设置主张是,内阁负责行政,法部主管行政司法,大理院负责审判,资政院为代议制

① 参见郑云波:《论清末新政中都察院改革之争》,载《长白学刊》2016 年第 6 期。

② 参见《两广总督岑春煊奏请速设资政院代上院以都察院代下院并设省谘议局暨府州县议事会折》,光绪三十三年四月三十日(军原),载故宫博物院明清档案部编:《清末筹备立宪档案史料》,中华书局 1979 年版,第 497 – 502 页。

③ 沈云龙主编:近代中国史料丛刊续编第八十一辑,《清末预备立宪档案史料》(上),文海出版社 1981 年版,第 447 页。

机构，都察院负责纠弹，审计院主财政监察，行政裁判院处理行政诉讼事务。[①] 还有学者指出，都察院改制中主张保留都察院作为纠弹机关的御史们的背后主使乃都察院总宪官陆宝忠乃至荣庆、铁良，其称："自泽公上密陈大计一折，荣、铁两军机衔之甚深，授意陆宝忠运动许钰、文海、周克宽、刘汝骥、柯劭忞、王步瀛、张瑞荫、杜本崇、蔡金台等交章弹劾。"[②]

1907年1月，在听取各方意见后，清廷颁布了《都察院整顿变通章程》（"整顿变通章程折片"及清单），确定了都察院的转型改革方案，这一改革方案大致采纳了奕劻以及大学士陆润庠的改革建议。[③] 按照该法令，都察院改制大致包括如下内容：（1）对给事中进行变更，不再设置六科给事中，相关事宜由统一的都察院给事中负责，改革新设如外务等部门的事务不由都察院监察；（2）科道官改革，裁撤部分科道官且出缺不再递补，此后在人事与政务方面的问题由给事中及御史纠弹，无须各部专人查处；（3）在都察院设置研究所，"购置新旧各书籍及一切中外报章，俾给事中、御史分日到所研究，并各抒议论，存稿传观"[④]。与都察院改革相伴的是财政审计机关的独立设置。1906年，清廷发布"审计院官制清单"，规定在中央设置审计院以主管全国审计事务。审计院负责稽核中央和地方官署的款项收支情况，包括奉旨进行专项审计、日常审查由度支部转呈的各部门进出款账册，接受官民举报后进行核查等。不过，"都察院仍负责财计监察方面的工作，同审计院之间存在着监督制约的关系"[⑤]。除审计独立外，清廷更提出建立负责行政诉讼事务的行政裁判院："特设行政裁判衙门，既无以司法权侵害行政权之虞，又免行政官独行独断之弊，最为良法美意。今采用德奥日本之制，特设此院，明定权限，用以尊国法、防吏蠹，似于国家整饬纲纪、勤恤民隐之意不无裨益。"[⑥]尽管一直到清朝灭亡行政裁判院也未能建立起来，但上述官制改革方案实际上意味着对官员行使权力的监督实际上已经分为审计监督、行政监察和司法监督三大途径而不再主

---

① 参见刘志勇：《清末都察院改革：方案设计、改革结果及其影响》，载《国家行政学院学报》2018年第1期。

② 《时报》1906年10月24日（第2版）。

③ 参见刘志勇：《清末都察院改革：方案设计、改革结果及其影响》，载《国家行政学院学报》2018年第1期。

④ 章程类（第十四集）：都察院奏定现行法规总纲（未完）和（续），载《北洋官报》1911年第2936、2937期，第10－11、12－13页。

⑤ 郑肖岚：《清末筹建审计院与审计体制的改良》，载《怀化学院学报》2007年第7期。

⑥ 《行政裁判院官制草案》，载《东方杂志》1906年第13期。

要由都察院掌握,都察院所行使的监察权力的范围和影响事实上遭到了相当大的削弱,这一模式也对后续北洋政府及民国政府时期的权力监督制度建设产生了深远影响。

三、都察院官员自救:以都察院对官员之纠弹权行使为对象的考察

清末官制改革中的都察院改制之争虽不如责任内阁设置之争般激烈,但因关涉科道官员的仕途生涯又具备"中国传统与西方制度之争"何谓根本的问题,因而也成为在朝攻防与在野舆论的关注重点之一。本文关注在都察院任职的科道官员面对所谓"以东西洋为师"的清末新政改制的大环境,如何通过自身努力为机关和个人职业生涯的延续或转型争取机会。

在笔者看来,作为官制改革的所谓"保守派"和被改革对象,科道官员的努力措施大致可以分为以下四个方面。首先,通过有关官制改革方案和实施的朝议攻防来尽可能拖延都察院改制的时间,这样既可以为都察院作为一个机关的存续争取"以拖待变"的机会,又可以为自身争取职业转型的时间等各项条件。其次,通过奏对和职权行使(主要是监察权)来证明本机关存续的正当性和必要性:既然作为一个中华特色机关的都察院在"以洋为师"的官制改革中存在意识形态上的先天弱势,那么现实功用(监察官员和辩明冤屈)的彰显就是科道官员证实机构存续之正当性和必要性的主要途径。再次,鉴于报纸新闻媒体等舆论在清末政治和社会中也具有重要的影响力,因此,都察院和科道官员的自救行动绝不会放弃诉诸舆论这一途径,科道官员和都察院诉诸舆论的方式主要有两种:一是直接方式,即在朝堂奏对攻防之外,亦会通过自己或支持者投书媒体等方式参与官制改革论战以对抗主张裁撤都察院的舆论压力;二是间接方式,即通过职权行使(主要是对社会舆论所关注的冤案进行调查与平反)获得舆论之肯定与支持,从而争取舆论在官制改革中对都察院的友善立场。最后,作为退路,都察院的科道官员也会密切关注官制改革中的新机构设立与官员分流等方面的动态,把握机会及时转型至其他衙门任职。

在上述四条途径中,第一条途径已经于上文有所叙述,此处不再赘述。第四条途径与本文主题之间并无密切联系,因此下文也不再详述。本文以下部分将主要关注科道官员在第二条和第三条途径方面的努力。尽管第二条途径和第三条途径一为在朝一为在野,但由于两条途径的实现方式实际上都与都察院的两项职

权的行使(奏对与平冤)密不可分,因此,都察院及其官员的自救行动实际上主要是围绕这两项职权的行使所开展的。在奏对方面,都察院官员在清末官制改革中围绕都察院存废及改制方案等事项所提出的奏对已经在上文有所讨论。因此,下文将以"江春霖弹劾奕劻案"为例说明都察院如何通过对官员的纠弹之职权行使以争取舆论支持而进行自救。

四、对官员的纠弹:以"江春霖弹劾奕劻案"为例

若论清末科道官员的纠弹之举,莫不以御史江春霖对奕劻父子所发动的"自杀式弹劾"为代表。事实上,仅光绪朝末期,江春霖就曾对奕劻父子及袁世凯发起过8次纠弹,皆无果。宣统二年正月,军机大臣戴鸿慈去世。首揆奕劻力挺时任直隶总督兼北洋大臣的陈夔龙补缺。① 江春霖经历多次弹劾失败又见奕劻权势日隆,于是抱着玉石俱焚的心理("仗马一鸣,三品料去"②)对奕劻发起了最后一搏,上了著名的"劾庆亲王老奸窃位多引匪人疏"。江春霖在奏折中提到,奕劻及袁世凯"被劾则力为弥缝,见缺又荐引填补……江苏巡抚宝棻、陕西巡抚寿恩、山东巡抚孙宝琦则其亲家,山西布政使志森则其侄婿,浙江盐运使衡吉则其邸内旧人,直隶总督陈夔龙则其干女婿,安徽巡抚朱家宝之子朱纶则其载振之干儿,邮传部尚书徐世昌则世凯所荐,两江总督张人骏、江西巡抚冯汝骙则世凯之戚,亦缘世凯以附奕劻,而阴相结纳者尚不在此数。枢臣名有五人,实仍一人揽权而已。现查军机大臣戴鸿慈业已出缺,若我皇上、监国摄政王复听奕劻荐引私人,或误用老迈庸懦者充数伴食,大局之坏,何堪设想"③。

在江春霖回奏载沣的问话之后,载沣以皇帝的名义斥责江春霖"罗织多人……毫无确据,恣意牵扯,谬妄已极……莠言乱政,有妨大局……信口雌黄,意在沽名",决定命其"回原衙门行走"。④

早在光绪三十三年,江春霖即已上奏对都察院改制提出了开国会之前须重视都察院职权且即便国会设立仍须保留都察院的主张:都察院"有监督行政之权,此实中国制度之特色,亦为东西各国所交称,风宪所关,无可裁并等语……则议院虽

① "开岁庚戌正月,枢臣南海戴文诚逝世。辇毂之下,喧传说余将内召入辅。"参见陈夔龙:《梦蕉亭笔记》,载荣孟源、章伯锋主编:《近代稗海》(第1辑),四川人民出版社1985年版,第408页。

② 《清实录(附宣统政纪)》(第60册),中华书局1987年版,第541页。

③ 郑孝胥:《郑孝胥日记》,中华书局1993年版,第1240页。

④ 参见《清实录(附宣统政纪)》(第60册),中华书局1987年版,第542页。

立,都察院不宜轻改,而议院未立之先,更无论矣……倘或宪法未能遽立,议院未能遽设,则匡正弹劾,一日必不可无”,不然,“其害必至于权奸窃弄,而不知亿兆颠连而无告。否泰之机,将由于此”①。对军机首揆奕劻的弹劾无疑让江春霖看到了前述奏章中“权奸窃弄”之危险现实化的典型代表,从而使其主张保留都察院为监察机关的主张有了充分的事实基础,无形中强化了都察院存续的正当性:“方今国会未开,谕旨又禁言官毛举细故,臣虑言路诸臣,小者谓不必言,大者又不敢言,仗马寒蝉,习为容默,而二十二省之宪政,倚办疆臣之手,敷衍文书,无人举发。颁布宪政期以八年,恐未至八年而天下事已败坏于督抚之手而不可收拾也。”②

江春霖上奏被斥引发朝野哗然。首先,同为科道官的多名御史如陈田、赵炳麟和胡思敬等上书要求收回成命:“御史著回原衙门向来少见,有之,自参某邸之蒋式瑆始,已而赵启霖亦然。今江春霖复如是,是不啻专为某邸开此例矣。”有意思的是,这些奏请中也特别提到“中国无议院,赖有御史以通上下之情,外人亦甚重视。今议院未开而御史一参权贵,即致催抑,未免为外人所笑”。③ 其次,赵炳麟更发动都察院全体言官联名上奏,该疏(“给事中忠廉等奏言路无所遵循势将阻塞流弊滋多”)虽以要求江春霖留任为切入,但其核心内容早已超越一人之任免而转为力争都察院之存续(“臣等所论者,非一人之去留,乃全台之执掌”):“设御史台以监察行政,弹劾官邪,纲纪相维……我列祖列宗以来,许台臣风闻言事者……行之二百余年,傥弹劾大臣而即谓其怀挟私见,则弹劾小臣,必又以为毛举细故。且言路为众怨所归,势不得不发人之私,攻人之过,若概以为污蔑……是都察院之性质全失矣。而国会未开,行政裁判院未立,司法之权与行政相混合。会计之事,无专司以检查,一切大权,皆付诸内外行政大臣之手。并旧日都察院之性质,亦归于有名无实。”④值得注意的是,在这份上疏中,赵炳麟等人尝试从“祖宗之法”(“行之二百余年”)和西方立宪制度(“对行政权之监督乃西方制度之精神,而国会与行政裁判院未立之前,都察院堪当此任”)两个方面主张都察院存续的必要性。然而,清廷并没有撤销对江春霖的撤职决定,这使江春霖最终愤而称病辞官。

---

① 沈云龙主编:近代中国史料丛刊续编第八十一辑,《清末预备立宪档案史料》(上),文海出版社1981年版,第518-519页。

② 黄鸿寿:《清史纪事本末》(民国三年石印本),1915年,卷七十六,“亲贵用事”。

③ 《中国大事记》,载《东方杂志》1910年第2期。

④ 《中国大事记》,载《东方杂志》1910年第2期。《清实录(附宣统政纪)》(第60册),中华书局1987年版,第545-546页。

在江春霖弹劾奕劻之前的清末官制改革时期，都察院的存留之争，虽然在朝堂上并不泾渭分明式地表现为守旧派与革新派之对立，[①]但立场整体偏向改革的民间舆论尤其是媒体视都察院为守旧之代表而对其抱持相当批判之立场。然而，江春霖一人的“自杀式弹劾”却收获了一些舆论对其本人乃至对都察院的支持，这使作为被改革对象且在新政的意识形态层面上处于不利地位的都察院在舆论方面稍微挽回了一些声势。例如，深具舆论影响力的梁启超，在谈到江春霖对奕劻之弹劾及言官后续上书时称，“自汉代设御史台以来，台中最有名誉之历史或逮今兹矣……今日政界浑浊极矣，京外官署无一不为藏垢纳污之所……其尚有清气往来者，惟一御史台而已……全台一致对抗政府，实为前代所无”。梁启超更将“江春霖弹劾奕劻”事件与立宪进行联系而有所感：“盖我国新都察院之职权，据会典及新官制草案所规定，实兼含有国会与行政裁判院之性质……国会一日未开，则此全国唯一之监督机关其责任不容以一日弛。台中诸公而能常念其所行之职权为将来国会职权之一部分也，则国民其庶有赖矣。”[②]此外，晚清时颇具舆论影响力的《申报》《东方杂志》《大公报》《盛京时报》等媒体更对弹劾案从事件本身和事件评论两个方面进行了报道，除了辜鸿铭带有批评（“徒亟亟攻讦一二贵人琐屑之阴事”、不“明大体”）（“顾名节”“不爱富贵”）地肯定外，大多明确对江春霖和都察院作为风宪机关的角色表达了肯定和赞赏。[③] 然而，在清末新旧两极泾渭分明的舆论场上，江春霖的个人行为即使能为都察院挽回一些声势，也依然无法改变所谓守旧与改革两军对垒的政治和舆论格局，也无法改变名曰立宪新政实则固守（另一套）意识形态（以西方制度为尺度来裁量中国政治现实）的报刊舆论界立场。例如，在“江春霖弹劾奕劻”事件一年后，仍多有报刊媒体以“循旧制”“朽”“专制朝一遗物”“顽固派”等语词指斥都察院及其存留主张者。[④] 在此情况下，都察院的存留之争在舆论上等同于保守与革新之争，即使是清政府为了平衡与安抚两派力量而选择的都察院改制方案，已经不会是也不可能是从“何种形式的监察

---

① 参见周增光：《论新旧博弈中的丙午中央官制改革》，载《社会科学战线》2019 年第 7 期。

② 梁启超：《（沧江）：“台谏近事感言”》，载《国风报》第 1 年第 6 号，1910 年 4 月 10 日（宣统二年三月初一日），第 33 – 40 页。

③ 参见王倩：《监察御史和晚清政局——以奕劻被劾案为线索的考察》，华中师范大学 2008 年硕士学位论文。

④ 参见无妄：《驳刘廷琛保存都察院之谬说》，载《大公报》1911 年 3 月 10 日，第 2 版；无妄：《驳刘廷琛保存都察院之谬说》（续），载《大公报》1911 年 3 月 11 日，第 2 版。

机关是此时此地最好的选择”这一问题角度出发所得出的结论。因此,作为一个暂时妥协的产物的改制后的都察院,无论该机关及其官员如何努力,也已无法对其命运产生有意义的影响了。当统治者(武昌起义后回京担任内阁总理大臣的袁世凯)决意将其彻底裁撤时,都察院“坐以待毙”的结局[①]也就不令人意外了。

五、结语

都察院改制是清末官制改革的重要内容之一,同时也是各派力量与新旧阵营博弈的焦点之一。面对官制改革时期意识形态和舆论上的不利局面,以江春霖为代表的科道官通过对名声不佳的枢臣奕劻的弹劾,试图在对官制改革方案进行争辩之外经由职权行使自证都察院存续的正当性和必要性,并通过以“清流与贪腐”的两极对立模式扭转舆论上的“保守与革新”的两极对立格局,获得舆论对都察院存续的支持。然而,如同清末其他改革一样,都察院的改革既无法跳脱“党争”的沉疴,又陷入了舆论上“新旧”立场的派性对立,清政府的改革方案最终只能是对两派立场的暂时的脆弱平衡,这也注定了都察院改制的最终结局。江春霖弹劾奕劻的失败(包括最终含恨辞官和扭转舆论不利局面之失败)或许能够说明的是,在一个意识形态两极对立而又与权势等现实利益勾连在一起的局面里所出现的制度改革方案,很难是从本国此时的政治和社会现实出发所寻求的最佳或最不坏方案,而只能是得胜者从其意识形态模板所照搬出来的方案,这样的方案最多只能确认而无法巩固或维持得胜者的胜利成果。

---

① “御史团于举行会议讨论维持都察院一切问题,当由各侍御集议,以本院费业已告竭,势将解散,诸公对于时政具有意见应集合众见,拟定条陈,呈递内阁,作为最后之上书。此后本院即可甘于缄默,听候裁撤云云。”参见《御史团最后之条陈》,载《大公报》1911 年 12 月 28 日,第 5 版。

论监察人员的刑法身份:以《监察法》中的监察人员刑事责任条款为分析对象

李　昱*

[摘要]　《监察法》第75条规定了监察人员的刑事责任条款。监察人员作为国家机关工作人员,毋庸置疑的是,其能够成为国家机关工作人员犯罪的特殊主体;然而,监察人员能否属于司法工作人员从而成立以司法工作人员为主体的犯罪,仍存在疑问。基于实质解释的立场,通过对《刑法》第94条进行阐释以及对监察人员的调查权进行分析,监察人员实质上属于司法工作人员。对于监察人员的刑事责任构建应当以《监察法》第74条规定的行为为依据,从而合理构建监察人员的刑事责任并精准适用司法工作人员职务犯罪之相关罪名。

[关键词]　监察人员　司法工作人员　调查权　刑事责任　职权　身份职责

一、问题的提出:监察人员刑事责任条款之实现困境

党的十八大以来,全面从严治党与严厉打击贪污腐败成为我党在社会主义现代化建设当中的重要任务之一。因应上述任务,党中央作出了国家监察体制改革的重大战略决策。这项战略决策深层次、开创性地变革了反腐败的领导体制机制,极大限度地强化了对权力的制约与监督,有利于解决我国在反腐败斗争中出现的难题。① 国家监察体制改革整合了纪检、行政、检察三机关的职能,使监察机

---

* 李昱,吉林大学法学院2022级刑法学硕士研究生。

① 参见彭新林:《国家监察体制改革:动因、要义与方略》,载《学术界》2018年第10期。

关能够连贯地处理违纪、职务违法以及职务犯罪案件,促进了反腐工作效率的提升。[①] 然而,监察委员会的权力与其所承担的责任未必匹配。《监察法》第74条规定了监察机关的违法行为(犯罪行为),其违法行为(犯罪行为)大致包括以下几类:徇私枉法行为、滥用职权行为、刑讯逼供行为、虐待被监管人行为、玩忽职守行为、暴力取证行为等。《监察法》第75条规定了刑事责任条款,表明了监察人员因上述行为构成犯罪的应当承担刑事责任。对于以国家机关工作人员为主体的犯罪,监察人员自然可以构成,然而,根据我国《刑法》的规定,刑讯逼供罪、徇私枉法罪、暴力取证罪、虐待被监管人罪的犯罪主体为司法工作人员,因此,有学者提出,监察人员触犯上述以司法工作人员为主体的相关罪名时,很难以《刑法》上所规定的罪名予以规制。[②] 讨论监察人员能否成立司法工作人员为主体的犯罪,须厘清司法工作人员的规范语义。本文将通过对司法工作人员以及调查权含义的解读,来确证监察人员是否可以构成以司法工作人员为犯罪主体的犯罪,以实现《监察法》中刑事责任条款与《刑法》罪名的衔接。

二、监察人员刑法身份之迷思与司法工作人员之教义学阐释

(一)"身份说"之困境

对于监察人员刑法身份之定性,理论上存在"身份说"与"职责说"的观点。"身份说"主张从国家监察机关的性质出发,其认为监察机关不是司法机关,那么监察人员也不是司法工作人员,即使以扩大解释的方法将监察人员解释为司法工作人员也会违背《宪法》对监察机关及其工作人员的定位。[③] 这种以国家机关工作人员所在机关为基点,从而认定国家机关工作人员地位的方法符合形式理性的要求,也具有操作的容易性,但是其存在下述问题。

首先,关于监察委员会的性质在学界并非毫无争议。在监察体制改革初期,改革者认为监察委员会是政治机关,监察委员会既不是司法机关也不是行政机关。[④] 陈瑞华教授则认为,将监察委员会定位为政治机关不具有《宪法》上的依

---

① 参见刘艳红:《〈监察法〉与其他规范衔接的基本问题研究》,载《法学论坛》2019年第1期。

② 参见陈伟:《监察法与刑法的衔接协调与规范运行》,载《中外法学》2019年第2期。

③ 参见石经海:《〈监察法〉与〈刑法〉衔接实施的基点、问题与路径》,载《现代法学》2020年第1期。

④ 参见《监察委员会是政治机关 不是行政机关司法机关》,载《成都商报电子报》2017年11月6日,第10版。

据，监察委员会应当被定义为“国家监察机关”。[①] 由此可见，对监察委员会的性质定位学界仍然存在争议，那么以这种并不明确的国家机关的性质来确定监察人员不属于司法人员，其在大前提上是不成立的。而且，即使确定了监察机关的性质定位，也不仅仅代表监察机关只有这一种性质定位。比如，公安机关、检察院、军队保卫部门与监狱等，它们虽然具有组织法上的定性，但也不可否认它们都具有侦查机关的性质。

其次，采取“身份说”不符合刑法需罚性的要求。在我国司法实践中，有大量不在司法机关工作却依法履行司法工作职责的人员，如果以“身份说”来判断司法工作人员的归属，则违背了“刑法面前人人平等”的原则，同时也将导致大量的处罚漏洞。正如有学者所指出的：采取“身份说”的认定标准无法实现对法益的全面保护。[②]

最后，采取“身份说”的认定标准不符合科学立法原则。科学立法的要义是尊重立法规律、克服立法中的盲目性和随意性，避免减少错误和失误，降低立法成本，提高立法效益。[③] 如上文所述，《监察法》第 74 条所规定的行为中存在大量以司法工作人员为主体的罪名，如果不能将监察人员解释为司法工作人员，将会导致立法机关在修改《刑法》时在总则部分添加何谓“监察人员”，在分则部分明确监察人员所能触犯的罪名，即在上述罪名中将主体变更为“监察人员”与“司法工作人员”。由此可以看出，此种做法将会使《刑法》进行大幅度的修改，立法成本迅速上升，不符合科学立法原则。对于监察人员能否构成以司法工作人员为主体的犯罪并不是只有通过立法途径才能进行解决，《刑法》第 94 条对司法工作人员的界定实际上采取了开放式定义的方式，因此，只要对《刑法》第 94 条作出合理的解释，就可以将监察人员纳入司法工作人员的范畴。

（二）司法工作人员之教义学阐释

《刑法》第 94 条的司法工作人员不单单是指司法机关工作人员，而是指行使司法权的工作人员，其理由如下。

首先，《刑法》第 94 条的表述是“司法工作人员”而不是“司法机关工作人

---

① 参见陈瑞华：《论国家监察权的性质》，载《比较法研究》2019 年第 1 期。

② 参见谢芳、刘艳红：《监察工作人员准司法属性与刑法适用》，载《福建师范大学学报（哲学社会科学版）》2022 年第 6 期。

③ 参见张文显主编：《法理学》（第 5 版），高等教育出版社 2018 年版，第 232 页。

员”。从文义解释的角度来看,司法工作人员应当是指从事司法活动并行使司法权的工作人员,而司法机关工作人员则是指在司法机关从事司法活动并行使司法权的工作人员。从概念的外延来看,司法工作人员的概念明显比司法机关工作人员的概念要广泛。从事司法活动只是成为司法工作人员的必要条件,而不是充分条件,如律师也参加司法活动,但我们并不能认为律师也构成司法工作人员。所以,对于司法工作人员的认定就要落实到相应人员能否行使司法权。那么,什么是司法权呢?习近平总书记从我国的国情出发,对司法权作了明确且科学的论断,他指出:“司法活动具有特殊的性质和规律,司法权是对案件事实和法律的判断权和裁决权。”①从习近平总书记的科学论断中可以看出,他对司法权的界定采取了“实质标准”而不是“形式标准”。行使司法权的是司法工作人员,因此,对于司法工作人员的界定也应当以是否实质上行使了司法权为标准,而不应当以所属机关为标准。这一点在我国司法实践中也有印证,公安机关的侦查人员虽然是行政机关工作人员,但毫无疑问,在刑事案件侦查中,公安机关侦查人员行使的权力当然是刑事司法权,由此,公安机关的侦查人员可以作为司法工作人员。

其次,《刑法》第 94 条对“司法工作人员”的含义作了解读,其规定:司法工作人员是指有侦查、检察、审判、监管职责的工作人员。该条中明确了具有上述职责的人员是司法工作人员,表明了对司法工作人员的判断不以其所属机关为标准,而是以其履行职责为标准。在法律解释中,从立法者的意图出发对法律进行解释是一种让人信服的方法。我国立法者对该条的解读也明确了侦查、检察、审判、监管不是以所属机关为标准进行划分的,而是以职责为标准进行划分的。②

再次,从司法工作人员与国家工作人员的逻辑关系上来看,国家工作人员应当属于司法工作人员的上位概念,国家工作人员的外延包含司法工作人员。起初,国家工作人员的认定是以“身份”为标准的,“身份说”认为国家工作人员必须具有相应的国家机关身份才能成为国家工作人员。③ 然而,随着现实不断地变化发展,国家工作人员身份的认定逐渐打破了以“身份”为标准的认定方法,而是转

① 习近平:《在中央政法工作会议上的讲话》,载中共中央文献研究室编:《习近平关于全面依法治国论述摘编》,中央文献出版社 2015 年版,第 102 页。

② 参见王爱立主编:《〈中华人民共和国刑法〉释解与适用》(上),人民法院出版社 2021 年版,第 184 页。

③ 参见江礼华:《论国家工作人员范围的界定》,载《刑法问题与争鸣》第 1 辑,中国方正出版社 1999 年版。

向了以“职责”为标准的认定方法,即不管是否具有国家机关的身份,只要在实质上行使了国家工作人员范围内的职权即可被认定为国家工作人员。司法实务对于国家工作人员的认定采取了实质标准,同理,作为司法工作人员的认定也可以采取实质标准,以适应纷繁复杂的现实需求。

复次,1979 年《刑法》(已被修改)第 84 条规定:“本法所说的司法工作人员是指有侦讯、检察、审判、监管人犯职务的人员。”我国 2023 年《刑法》第 94 条则规定:本法所称司法工作人员,是指有侦查、检察、审判、监管职责的工作人员。由此可以看出,我国 2023 年《刑法》对司法工作人员的界定实际上是承袭了 1979 年《刑法》对于司法工作人员的界定。1979 年《刑法》对司法工作人员的界定明确采取了“职务”这一概念,这表明,对司法工作人员的判断是以实质上的职务为标准,而不是以司法工作人员所在机关为标准。因此,从历史沿革的角度来看,对于司法工作人员的含义应当以“职权说”为标准来进行解读。

最后,对规范的解释应尽可能使其与整个法秩序追求的目的和正义观念保持一致,以使同等情形的案件得到同等对待,这就要求,在整个法秩序中维护法律评价的一致性。[①] 我国《宪法》第 27 条第 1 款规定一切国家机关实行精简的原则,实行工作责任制,实行工作人员的培训和考核制度,不断提高工作质量和工作效率,反对官僚主义。这表明我国国家机关所遵循的一个重要原则是权责统一,由此可以推导出对国家工作人员的认定也应当遵循权责统一的原则,因此,对司法工作人员的解读也应当遵循权责统一的原则。

(三)监察人员属于司法工作人员之证成

对于司法工作人员的认定应当以“职责说”为依据,这既是文义解释的结果,也是保护法益的需要。从上文对司法工作人员含义的分析可以发现,《刑法》中的司法工作人员的规定对应了《刑事诉讼法》对于刑事诉讼阶段的划分。刑事诉讼大致分为四个阶段,即侦查、起诉、审判和执行,参与到这四个阶段的人员属于《刑法》当中的司法工作人员。因此,需要对调查权的性质作出分析才能明确行使调查权的监察人员能否构成《刑法》中的司法工作人员。

(四)职务犯罪调查权性质的理论争鸣

监察委员会集纪检、行政、检察三者权力于一身,通过对这三种权力的整合从

① 参见[德]齐佩利乌斯:《法学方法论》,金振豹译,法律出版社 2009 年版,第 77 页。

而形成了党纪调查权、政纪调查权与职务犯罪调查权。关于职务犯罪调查权的性质,理论上存在争议。此种争议分为两类:一类是认为职务犯罪调查权在本质上与侦查权是不同的;①另一类是认为职务犯罪调查权在本质上与侦查权是一致的,拥有侦查权的性质和效力。②

有些学者主张职务犯罪调查权有别于侦查权,其理由主要是:调查权依附监察权的存在而存在,而侦查权并不依附监察权的存在而存在,职务犯罪与普通刑事犯罪的不同以及监察委员会组织体系的特点决定了职务犯罪调查权不同于侦查权。从权力追求的目标来看,调查权与侦查权所追求的目标具有较大差异,监察委员会的性质决定了职务犯罪调查权与侦查权的不同。③

首先,调查权依附监察权的存在而存在这一说法并不能作为调查权与侦查权不同的原因。人民检察院具有检察权,在检察权的项下分为公诉权、侦查权、审查监督权等权力,因此,人民检察院的侦查权实质上是依附于检察权的存在而存在的。拥有侦查权的主体并不一定拥有检察权,如公安机关并没有检察权,但毫无疑问,公安机关是具有侦查权的。那么,依照论者的逻辑,人民检察院的侦查权与公安机关的侦查权在本质上是不同的。但是,我国《刑事诉讼法》对侦查权的规定并不是采取了这种所谓的形式标准,而是从侦查权的目的出发,来认定一项权力是否属于侦查权。

其次,职务犯罪与普通刑事犯罪的不同不能作为职务犯罪调查权与侦查权相区别的理由。论者从涉嫌职务犯罪的调查更加注重在封闭场域内进行、注重对涉案信息的保密工作这一特点出发,论证了职务犯罪调查权与侦查权在本质上的不同。④ 但是这一特点并不是职务犯罪所特有的,如国家安全机关对涉及国家安全犯罪的案件也注重在封闭场域进行以及对涉案信息的保密工作,甚至国家安全机关所采取的措施要比监察委员会所采取的措施更为保密。而且,在监察体制改革

---

① 参见张云霄:《〈监察法〉与〈刑事诉讼法〉衔接探析》,载《法学杂志》2019 年第 1 期;马怀德:《国家监察体制改革的重要意义和主要任务》,载《国家行政学院学报》2016 年第 6 期。

② 参见李海滢、王延峰:《监察委员会调查权两分构造之提倡与实现》,载《长白学刊》2020 年第 5 期;王迎龙:《监察委员会权利运行机制若干问题之探讨——以〈国家监察法(草案)〉为分析蓝本》,载《湖北社会科学》2017 年第 12 期。

③ 参见马怀德:《国家监察体制改革的重要意义和主要任务》,载《国家行政学院学报》2016 年第 6 期;张云霄:《〈监察法〉与〈刑事诉讼法〉衔接探析》,载《法学杂志》2019 年第 1 期。

④ 参见张云霄:《〈监察法〉与〈刑事诉讼法〉衔接探析》,载《法学杂志》2019 年第 1 期。

之前，职务犯罪案件的侦查是由人民检察院负责的。因此，从案件类型的不同来说明职务犯罪调查权与侦查权的区别是不合理的。

再次，监察委员会自身特有的组织体系不能作为职务犯罪调查权与侦查权相区别的理由。第一，公安机关与人民检察院的组织体系是不同的，但是，并不能认为公安机关与人民检察院行使的侦查权具有本质上的差异。第二，论者从党的直接领导这一角度出发论证了监察委员会的调查权与侦查权存在本质上的差异。① 但是，我国《宪法》第 1 条规定中国共产党领导是中国特色社会主义最本质的特征。这表明，中国共产党在我国社会主义现代化事业建设过程中起到了总揽全局、协调各方的作用，党领导国家的一切事务。《宪法》是我国的根本大法，一切法律法规均应当以《宪法》为根本准则。虽然《刑事诉讼法》并没有像《监察法》那样明确规定坚持中国共产党的领导，但是从《刑事诉讼法》与《宪法》的关系来看，我国《刑事诉讼法》蕴含着坚持中国共产党领导的宪法精神。从《刑事诉讼法》2018 年的修改也可以看出，党是对人民检察院进行直接领导的，既然是对人民检察院进行直接领导，那必然也意味着对人民检察院的侦查权进行直接领导。而且，在现实生活中，人民检察院的检察长同时也是人民检察院的党组书记，自然而然，人民检察院对侦查权的领导属于党对侦查权的直接领导。

最后，调查权渗透到公权力的制约与监督这一说法不能成为调查权与侦查权相区别的理由。我国《宪法》第 127 条和第 140 条规定了分工负责、互相配合、互相制约的原则，表明了我国的国家机关有互相制约和监督的权力。我国《刑事诉讼法》明确规定了检察院有检察监督的权力，人民法院有进行无罪判决、对错案审判监督的权力。这表明不仅仅是调查权渗透到了公权力的制约与监督当中，任何一种国家权力的运行实际上都体现了对国家权力的制约与监督。

综上所述，上述主张调查权不同于侦查权的观点是从形式的角度出发来进行论证的，虽然这种论证符合形式理性的需要，但是其论证理由并不充分，并且从形式的角度出发忽略了对调查权进行实质的考察。因此，笔者认为对调查权应当进行实质上的分析，以期探求调查权的性质。

---

① 参见张云霄：《〈监察法〉与〈刑事诉讼法〉衔接探析》，载《法学杂志》2019 年第 1 期。

三、职务犯罪调查权性质确定的根据

(一)逻辑根据

理性思维的重要形式是逻辑与历史的统一。人类在对世界探寻的过程中所获得的知识以及在此基础上所建立的各门科学的体系,都和逻辑与历史的统一这一思考方式密切相关。历史和逻辑的统一,正如个体发育史和系统发育史一样,是一种辩证的"吻合"与"重演"。如果说个体发育是系统发育的缩影,那么逻辑的东西正是历史的东西的缩影。当然,个体发育不能"重演"系统发育,同样逻辑的东西也不可能完全"重演"历史的东西,它只反映事物发展史中本质的东西,却不重复历史长河中的一切无关宏旨的细微末节,因此它是"修正了"的东西和包括在必然性中的一致。[①] 正如恩格斯所指出的:"历史从哪里开始,思想进程也应当从哪里开始,而思想进程的进一步发展不过是历史过程在抽象的、理论上的前后一贯的形式上的反映;这种反映是经过修正的,然而是按照现实的历史过程本身的规律修正的。"[②]

因此,在对监察委员会的职务犯罪调查权进行分析时,应当对职务犯罪调查权的历史来源进行考察。历史发展从哪里开始,思维的逻辑起点也要从哪里开始。[③] 只有明确了职务犯罪调查权的历史来源,我们才能明确职务犯罪调查权的运作逻辑与属性。

(二)规范根据

《监察法》对监察权限、监察程序以及监察职责作了详尽的规定,因此,以《监察法》为依据来对职务犯罪调查权进行认定是无可厚非的。同时,我国《宪法》中也存在对监察机关权限的相应规定,因此,《宪法》也应当成为认定职务犯罪调查权性质的规范依据。此外,相应的国际法规范也应当成为认定职务犯罪调查权的法律依据。上述规范成为认定调查权的依据是无可厚非的。但问题是,《刑事诉讼法》是否应当成为监察权运行的规范依据呢?

有学者认为,监察委员会的监察调查权与过去公安机关、检察机关的职务犯

① 参见王玫玫、王岑、吕愉平:《浅议逻辑和历史的统一》,载《中共福建省委党校学报》1992年第Z1期。

② 《马克思恩格斯选集》(第2卷),人民出版社1995年版,第43页。

③ 参见文大稷:《试论历史与逻辑相统一的方法》,载《学校党建与思想教育》2010年第35期。

罪侦查权相比,在性质上具有本质的区别,因此,对监察人员的权力运行规范不能适用《刑事诉讼法》的规定。[①] 笔者认为,这种观点实际上是否认了监察人员司法工作人员的属性。首先,监察委员会的监察调查权与单一职务犯罪侦查权相比确实具有本质上的不同,它涵盖了纪检、行政与职务犯罪等多个方面,但是对于监察人员能否构成司法工作人员的考虑,只应当考察其对职务犯罪调查权的行使,而不应当考虑职务违纪与职务违法方面。其次,我国对司法工作人员的界定实际上是采取了与刑事诉讼相对应的方式。侦查、检察、审判、监管分别对应刑事诉讼的侦查、起诉、审判、执行程序。只有当司法工作人员参与到刑事司法程序的时候,才能对司法工作人员实施的以司法工作人员为主体的犯罪进行相应的刑事归责。最后,监察机关的职务犯罪调查权本质上是一种求刑权,既然是求刑权,那就必然要受到刑事司法程序的制约,如受到证据排除规则的制约。所以,认为监察机关不受《刑事诉讼法》制约的观点也仅仅是从形式上对其进行了考察,并没有在实质上对其进行详细的分析。否定了监察人员不受《刑事诉讼法》的制约,实际上也就否定了监察人员司法工作人员的身份,这与论者的逻辑是相矛盾的。

《监察法》第 18 条第 1 款规定了监察机关行使监督、调查职权,有权依法向有关单位和个人了解情况,收集、调取证据。有关单位和个人应当如实提供。第 20 条第 2 款规定了对涉嫌贪污贿赂、失职渎职等职务犯罪的被调查人,监察机关可以进行讯问,要求其如实供述涉嫌犯罪的情况。这表明了监察委员会行使职务犯罪调查权的目的是收集证据、查明犯罪事实与查清犯罪嫌疑人。我国《刑事诉讼法》规定的侦查目的也是收集证据、查明犯罪事实与查清犯罪嫌疑人。由此可见,监察调查权与刑事侦查权在目的上是具有同一性的。

根据《监察法》第 26 条至第 31 条的规定,监察措施包括查封、扣押、勘验、监察、鉴定、冻结、搜查以及特殊调查措施,这些措施与侦查措施并无差异,本质上都是对犯罪嫌疑人的人身和财产所采取的强制性措施。正如有学者所指出的:在监察调查措施中,除了谈话,其他所有措施都具备司法属性,因为这些措施都必须围绕追究职务犯罪的目的、确保与后续司法程序的衔接与协调,此时必须遵循《监察法》、《刑法》和《刑事诉讼法》。[②] 因此,监察调查权的本质是收集证据、查明事实,

---

① 参见谢芳、刘艳红:《监察工作人员准司法属性与刑法适用》,载《福建师范大学学报(哲学社会科学版)》2022 年第 6 期。

② 参见邱霈恩、李天昊:《监察法的法律属性及相关法理论析》,载《法治研究》2021 年第 1 期。

与刑事侦查并无明显差别。[①]

(三)理论根据

学界对调查权的认定存在两种标准,即形式标准[②]与实质标准[③]。形式标准主要着眼于调查权的名称、调查权所属机关的性质以及调查权的法律依据(主要是《监察法》)来对调查权的性质进行考察。实质标准则是以调查权的目的以及调查权在刑事司法程序中的运作方式为依据,对调查权的性质进行认定。

通过形式标准认定调查权的性质具有简易性和可操作性,也在一定程度上保障了人们的预测性,有利于实现形式正义。但是形式正义也是有相应的局限性的,实现形式的过程也是要付出代价的,此种代价便是形式正义未必能实现真正的社会正义。[④] 就监察委员会而言,由于其机关性质的定位难以将其认定为国家司法机关,也就难以从机关这一角度来将监察人员认定为司法工作人员。此时,如果再从调查权的形式标准出发否定监察人员能够构成司法工作人员无疑会使《监察法》与《刑法》中的大量条款虚化,从而造成《监察法》与《刑法》衔接上的断裂。

因此,对于调查权的认定应当摒弃这种形式理性的标准,而应当转向实质理性的标准。以调查权的目的以及调查权在刑事司法程序中的运作标准为出发点则更符合实质理性的要求。

四、职务犯罪调查权性质的理论匡正

(一)职务犯罪调查权的来源

明确调查权的性质,首先要考察调查权的来源。监察委员会的调查权主要由党纪调查权、政绩调查权和刑事调查权构成。党纪调查权和政纪调查权的目的是查明违反党纪和违反政纪的事实,从而使监察委员会根据事实情况作出党纪处分与政纪处分。[⑤] 很显然,这里的党纪调查权与政纪调查权不属于刑事诉讼的范畴,

---

① 参见程雷:《"侦查"定义的修改与监察调查权》,载《国家检察官学院学报》2018 年第 5 期。

② 参见张云霄:《〈监察法〉与〈刑事诉讼法〉衔接探析》,载《法学杂志》2019 年第 1 期;马怀德:《国家监察体制改革的重要意义和主要任务》,载《国家行政学院学报》2016 年第 6 期。

③ 参见陈瑞华:《论国家监察权的性质》,载《比较法研究》2019 年第 1 期。

④ 参见孙笑侠:《法的形式正义与实质正义》,载《浙江大学学报(人文社会科学版)》1999 年第 5 期。

⑤ 参见陈瑞华:《论监察委员会的调查权》,载《中国人民大学学报》2018 年第 4 期。

不在本文的讨论范围内，本文着重探讨的是调查权中的刑事调查权。为了深入推动监察体制改革，全国人大常委会于2016年通过了《关于在北京市、山西省、浙江省开展国家监察体制改革试点工作的决定》，该决定第3条指出，在北京市、山西省、浙江省暂时调整或者暂时停止适用《刑事诉讼法》第3条、第18条、第148条以及第2编第2章第11节关于检察机关对直接受理的案件进行侦查的有关规定。2017年中共中央办公厅发布了《关于在全国各地推开国家监察体制改革试点方案》，该方案第1条规定了检察院的职务犯罪侦查权全部转移到监察委员会；第2条规定了监察委员会的职责，即对职务违法与职务犯罪行为进行监督、调查与处置；第3条规定了检察院职务犯罪侦查权的相关法律法规停止适用；此外，该方案明确了监察委员会的监察职责、监察程序以及监察权限，其中监察权限中的大部分内容与侦查权并无二致。

2018年通过的《监察法》以及修改的《刑事诉讼法》规定了监察机关享有职务犯罪的调查权，检察机关仅保留部分犯罪的刑事侦查权。通过以上法律的修改可以看出，监察机关的职务犯罪侦查权并没有消灭，而是由监察委员会承担了该项职能。同时，不仅检察机关的职务犯罪侦查权转移到了监察委员会，而且检察机关的职务犯罪部门也转至了监察委员会。正如有学者所提到的，此次改革实现了职务犯罪侦查职能与侦查人员的双转隶。①

通过上述历史的回顾可以看出，不仅检察机关的职务犯罪侦查权转移到了监察委员会，而且相应人员也转移到了监察委员会。监察人员在调查职务犯罪过程中所行使的监察调查权在实质上就如同过去检察机关职务侦查部门所行使的职务犯罪侦查权，两者在主体以及权力形式上具有同一性。因此，监察委员会的调查权具有刑事侦查权的法律效果，监察委员会的调查权是为进入司法程序服务的，其目的在于查清犯罪实施与追究被调查人的刑事责任，监察机关的调查权从本质上来讲是求刑权。②

（二）职务犯罪调查权的性质

第一，在我国，侦查的含义是指对于刑事案件，依照法律进行的收集证据、查明案情的工作和有关的强制性措施。其核心要件主要有四个，即依照法律、收集证据、查明案情和采取强制性措施。对于监察机关来讲，其职务犯罪调查权的行

---

① 参见刘计划：《监察委员会职务犯罪调查的性质及其法治化》，载《比较法研究》2020年第3期。

② 参见汪海燕：《监察制度与〈刑事诉讼法〉的衔接》，载《政法论坛》2017年第6期。

使应当遵循《监察法》的相关规定;由于监察委员会的职务犯罪调查权的目的是调查犯罪,而证明调查对象成立犯罪的关键便是事实和证据,所以只有在监察委员会充分了解事实和获取证据之后,才能移送审查起诉;并且监察人员在必要的时候可以对调查对象采取强制性措施以便于监察调查。根据《监察法》第28条至第31条的规定,监察措施包括查封、扣押、勘验、监察、鉴定以及特殊调查,这些措施与侦查措施并无差异。正如有学者指出的:在监察调查措施中,除了谈话,其他所有措施都具备了司法属性,因为这些措施都必须围绕追究职务犯罪的目的、确保与后续司法程序的衔接与协调,此时必须遵循《监察法》、《刑法》和《刑事诉讼法》。[①] 因此,监察调查权的本质是收集证据、查明事实,与侦查并无明显差别。[②]

第二,监察委员会的调查权尽管在名义上不同于侦查机关的侦查权,但是监察委员会在行使监察调查权的过程中要按照侦查程序的规定对证据进行收集、固定、审查与运用。[③] 我国《刑事诉讼法》第56条规定了非法排除规则,对于非法收集的言词证据以及实物证据都明确了相应的排除情形。如上文所述,监察调查权的本质是收集证据与查明事实,既然是收集证据与查明事实,那么出于程序公正的需要,监察委员会理应受到非法证据排除规则的约束与限制。一旦监察委员会的行为违反了非法证据排除规则,那么检察机关和法院就会依照相关规则对非法获取的证据进行排除,此时监察委员会的刑事调查在效力上就如同于刑事侦查。

第三,我国《宪法》第127条第2款规定:监察机关办理职务违法和职务犯罪案件,应当与审判机关、检察机关、执法部门互相配合,互相制约。第140条规定:人民法院、人民检察院和公安机关办理刑事案件,应当分工负责,互相配合,互相制约,以保证准确有效地执行法律。这两项原则分别体现在我国的《监察法》与《刑事诉讼法》中。根据我国《刑事诉讼法》的规定,公安机关在刑事司法程序中行使的职权是侦查权,而侦查权在我国的刑事司法程序中处于前沿地位,其对起诉、审判有影响但又受起诉与审判的制约。我国《监察法》的规定也沿用了类似表述,表明了监察机关的职务犯罪调查权对起诉、审判有着影响但也受到起诉与审判的制约,而职务犯罪调查权的行使又是在刑事司法活动中进行的,其本质是查

---

① 参见邱霈恩、李天昊:《监察法的法律属性及相关法理论析》,载《法治研究》2021年第1期。

② 参见程雷:《"侦查"定义的修改与监察调查权》,载《国家检察官学院学报》2018年第5期。

③ 参见陈瑞华:《论监察委员会的调查权》,载《中国人民大学学报》2018年第4期。

清证据与查明犯罪事实。所以，从三机关相互制约与相互配合的角度来讲，职务犯罪的调查权实际上就等同于侦查权。

第四，根据《监察法》第54条以及《刑事诉讼法》第175条的规定，人民检察院可以对移送的案件退回补充调查（侦查），或者自行补充侦查，补充调查（侦查）以两次为限，每次以一个月为限。这表明监察机关的补充调查与公安机关的补充侦查没有实质性的区别，监察机关的补充调查实际上具有了补充侦查的性质与效力。既然在检察机关退回补充调查之后，监察机关所做的补充调查都具有补充侦查的性质，那么监察机关原来所做的调查当然也就具有侦查的性质。①

第五，《监察法》第24条设置了留置措施，留置措施具有以下几方面特征：一是服从性，留置是监察机关单方面决定的，当事人具有服从监察机关的义务；二是物理性，留置是将被调查人置于特定场所，被调查人的人身自由在留置期间受到限制；三是附属性，其是伴随着监察目的的需要而采取的；四是监督性，留置是在监察机关工作人员查处违法犯罪时，由监察人员强制被调查人员在特定场所交代问题。② 从留置措施的特点可以看出它实际上类似于刑事诉讼中的强制措施，对被调查人的人身自由进行了极大的限制。这种对被调查人的人身自由的限制从实质上来讲是一种监管，因此，监察机关的独立地位决定了其可以被解释为监管机构。③

第六，进入21世纪以来，腐败犯罪不仅引发了国内民众的重视，更引发了国际社会的关注。联合国大会于2003年10月31日通过了《联合国反腐败公约》，我国于2006年2月成了《联合国反腐败公约》的缔约国，至此《联合国反腐败公约》对我国的反腐败斗争产生了重要的影响。《联合国反腐败公约》出于打击腐败犯罪的需要，规定了第49条"联合侦查"条款以及第50条"特殊侦查手段"。其中，公约第49条明确规定了建立联合侦查机构以及缔约国对开展侦查的缔约国主权的尊重。如果认为监察委员会的调查权在实质上不等同于侦查权，那么监察委员会何以和其他国家的侦查机关建立联合侦查机构以及在国外进行侦查时如何才能获得相关缔约国的尊重？更重要的是，如果认为调查权在实质上不属于侦

---

① 参见陈瑞华：《论监察委员会的调查权》，载《中国人民大学学报》2018年第4期。

② 参见梁三利：《留置取代"两规"措施的法治化路径》，载《天津行政学院学报》2018年第1期。

③ 参见喻少如、龙嘉：《〈监察法〉与〈刑法〉的衔接机制研究》，载《西南政法大学学报》2022年第4期。

查权,则将会导致《联合国反腐败公约》在我国难以适用。我国《监察法》第6章第57条规定了"国家监察委员会统筹协调与其他国家、地区、国际组织开展的反腐败国际交流、合作,组织反腐败国际条约实施工作"。第58条规定了"国家监察委员会会同有关单位加强与有关国家、地区、国际组织在反腐败方面开展引渡、移管被判刑人、遣返、联合调查、调查取证、资产追缴和信息交流等执法司法合作和司法协助"。上述规定不仅表明了我国打击贪污腐败的决心,更表明了在打击贪污腐败的同时要促进与《联合国反腐败公约》的衔接。只有将调查权在实质上认定为侦查权才能解决我国跨境打击腐败问题与促进《联合国反腐败公约》在我国的适用。因此,在国际合作的过程中,我国《监察法》中的调查与《联合国反腐败公约》规定的侦查是一致的,两者只有在同一平台上和语境下才能进行相关合作。①

综上所述,通过对调查权的来源以及运作形式、依据规范进行分析,调查权虽然与侦查权名称不同,但其在本质上就是侦查权。明确了调查权是侦查权的性质后,便可得出监察人员就是司法工作人员的相应结论。

五、监察人员刑法身份之厘定及其刑事责任条款之司法应对

(一)监察人员之身份厘定

虽然主流观点认为监察机关属于政治机关,但这并不影响将监察机关认定为其他机关。而且,仅将监察机关定位为政治机关不仅在《宪法》上存在质疑,而且在参与国际腐败犯罪斗争中也会产生一系列问题,如有学者提出的将监察机关仅定位为政治机关会与政治犯不引渡这一国际法原则相冲突,将会给反腐败斗争和国际追赃追逃带来困难。② 所以,对于监察机关的认定不应当仅局限于政治机关,而是应当根据监察机关的不同属性对其作出相应定位。在我国司法实践中,对其他机关的认定也是如此,例如,公安机关虽然是行政机关,但是在其参与刑事诉讼程序,行使刑事侦查权的时候,我们依然可以将公安机关认定为侦查机关。但需要注意的是,这里只是认定了公安机关是侦查机关,具有准司法属性,并不意味着公安机关并不是司法机关。在我国,对于国家机关划分的重要依据是机关性质,

① 参见杨宇冠、高童非:《论监察机关与审判机关、检察机关、执法部门的互相配合和制约》,载《新疆社会科学》2018年第3期。

② 参见洪浩:《刑事诉讼视域下的国家监察机关:定位、性质及其权力配置》,载《法学论坛》2019年第1期。

我国国家机关依据其性质划分为立法机关、行政机关、司法机关与监察机关。不能因为某一机关具备了准司法属性就认为其应当属于《宪法》上的司法机关,否则有违《宪法》对于国家机关的定位。

对于监察人员属性的认定,应当以其具体行使的职权为标准来进行实质性的认定。监察委员会属于复合机关,是集"纪行检"职权为一体的国家机关,其职权包括党纪调查权、政纪调查权与职务犯罪调查权。具体而言,当监察委员会在查处职务违法以及职务违纪活动时,其不能构成以司法工作人员为主体的犯罪,例如,监察委员会在调查职务违法活动时出于急于完成目标的需要,而对被采取了留置措施的调查人员实施了虐待行为,这一行为在形式上似乎是符合虐待被监管人罪的客观方面的,但由于监察人员行使的职权是职务违法违纪调查权,从实质上来讲,这种违法违纪调查权的行使不属于司法活动的范畴,因此,不能将行使违法违纪调查权的监察人员认定为司法工作人员,监察人员也就不能构成虐待被监管人罪。虽然在此种情况下监察人员不是司法工作人员,但监察人员属于国家工作人员的范畴,因此,对于实施上述行为的监察人员,应当以滥用职权罪等渎职罪名予以规制。

职务犯罪调查权的本质是刑事侦查权,监察人员在行使职务犯罪调查权时,就如同在行使刑事犯罪侦查权,此时,监察人员具备了司法工作人员的身份属性,相应地,监察人员就能构成以司法工作人员为主体的犯罪。

(二)刑事责任条款之司法应对

明确了监察人员的身份地位后,需要做的就是对监察人员的刑事责任进行一一建构。《监察法》第74条规定了具体的违法行为,第75条为刑事责任条款,因此,对监察人员的刑事责任构建也应当以第74条当中的违法行为为依据。

监察人员实施《监察法》第74条第1项"未经批准、授权处置问题线索,发现重大案情隐瞒不报,或者私自留存、处理涉案材料的"行为涉嫌的罪名是滥用职权罪与徇私舞弊不移交刑事案件罪。这里所涉及的行为明显是监察机关超越职权所实施的行为,并且在该项中无法解读出使他人脱离刑事追究的意思,否则该项完全可以与第2项合并。所以,那种认为监察人员实施《监察法》第74条第1项行为构成徇私枉法罪的观点忽略了行为人的主观心态,因而是不正确的。徇私舞弊不移交刑事案件罪的主体是行政执法人员,笔者认为,从监察机关工作人员行使职务犯罪调查权的角度来讲,将监察机关工作人员认定为行政执法人员,既无身份上的依据,也无职权上的依据。所以,对于徇私舞弊不移交刑事案件罪,笔者主张将此罪名的主体更改为行政执法人员与监察人员,从而实现对法益的充分保护。

监察人员实施《监察法》第74条第2项“利用职权或者职务上的影响干预调查工作、以案谋私的”行为可能构成滥用职权罪与徇私枉法罪。此时需要考察的是行为人的主观心理,如果行为人是出于与其他监察人员争斗的心理而干预调查工作从而使其他监察人员的工作难以进行的,应当以滥用职权罪论处;如果其目的是使被调查人员免予刑事追究,则其行为符合徇私枉法罪的构成要件,应当以徇私枉法罪论处。当然,在此过程中监察人员很有可能触犯贪污罪与受贿罪等罪名,此时,应当以徇私枉法罪(滥用职权罪)与贪污罪或受贿罪等罪名数罪并罚。

监察人员实施《监察法》第74条第3项“违法窃取、泄露调查工作信息,或者泄露举报事项、举报受理情况以及举报人信息的”行为涉嫌的罪名为泄露国家秘密罪、滥用职权罪与玩忽职守罪。《保守国家秘密法》明确了国家秘密的外延,其中一项便是追查刑事犯罪中的秘密事项。[①] 实施《监察法》的目的是打击贪污腐败犯罪,打击贪污腐败是国家工作中较为重要的一项,这要求对调查工作信息、举报事项以及举报受理情况进行相应的保密,因此,泄露调查工作信息、举报事项以及举报受理情况的行为极有可能构成泄露国家秘密罪。监察人员窃取工作信息的行为应当被认定为滥用职权罪。对于泄露举报人信息的行为应当根据主观要素来考察,如果是故意泄露举报人信息,那么就应以滥用职权罪论处;如果是过失泄露了举报者信息,则应当以玩忽职守罪论处。同样,如果实施上述行为触犯其他贪污、贿赂犯罪,则应当数罪并罚。

监察人员实施《监察法》第74条第4项“对被调查人或者涉案人员逼供、诱供,或者侮辱、打骂、虐待、体罚或者变相体罚的”行为涉嫌的罪名是刑讯逼供罪、虐待被监管人罪以及暴力取证罪。此时应当区分监察人员行使的职权与针对的对象,来判断监察人员究竟该以何种犯罪论处。如前文所述,留置措施实际上属于监管措施的一部分,如果监察人员在采取留置措施的过程中对被调查对象实施了肉体与精神上的折磨,则应当以虐待被监管人罪论处;如果监察人员实施虐待

① 参见《保守国家秘密法》第13条第1款第6项。

行为的目的是获取被调查人的口供，则应当以刑讯逼供罪论处；如果监察人员是对相关涉案人员实施，如监察人员对被调查人的妻子实施暴力从而获取被调查人的犯罪证据，则可能构成暴力取证罪。有学者认为触犯刑讯逼供罪、虐待被监管人罪以及暴力取证罪应当与滥用职权罪构成想象竞合型犯罪，以一罪从一重处，其理由在于滥用职权罪与其他罪所保护的法益不同，只有将其评价为想象竞合，才能实现对法益的全面保护。[①] 笔者认为，刑讯逼供罪、虐待被监管人罪以及暴力取证罪是滥用职权罪的特殊罪名，两者属于法条竞合的关系，应当适用特别法条，即适用刑讯逼供罪、虐待被监管人罪以及暴力取证罪便可实现对行为的全面评价以及对法益的全面保护。论者认为上述罪名成立想象竞合的理由在于其保护的法益不同，但法益不同并非是行为成立想象竞合的决定性理由，如盗伐林木罪与盗窃罪，两者所保护的法益分别是财产权以及环境资源，[②]但是学界公认的是两者是一般法条与特别法条的关系，构成法条竞合的关系，在适用时适用盗伐林木罪就能实现对法益的充分保护。

监察人员实施《监察法》第 74 条第 5 项“违反规定处置查封、扣押、冻结的财物的”行为可能触犯的罪名是滥用职权罪以及私分罚没财物罪。私分罚没财物罪的主体是司法机关与行政机关。有学者认为，监察人员是司法工作人员，因而监察机关是司法机关，监察机关能够构成私分罚没财物罪的犯罪主体。[③] 依照此种逻辑，监狱以及公安机关应当属于司法机关，但事实上，学界公认的是监狱与公安机关只是司法行政机关与行政机关，两者并非司法机关，司法机关只包括法院与检察院。此外，监察机关有其自身的身份定位，改革者认为监察机关既不同于司法机关，也不同于行政机关，所以从理论上来讲监察机关不可能构成该罪的主体。但是监察机关是具有查封、扣押、冻结财物的权力的并且也是可能实施这种客观行为的，既然监察机关有这种权力，那就要对这种权力进行相应的制约和监督，以防止权力的滥用和误用。所以，笔者建议，修改私分罚没财物罪，将私分罚没财物罪的犯罪主体扩展至监察机关。

对于监察人员实施《监察法》第 74 条第 6 项与第 7 项行为的，其可能触犯的

---

① 参见刘俊杰：《论监察法实施的刑事实体法保障》，载《法学论坛》2021 年第 6 期。

② 参见高铭暄、马克昌主编：《刑法学》（第 10 版），高等教育出版社、北京大学出版社 2022 年版，第 497、529 页。

③ 参见刘俊杰：《论监察法实施的刑事实体法保障》，载《法学论坛》2021 年第 6 期。

罪名是非法拘禁罪与滥用职权罪,但是基于监察人员是国家工作人员的身份考虑,笔者认为监察人员实施《监察法》第74条第6项与第7项行为的应当构成滥用职权罪。

监察人员实施《监察法》第74条第8项行为的,其可能触犯的罪名是滥用职权罪。监察人员实施《监察法》第74条第9项行为的,其可能触犯的罪名是破坏生产经营罪、滥用职权罪、非法拘禁罪等罪名。

职务违法证明标准的法理检视与完善

彭天翼*

［摘要］ 反腐败工作法治化呼唤职务违法证明的规范化，是否具有完备规范的职务违法证明标准左右着监察权的法治效能。职务违法证明标准在经历了由“一元”向“双轨”的转变后，呈现出以“事实清楚，证据确凿”为统领，以四项限制性规定对“证据确凿”作出解释的立法格局。从基本法理的视角审视之，发现其正陷入背离形式正义基本理念、冲撞证明标准比例原则、违反行政性判断的客观性要求的困境。在深化国家监察体制改革的背景下，可通过统一行政处分与政务处分的证明标准、明确职务违法证明标准应低于职务犯罪证明标准和删除“令人信服”的要求予以回应。

［关键词］ 职务违法　证明标准　监察调查　法理检视

2018年的监察体制改革整合了我国反腐败资源，成立了作为新型国家机关的监察委员会，同时塑造出独立于行政权、司法权的监察权。随着监察实践向纵深发展，一套独立于刑事诉讼证明、民事诉讼证明和行政诉讼证明的监察证明标准逐渐形成，构建起全新的国家监察证明实践样态。习近平总书记在二十届中央纪委二次全会上指出：“要增强法治意识、程序意识、证据意识，不断提高纪检监察工作规范化、法治化、正规化水平。”①证据作为事实认定与法律适用的基础，无论是在违法处置还是在犯罪追诉中，都发挥着不可替代的基础性作用，被视为职务违

* 彭天翼，西南政法大学纪检监察学院2021级本科生，研究方向为监察法学、党内法规学。

① 习近平：《一刻不停推进全面从严治党　保障党的二十大决策部署贯彻落实》，载《人民日报》2023年1月10日，第1版。

法犯罪案件办理的灵魂。[①] 在此背景下,是否具备完备、高效的职务违法证明标准体系将左右监察权的法治化水平,进而影响国家反腐败的制度成效。

自监察体制改革以来,有关监察证明标准的研究正逐渐枝繁叶茂。其中,职务犯罪证明研究因涉及监检衔接、证据转化、刑事审判等后置性问题而吸引了众多诉讼法学者甚至刑法学者。[②] 相比之下,职务违法证明标准研究则因终局性、密闭性等特点,未得到学界广泛重视。目前关于职务违法标准的讨论主要发生于《监察法实施条例》颁布以前:有教授主张职务违法证明标准应当与一般民事案件证明标准相一致,选择“盖然性标准”,[③]还有教授认为监察机关享有强制调查取证权限,因此证明标准应当高于民事证明标准,[④]再有教授认为倘若将职务违法证明标准规定过高,则有可能放纵职务违法行为。[⑤] 但《监察法实施条例》对职务违法证明标准进行了全新的创制,因此学界相关研究还比较缺位。实践中,职务违法行为所占比例远高于职务犯罪:中央纪委国家监委发布的全国纪检监察机关运用“四种形态”的数据显示,[⑥]2023 年全国各级监察机关共处理违纪违法党员干部 171.8 万人,其中纪检监察机关运用第四种形态(涉及职务犯罪)处理干部数量占比为 3.9%,运用第一、二、三种形态(涉及职务违法)数量占比为 96.1%。从数量上看,职务违法占“绝大多数”,而职务犯罪仅是“极少数”。因此欲贯彻“惩前毖后,治病救人”的工作原则,体现抓早抓小的制度优势,必须积极回应职务违法证明在理论上所遭遇的相关挑战,有效控制职务违法行为,以防止“小毛病”演化为“大问题”。在监察体制改革开展多年的今天,我国的反腐败斗争已取得压倒性的

---

① 参见董坤:《监察与司法衔接中的证据问题研究》,载《西南民族大学学报(人文社会科学版)》2021 年第 7 期。

② 研究监察证据的诉讼法学者如陈瑞华、张中、姚莉,刑法学者如刘艳红,代表作参见陈瑞华:《论监察委员会的调查权》,载《中国人民大学学报》2018 年第 4 期;张中:《论监察案件的证据标准——以刑事诉讼证据为参照》,载《比较法研究》2019 年第 1 期;姚莉:《监检衔接视野下的检察提前介入监察机制研究》,载《当代法学》2022 年第 4 期;刘艳红:《职务犯罪案件非法证据的审查与排除——以〈监察法〉与〈刑事诉讼法〉之衔接为背景》,载《法学评论》2019 年第 1 期。

③ 参见陈瑞华:《论监察委员会的调查权》,载《中国人民大学学报》2018 年第 4 期。

④ 参见曹鎏:《论职务违法调查的理论逻辑、规制路径及证据规则》,载《法学评论》2020 年第 5 期。

⑤ 参见占善刚、王译:《监察调查证据规则衔接探讨》,载《理论月刊》2019 年第 10 期。

⑥ 参见《中央纪委国家监委通报 2023 年全国纪检监察机关监督检查、审查调查情况》,载微信公众号“中央纪委国家监委网站”2024 年 1 月 25 日,https://mp.weixin.qq.com/s/M1KniPAz5qs483067i3wBg。

胜利并不断巩固。[①] 但同时亦应看到,我国目前的职务违法证明标准正面临诸多理论挑战,亟须予以回应。

一、职务违法证明标准立法评析

监察体制改革使职务违法证明标准经历了从无到有的历史发展,而从《监察法》到《监察法实施条例》又使职务违法证明标准发生了由"依附"走向"独立"的立法嬗变,构建出以"事实清楚,证据确凿"为统领,以四项限制性内容解释"证据确凿"的职务违法证明标准立法格局。

(一)由依附走向独立:职务违法证明标准之嬗变

由于监察证明标准的重要地位,自监察体制改革以来,学界关于监察证明标准的讨论从未停止。2018 年颁布的《监察法》第 36 条第 2 款规定"监察机关在收集、固定、审查、运用证据时,应当与刑事审判关于证据的要求和标准相一致",此款规定采用"借用式"立法模式,将监察证据标准和监察证明标准统一规定为比肩刑事诉讼标准的标准,在监察证明体系中扮演了基本法律渊源的角色。从字面上看,似乎该规定中的"证据"既包括职务违法证据又包括职务犯罪证据。但若仅作文义解释,意即所有监察证明标准都需比肩刑事审判标准,则此种"绝对一元化"的证明标准体系过于严苛,虽能提高定案准确性,但不利于提高反腐败工作效能,同时也易放纵职务违法行为。因此学界大多从体系解释的角度对此条规定作出区分职务违法与职务犯罪证明标准的"二元化"理解或直接批判该"一元化"规定,[②]实践中,部分地区监委也出台了区分二者标准的内部规定。[③] 为释疑止争,国家监察委员会于 2021 年出台《监察法实施条例》,其中第 62 条、第 63 条对职务违法和职务犯罪行为的证明标准作出了差异化表述,基本肯定了"二元化"解释。虽有论者认为《监察法实施条例》的此种规定有超越《监察法》本意之嫌,[④]但基于

---

① 参见《反腐败斗争取得压倒性胜利并全面巩固》,载光明网,https://m.gmw.cn/baijia/2022-04/14/35658464.html。

② 参见谢小剑:《职务违法与职务犯罪监察调查程序"相对二元化模式"提倡》,载《法商研究》2021 年第 5 期;曹鎏:《论职务违法调查的理论逻辑、规制路径及证据规则》,载《法学评论》2020 年第 5 期;刘艳红:《监察委员会调查权运作的双重困境及其法治路径》,载《法学论坛》2017 年第 6 期。

③ 参见张红哲:《监察证据标准的理论阐释与优化路径》,载《中外法学》2023 年第 3 期。

④ 参见谢澍:《监察调查的证据标准及其认知保障——以职务犯罪案件的"监检衔接"为中心》,载《法治社会》2023 年第 2 期。

制定主体的权威性,仍不应轻易否认作为监察法规的《监察法实施条例》所规定的职务违法证明标准在我国监察调查实践中的效力、地位。

(二)全新的证明标准:基于职务违法证明标准条文的分析

《监察法实施条例》第62条可被认定为职务违法证明标准的基本法律渊源。在立法设计上,其在"事实清楚、证据确凿"的基础上,进一步限制了"证据确凿"的含义。[①]《监察法实施条例》第63条参照了相似的立法设计,规定了职务犯罪案件调查终结的证明标准:事实清楚,证据确实、充分,并进一步解释了"证据确实、充分"的含义。需要说明的是,由于职务违法证明标准与职务犯罪证明标准已实现由统一走向分离,故通过与职务犯罪证明标准相比较进行研究富有理论意义。

1. 事实清楚,证据确凿

《监察法实施条例》第62条为职务违法证明标准的总括性表述。从规范间的比较上看,该条采用了"借用式"立法模式,[②]相同表述可见于《中国共产党纪律检查机关监督执纪工作规则》(以下简称《监督执纪工作规则》)第53条、《公务员法》第63条以及《事业单位工作人员处分暂行规定》(已失效)第3条第3款中,因此可认为其与公务员处分和党纪处分的证明标准基本一致。但因三者不属于同一法律规范,"只有当人们追溯到制定法的目的、制定法赖以为基础的决定性的价值决定以及原则构成的'内部'体系时,才能全面地、完整地理解制定法的意义脉络"[③]。因此不能单纯以外部体系解释的方法论来阐释之。故《监察法实施条例》第62条中对"证据确凿"的限制性解释应当有别且严于党纪处分证明标准中"证据确凿"的证明标准,否则有悖于"纪在法前"的基本法理。[④] 同样,也不可仅用行为性质理论将《监察法实施条例》第62条与《公务员法》第63条中的"证据确凿"等同视之:立法者对两种"证据确凿"作出差异化解读本身就反映了其立法意图,

---

① 《监察法实施条例》第62条规定:"监察机关调查终结的职务违法案件,应当事实清楚、证据确凿。证据确凿,应当符合下列条件:(一)定性处置的事实都有证据证实;(二)定案证据真实、合法;(三)据以定案的证据之间不存在无法排除的矛盾;(四)综合全案证据,所认定事实清晰且令人信服。"第63条规定:"监察机关调查终结的职务犯罪案件,应当事实清楚,证据确实、充分。证据确实、充分,应当符合下列条件:(一)定罪量刑的事实都有证据证明;(二)据以定案的证据均经法定程序查证属实;(三)综合全案证据,对所认定事实已排除合理怀疑。证据不足的,不得移送人民检察院审查起诉。"

② 参见程衔:《中国特色独立监察程序下非法证据排除规则的制度建构》,载《南京大学学报(哲学·人文科学·社会科学)》2019年第2期。

③ [德]卡尔·拉伦茨:《法学方法论》(第6版),黄家镇译,商务印书馆2020年版,第413页。

④ 参见兰琳宗:《坚持纪严于法 执纪执法贯通》,载《中国纪检监察报》2021年12月6日,第2版。

故职务违法证明中的“证据确凿”应严于公务员处分中的“证据确凿”。

对比职务犯罪证明标准,《监察法实施条例》第63条将其规定为“事实清楚,证据确实、充分”,若假定证据“确实”与“确凿”为同义词,[①]则比较言之,职务犯罪证明标准还余出证据“充分”的要求。此处“充分”的内涵应当理解为对待证事实证明程度的充分性。例如,在“违规接受可能影响公正执行公务的宴请”案件中,若获得了宴请人的口供,证实该公职人员接受了宴请,则该口供于案件本身而言,兼具真实性、合法性、关联性,应当认为其已经达到了“确凿”的标准,但因只有孤证而无法达到“充分”的程度。若该行为属职务犯罪行为,则仅有被调查人口供不得定案,还需宴请消费记录、饭店的监控录像等间接证据予以佐证。这就体现出“确实、充分”和“确凿”的差异。

2. 定性处置的事实都有证据证实

该项为职务违法证明的“证据锚定”规定。相比之下,《监察法实施条例》第63条和《刑事诉讼法》第55条[②]将“定罪量刑的事实都有证据证明”作为对应的锚定规定,[③]因此可从锚定范围视角进行比较分析:职务违法证明标准仅要求证明“定性事实”而无须证明定量事实。从立法目的上看,立法者设置两者差异性的原因或许在于职务犯罪证明需要衔接后期刑事审判程序,即不仅要求锚定定罪证据,还要求锚定量刑证据。若未收集定量证据(量刑证据),则难与后期刑事审判有效衔接,不利于打击控制职务犯罪。由此易知,在证据锚定上,职务违法证明标准较职务犯罪而言更为宽松。

3. 定案证据真实、合法

该项为职务违法证据的真实性和合法性规定。相比之下,《监察法实施条例》第63条规定的职务犯罪证明标准则要求“据以定案的证据均经法定程序查证属实”,同样对取证合法性和真实性提出了要求。二者核心内容相同,表述却存在差异:职务违法证明标准仅简单要求证据“合法与真实”,但职务犯罪证明标准强调

---

① 参见马方、吴桐:《逻辑与司法:监察程序中证据规则的解构与建构》,载《河北法学》2018年第9期。

② 《刑事诉讼法》第55条规定:“……证据确实、充分的,可以认定被告人有罪和处以刑罚。证据确实、充分,应当符合以下条件:(一)定罪量刑的事实都有证据证明;(二)据以定案的证据均经法定程序查证属实;(三)综合全案证据,对所认定事实已排除合理怀疑。”

③ 参见[荷]威廉·A. 瓦格纳、[荷]彼得·J. 范科本、[荷]汉斯·F. M. 克罗伯格:《锚定叙事理论——刑事证据心理学》,卢俐利译,中国政法大学出版社2019年版,第51页。

“均经法定程序查证属实”,体现出立法者对职务犯罪取证程序合法的重视,回应了在实践中出现的职务犯罪证据瑕疵的困境。该规定也与《刑事诉讼法》中定罪量刑的标准一致。诚然,仅从证据法理论来看,证据的合法性和真实性为证据资格的应然之意,职务违法证据与职务犯罪证据皆应满足证据的“三性”。但从立法设计上看,《监察法实施条例》第62条、第63条呈现了不同的立法表述,不难看出立法者对职务违法证据的合法性要求有所取舍,应理解为职务违法证据的取证程序合法性低于职务犯罪证据。这或许是为平衡监察机关办案效率与被调查人权利保障的权宜之计。

4. 据以定案的证据之间不存在无法排除的矛盾

该项为职务违法的证据审查标准。相类似的表述出现在最高人民法院《关于适用〈中华人民共和国刑事诉讼法〉的解释》第140条,其规定间接证据可用以认定被告有罪需要同时满足5项内容,其中之一便是“证据之间相互印证,不存在无法排除的矛盾和无法解释的疑问”,可见其最早被用于认定刑事犯罪的间接证据审查规则中。此外,《监察法实施条例》第63条对职务犯罪证据确实、充分的解释包括“综合全案证据,对所认定事实已排除合理怀疑”。两项规定在立法技术上均采用了“否定式”立法模式,颇具可比较之处。将“怀疑”与“矛盾”相比较发现,“怀疑”倾向于调查人员的主观心证,刑事审判中的定罪量刑亦采用此标准,被学界视为主观性标准;①“无法排除的矛盾”则倾向于定案证据间逻辑上的不自洽,无法形成“完整稳定的证据链”,其客观属性较强。不难看出,立法者在设置该项时或许意识到了职务违法证明与职务犯罪证明的差异性,故在立法上予以区分。但该标准因最早用于犯罪行为的间接证据审查规则中,故在实践中应对该标准从严把握。

5. 综合全案证据,所认定事实清晰且令人信服

该项为职务违法证明的对照检查标准(或称为完成性标准)。“清晰且令人信服”并非我国原创的法律概念,该概念由美国判例法中的“clear and convincing”对译而来。② 最早出现在美国19世纪法院作出的上诉裁决中。在英美法系国家证

---

① 参见龙宗智:《中国法语境中的“排除合理怀疑”》,载《中外法学》2012年第6期。

② 对于“clear and convincing”的含义,我国学者曾作出不同的翻译,较权威的解释可参见樊崇义主编:《证据法学》(第6版),法律出版社2017年版,第292页;施鹏鹏:《证据法》,中国政法大学出版社2020年版,第280、289页。

据法中,"clear and convincing"介于"preponderance of evidence"(盖然性优势)和"beyond a reasonable doubt"(排除合理怀疑)之间,[①]也被认为是"中间标准"或"第三种证明标准"。[②] 若将此种理解融入对职务违法证明标准的把握中,则其与职务违法证明标准低于刑事证明标准但高于民事证明标准的证据法理相吻合。由此可初步判断,立法者是想体现出该证明标准的中间性。值得注意的是,该项规定具有较强的主观性,需要调查人员根据经验与心证进行判断。从条文位置上看,该项为《监察法实施条例》第62条最后一项,为职务违法证明的对照检查规则而非操作性标准,意即证明已经完成的应然状态。但与《监察法实施条例》第63条的"排除合理怀疑"标准相比,"清晰且令人信服"似乎很难解释为低于"排除合理怀疑"。"信服"代表一种很高的相信程度,必须由富有经验的调查人员对证据三性进行推理、论证、判断,从而使调查人员形成内心确信。故不难看出,作为职务违法证明的目标性条款,"清晰且令人信服"所彰显的较强的主观性使该项的解释空间扩张,使职务违法证明标准一直处在较强的不确定性中。

不仅如此,实务部门工作人员为"清晰且令人信服"提供了例证:[③]厦门市纪检监察机关在查办吴某因接受可能影响公正执行公务宴请的职务违法案件时,吴某作为某区城管部门负责人,接受与该部门存在业务往来的企业老板洪某之宴请,席间还有吴某亲戚王某和另外三人陪同。在调查中,吴某的口供、洪某的证言均能互相印证并能排除正常的礼尚往来。此外,调查部门还调取了王某证言以及餐厅消费记录予以印证,并调取相关资料证实洪某确系吴某的管理服务对象。据此,办案人员认为,综合全案证据,所认定的事实已达到"清晰且令人信服"的标准,无须再向另外三人取证。

综合上述分析,《监察法实施条例》第62条所确定的职务违法证明标准摒弃了此前的"借用式"立法模式,在规范上体现出较强的原创性特征。通过逐项分析发现,《监察法实施条例》所确定的职务违法证明标准在证据锚定范围上限于定性

---

① 参见宋冀峰:《"清晰且令人信服"的法义与功能——基于域外起源与本土语境的双向考察》,载《政法学刊》2022年第6期。

② See Redmayne Mike, *Standards of Proof in Civil Litigation*, The Modern Law Review, p. 167 – 195 (1999).

③ 参见刘一霖:《不断推动制度优势转化为治理效能 贯通规纪法 衔接纪法罪》,载中共中央纪律检查委员会、中华人民共和国国家监察委员会网,https://www.ccdi.gov.cn/yaowenn/202202/t20220223_173561.html。

事实,在证据的合法性上低于职务犯罪,但在证明结果标准上主观性较强且要求较高,需达到“令人信服”的程度。因此,仅从文义解释上看,职务违法证明标准似乎并不必然低于职务犯罪证明标准。

二、职务违法证明标准之法理检视

从立法理论和实践出发,对《监察法实施条例》第62条规定的职务违法证明标准进行分析,发现其正面临背离形式正义基本理念、冲撞证明标准比例原则、违反行政性权力行使的客观性要求的挑战。

(一)背离形式正义基本理念

形式正义要求针对相同行为适用相同标准,而在我国公职人员实行双轨惩戒体制的背景下,行政处分与政务处分性质相似、内容相同,但行政处分与政务处分作出的证明标准却并不统一,存在背离形式正义理念的嫌疑。

1. 形式正义要求“相同行为适用相同标准”

现代正义理念起源于古老的自然法中的“自然公正”(nature justice)观念。亚里士多德的两项法治要素、韦德的四层法治含义、戴雪的三项法治内涵、富勒的八项法治原则、罗尔斯的四项法治准则以及《德里宣言》的四项法治原则都可以看作对形式正义标准所作的概括与发展。[①] 形式正义作为较早发展的给予利害当事人之法律利益最大自由的保障,是实质正义的基础,构筑起人们基本的生活秩序。[②]司法领域的形式正义体现为“同案同判”,而在立法领域,形式正义则要求立法对待相同或相似行为,应当适用相同或相近的标准,具体体现为同一法规范体系下不同法律或者同一法律不同规范间的协调统一。证明活动作为处置的前置性程序,具有筛选违法事实的功能,直接影响当事人的权益。由此,适用何种证明标准,决定了在相同证据条件下何种行为能够被认定为违法行为。因此,在证明标准领域,形式正义要求对证明相同性质的行为或作出相同性质的决定应当适用同种证明标准。

2. 行政处分与政务处分性质相同

政务处分和行政处分极为相似。我国公职人员的惩戒体系采“双轨制”,即政

---

① 参见孙笑侠:《法的形式正义与实质正义》,载《浙江大学学报(人文社会科学版)》1999年第5期。

② 参见张恒山:《论正义和法律正义》,载《法制与社会发展》2002年第1期。

务处分和行政处分相并行。[①] 政务处分是监察机关在调查终结后，对职务违法公职人员常用的处置手段。行政处分则是由公职人员任免机关或管理机关对职务违法的公职人员予以惩戒和管理的手段。[②] 但我国公职人员体系过于庞大，且监察对象的外延范围至今仍不尽清晰，故难以周延所有的行政处分与政务处分的比较。公务员作为职务违法发生的"重灾区"，且公务员纪律为所有公职人员纪律之最严，故以公务员处分证明标准为例分析之。

公务员处分与政务处分在惩戒事由、种类、期限、后果、救济等方面都极为相似。监察体制改革赋予了监察机关对职务违法公职人员的处置权，[③]以政务处分代替原有的政纪处分。在惩戒事由上，《公职人员政务处分法》第2条规定政务处分和公务员处分事由可以适用该法第2章、第3章的规定；在惩戒种类上，《公职人员政务处分法》第7条和《公务员法》第62条规定的政务处分和公务员处分的种类一致，皆为警告、记过、记大过、降级、撤职、开除六种；在影响期限上，《公职人员政务处分法》第8条第1款规定的政务处分影响期限与《公务员法》第64条第2款规定的公务员处分影响期限一致；在惩戒后果上，《公职人员政务处分法》第16条与《公务员法》第61条第2款都确定了不重复处分原则，即对同一行为不得同时给予政务处分和公务员处分，倘若二者的惩戒后果有高下之分，则应当出现"择一重"的协调规范，而非简单规定"不得重复给予"进行调适，因此可推断两者的处分结果具有相似性；在救济途径上，《公务员法》和《公职人员政务处分法》规定的惩戒救济途径皆限于内部救济：《公职人员政务处分法》第5章规定了复审、复核程序，《公务员法》第95条规定了申请复核和申诉，都由本机关或上级机关负责受理且排除司法救济。综上，不难看出政务处分与公务员处分具有较强的相似性。[④]

3. 政务处分证明标准高于行政处分证明标准

政务处分与公务员处分具有相似性，但二者的证明标准却不尽相同。对于公务员处分，《公务员法》第63条规定对公务员处分应当事实清楚、证据确凿——这与《监察法实施条例》第62条对监察机关职务违法证明标准总的规定一致。但不同的是，《监察法实施条例》对监察机关职务违法调查的证明标准中的"证据确

---

① 参见朱福惠：《论监察法上政务处分之适用及其法理》，载《法学杂志》2019年第9期。

② 目前行政处分并不能适用于所有的被监察对象，如对于村干部就不存在行政处分的适用。

③ 参见《监察法》第52条。

④ 参见张鸿绪：《我国监察案件证明标准二元构造论——基于〈宪法〉有关内容的分析》，载《湖北大学学报（哲学社会科学版）》2021年第4期。

凿”作出了4项限制性解释,使职务违法证明标准在一定程度上高于公务员处分证明标准。在惩戒的事由、种类、期限、后果、救济途径较为相似的情况下,监察机关给予政务处分的证明标准却高于公务员处分证明标准,显然违反了“相同行为相同标准”的原则。一般而言,公务员纪律严于其他公职人员纪律,[①]由此可知,公务员违纪所造成的负外部性较其他公职人员更重。“法律程序运行及其结果所涉权益越重大,其程序设计就应越严格”[②],因此公务员的职务违法证明标准应较其他公职人员更高。进言之,公务员处分标准尚且低于职务违法证明标准,而公务员纪律又为所有公职人员中要求最高,因而其他公职人员的内部惩戒证明标准皆应低于之。故从整体来看,职务违法证明标准在整体上高于公职人员行政处分证明标准。

综上所述,形式正义要求对待相同行为适用相同标准。在我国公职人员的双轨惩戒体系中,行政处分和政务处分在惩戒事由、种类、期限、后果、救济途径等方面都极其相似,但在立法设计上行政处分证明标准明显低于职务违法证明标准。因此,职务违法证明标准面临违背形式正义基本理念的嫌疑。

(二)冲撞证明标准比例原则

证明标准比例原则要求违法证明标准应当低于犯罪证明标准,但《监察法实施条例》第62条所规定的职务违法证明标准似乎并未低于职务犯罪证明标准,存在违背证明标准比例原则的风险。

1. 比例原则要求违法证明标准应当低于犯罪证明标准

比例原则由德国“行政法之父”奥托·麦耶(Otto Mayer)所提出,目前学界对比例原则一般采用“三阶论”进行解释:将适当性原则、必要性原则与均衡性原则确定为其三个子原则。适当性原则是指公权力行为的手段必须具有适当性,能够促进所追求的目的的实现,即反对“南辕北辙”;必要性原则,又被称为最小损害原则,它要求公权行为者为达到特定行政目的所使用的手段造成的损害应当最小化;均衡性原则又被称为狭义比例原则,其要求公权力行为的手段所增进的公共

---

① 例如,《公务员法》第59条将“违反职业道德、社会公德和家庭美德”此种道德条款纳入惩戒事由中,在一定程度上比肩党员行为标准。

② 谢小剑:《职务违法与职务犯罪监察调查程序“相对二元化模式”提倡》,载《法商研究》2021年第5期。

利益与其所造成的损害成比例。[①] 比例原则最初被适用于行政法领域，但逐渐发展为公法领域的"帝王原则"，因此证据法理论也发展出了合乎自身体系的比例原则理论。传统证据法理认为，"越是关键、重要的事实和情节，在证明标准上越要从严掌握，而对于那些法律意义相对次要的事实和情节，可以适当放宽"[②]。有国外学者从案件所涉利害关系的角度提出"事实认定所涉及的利害关系越大，支持性证据就必须越强，说服他作出该认定必定会更加困难"[③]，也有国内学者从证据法的经济分析视角得出"案件越大，准确性要求越高"[④]的结论。无论是利害关系大小还是证明经济的要求，其底层逻辑的论证都离不开证明标准的比例原则，[⑤]从而构成证据法上"行为性质与证明标准相适应"的梯度化证明标准理论，并为学界广为接受。目前学界普遍对不法行为作违法和犯罪的二元类型化区分，因此根据证明标准比例原则，违法行为与犯罪行为的差异性，决定了违法与犯罪的证明标准必然存在差异，[⑥]并且违法行为证明标准应当低于犯罪行为证明标准。

2. 职务违法证明标准具有高于职务犯罪证明标准的解释空间

如前文所述，监察证明标准经历了由"一元"向"二元"的嬗变，即职务违法与职务犯罪证明标准由统一转向分离。此前"一元"监察证明标准由于混同职务违法与犯罪证明标准，从而招致理论界和实务界的质疑与批判：不利于监察机关"权威、高效"行使监察权，有放纵职务违法行为的可能。关于"一元""二元"的争论多发生在《监察法实施条例》制定前，但其颁布时间较短，因此学界对职务违法证明标准的关注度尚低。在少量的学术讨论中，研究者们的观点也莫衷一是：有的学者仅因《监察法实施条例》对监察证明标准作出的二元化区分而当然得出职务违法证明标准低于职务犯罪证明标准的结论，[⑦]进而忽略对《监察法实施条例》第62条规范本身的分析；有学者通过文义解释指出职务违法证明标准实际低于职务

① 参见刘权：《目的正当性与比例原则的重构》，载《中国法学》2014年第4期。

② 陈光中、陈海光、魏晓娜：《刑事证据制度与认识论——兼与误区论、法律真实论、相对真实论商榷》，载《中国法学》2001年第1期。

③ [新加坡]何福来：《证据法哲学——在探究真相的过程中实现正义》，樊传明、曹佳、张保生等译，中国人民大学出版社2021年版，第257－258页。

④ 高家伟：《论证据法上的利益衡量原则》，载《现代法学》2004年第4期。

⑤ 参见汪海燕：《比例原则在监察调查制度中的适用》，载《行政法学研究》2022年第5期。

⑥ 参见吕晓刚：《职务违法犯罪共涉案件调查终结程序分流研究》，载《北方法学》2023年第2期。

⑦ 参见罗灿：《监察证据的司法认定规则》，载《中国应用法学》2023年第1期。

犯罪证明标准;[①]也有学者认为由该规定并不能直接得出职务违法证明标准低于职务犯罪证明标准的结论,甚至有作反向解释的空间。[②] 实务界有观点认为,《监察法实施条例》所规定的职务违法证明标准理解应当为"中间性"标准,处在纪与法之间。[③] 但这仅为实践适用中的运用,并未从法规范层面予以证明。

总体上看,《监察法实施条例》第62条、第63条分别规定了职务违法证明标准和职务犯罪证明标准。职务违法证明标准体现为"事实清楚、证据确凿",职务犯罪证明标准体现为"事实清楚,证据确实、充分"。若假定证据"确实"和"确凿"为同义词,[④]则比较而言,职务犯罪证明标准还余出证据"充分"的要求。但若对具体解释性各项进行分析会发现,职务违法证明标准并不必然低于职务犯罪证明标准。从条款的对应性上看,职务违法证明标准有4项解释性规定,而职务犯罪证明标准为3项,二者并非一一对应;从证据间关系上看,《监察法实施条例》第62条第3项规定了"据以定案的证据之间不存在无法排除的矛盾",将证据间的相互关系作出了"不矛盾"的规定,而职务犯罪证明标准却无此种要求;从证明结果上看,职务违法证明要求达到"综合全案证据,所认定事实清晰且令人信服",职务犯罪证明要求达到"综合全案证据,对所认定事实已排除合理怀疑"。通过比较发现,"清晰且令人信服"的标准并不必然能解释为低于"排除合理怀疑"的标准:"信服"代表一种很高的相信程度,必须由富有经验的调查人员对证据三性进行推理、判断,从而使调查人员形成内心确信。"排除合理怀疑"似乎仅为消除对所认定事实的怀疑,但尚未达到"信服"的程度。因此,职务违法证明标准并不必然低于职务犯罪证明标准。

3. 职务违法证明标准存在违背证明标准比例原则的可能

通过前述对《监察法实施条例》第62条、第63条的比较分析发现,职务违法证据标准存在较大的主观性,实务部门的微观主体"造法"空间较大,势必形成不小的制度漏洞。或许立法者的初衷是参照英美法中"clear and convincing"的概

---

① 参见姬亚平、王艾捷:《论纪检监察案件的证明标准》,载《西南政法大学学报》2023年第2期。

② 参见谢澍:《监察调查的证据标准及其认知保障——以职务犯罪案件的"监检衔接"为中心》,载《法治社会》2023年第2期。

③ 参见宋冀峰:《职务违法证据标准的理解与适用》,载中共中央纪律检察委员会、中华人民共和国国家监察委员会网,https://www.ccdi.gov.cn/hdjln/ywtt/202201/t20220121_166209.html。

④ 参见马方、吴桐:《逻辑与司法:监察程序中证据规则的解构与建构》,载《河北法学》2018年第9期。

念,将职务违法证明标准定位为“中间性”证明标准,以防调查人员在实践过程中直接借用《监督执纪工作规则》的有关规定,形成降低职务违法证明标准的实施效果。但在法解释层面,此种立法例的实施效果却差强人意:“独而不立”的职务违法证明标准赋予了调查人员较大的自由裁量权,导致在个案中职务违法证明标准可能会高于职务犯罪证明标准,存在违背证明标准比例原则的解释空间。

(三)违反行政性权力行使的客观性要求

行政性权力的行使应当排除主观心证,而职务违法调查处置权本质上是一种行政性权力,故需遵循行政权力行使的一般原则。但职务违法证明作为衔接调查与处置的中间环节,其“令人信服”的心证标准具有较强的主观性,易使职务违法调查权的行使产生异化,存在违反行政性权力行使客观性的嫌疑。

1. 行政性权力行使应当尽力排除主观心证

行政行为通常排斥自由心证的适用。毋庸讳言,我国行政法学界对行政行为的作出标准研究匮乏,目前的立法对此亦语焉不详,①而关于行政行为作出的合理性标准的讨论主要集中于行政诉讼的后置性审查中。② 传统法学理论认为,行政权的本质是管理权,司法权的本质是判断权。③ “司法判决是依法作出的,行政决定是依行政政策作出的。法官尽力从法律规则和原则中找出正确的答案。行政官尽力根据公共利益找出最有利、最理想的答案。”④从行政行为的构造上看,行政机关和相对人形成两方对垒,并无利益的居中裁决者,因此行政权的行使通常带有一定的倾向性,行政行为必然为一定的目的所加持,这个目的从广义上说就是公共利益和安定秩序。但“法官是法律世界的国王,除了法律就没有别的上司”⑤,因此司法裁判要求法官居中公正裁决。在科层制体系之下,行政机关会因公共政策的易变性而使用较大的自由裁量权。“正当的自由裁量权是一种合理的

① 我国现行《行政处罚法》中尚未出现关于作出行政行为应当达到何种证明标准的规定。

② 关于行政行为审查的研究主要集中于法院在行政诉讼中对“明显不当”的认定,参见何海波:《论行政行为“明显不当”》,载《法学研究》2016 年第 3 期;郑春燕:《论“行政裁量理由明显不当”标准——走出行政裁量主观性审查的困境》,载《国家行政学院学报》2007 年第 4 期。

③ 参见孙笑侠:《司法权的本质是判断权——司法权与行政权的十大区别》,载《法学》1998 年第 8 期;陈瑞华:《司法权的性质——以刑事司法为范例的分析》,载《法学研究》2000 年第 5 期。

④ [英]威廉·韦德:《行政法》,楚建译,中国大百科全书出版社 1997 年版,第 50 页。

⑤ 《第六届莱茵省议会的辩论(第一篇论文)》,载《马克思恩格斯全集》第 1 卷,人民出版社 1995 年版,第 180 - 181 页。

‘人治’,是任何政治制度和法律体系所不可缺少的。”[①]但行政裁量本质是一种不受羁束的行政权,故自行政权诞生之日起,各国行政法学家们都在探究如何限制之,否则将如同阿克顿勋爵所言:“权力导致腐败,绝对权力导致绝对腐败。”[②]行政机关滥用自由裁量权的例子屡见不鲜,因此在域内外的立法实践中,各地普遍建立起行政裁量基准制度以规范行政权运行。行政裁量基准是对有关裁量权行使范围等方面的法律规范加以具体化的解释,是沟通“抽象的法规与具体的事实之间的必要媒介。[③] 因此,裁量基准较多地采用了“操作性”规范,如“损失可忽略不计”“情节轻微”等立法用语,基本排除如“怀疑”“确信”等主观心证标准的运用。

将自由心证标准纳入行政性判断危害较大。从适用主体上看,行政人员通常未经过系统的法律训练,在自由心证判断的过程中缺乏基本的经验与技术,若将自由心证纳入行政权的行使中,易使行政权的行使变得恣意专断;从证明机理出发,证明活动本身是“证明主体对证明客体即案件事实情况所做的能动的反映”[④],是探求实体真实的过程。但证明活动属于哲学上的认识,客观真实是证明活动的目标,[⑤]相对真实是证明标准追求的目的,调查人员仅可通过证明活动达到证明标准以期再现不法事实,若过分强化主观属性,则易使客观真实与相对真实相差过大,进而危及行政行为的合法性。从制度价值考究,自由心证乃司法体制对法律无法穷举的制度空间内“公正”价值的延伸,用以弥补法律的固定性和滞后性缺陷,而非用于本就具有强烈倾向性的行政领域。因此,将自由心证标准用于行政权行使不利于职务违法客观真实地再现,反而可能产生执法人员为完成工作业绩而降低证明标准的风险。

2. 职务违法处置权具有内部行政性

针对职务违法处置权的性质界定,学界早已展开了争论:有学者从外部行政行为特征着手,论证政务处分同时具备行政行为的“四力”,提出政务处分行为应

---

① 孙笑侠:《法治国家及其政治构造》,载《法学研究》1998 年第 1 期。

② [英]阿克顿:《自由与权力》,侯健、范亚峰译,商务印书馆 2001 年版,第 1 页。

③ 参见周佑勇:《裁量基准的正当性问题研究》,载《中国法学》2007 年第 6 期。

④ 刘金友主编:《证明标准研究》,中国政法大学出版社 2009 年版,第 331 页。

⑤ 参见陈光中、陈海光、魏晓娜:《刑事证据制度与认识论——兼与误区论、法律真实论、相对真实论商榷》,载《中国法学》2001 年第 1 期。

为一种特殊的行政行为，因而具有可诉性；[①]有的学者将政务处分与党纪处分进行对比，通过分析政务处分与党纪处分的相似性，来论证二者皆有内部纪律处分的性质；[②]有的学者从隶属关系出发，指出监察机关与监察对象之间并无隶属关系，即使属于纪律处分也应属于外部纪律处分。[③] 笔者认为，监察体制改革后的职务违法调查处置权仍属行政性权力，为内部行政权，理由如下：

从历史源流上看，职务违法处置权起源于监察体制改革前行政监察机关的行政监察处分权，本身是一种内部行政权。在监察体制改革后，作为监察体制改革的制度产物，行政监察权被整合为独立于行政权的监察权。但不可否认的是，隶属于监察权的职务违法调查权在基因上与行政权同根同源，只是将监督范围由狭义政府扩大为了广义政府，[④]进而达致监察体制改革"监察全覆盖"的价值旨归，而其内部行政权的性质并未发生质的变化。

从权力特征上看，职务违法处置权具有行政权的所有特征。借用应松年教授等的观点，行政权一般具有三个特征：一是对相对人具有直接影响性，二是具有强制性，三是具有扩展性。[⑤] 监察机关通过职务违法调查和处置，进而限制被调查人的人身自由权、预期工资晋升权、政治擢升权等，进而达到管理控制职务违法行为的效果，故具有直接影响性；面对监察处置，被调查人必须接受，即使不服也仅得寻求内部救济，故此种行为同时具有强制性；职务违法调查发轫于原有的行政监察权，但逐渐扩大调查对象的外延，故此种行为亦具有扩展性。由此不难看出，职务违法调查权基本符合行政权的三大特征，故可被视为行政性权力。

从行为性质上看，职务违法处置是一种行政性行为。法理学观点认为，不同属性的权力对应不同性质的行为，若对国家权力作出"立法—行政—司法"的三元界分，则职务违法处置权因未指向刑事犯罪而仅得归属于行政权。但并非所有的监察调查权皆属行政权，职务犯罪调查权就因指向刑事犯罪行为但本质上是一种

---

① 参见徐继敏：《监察委员会政务处分行为探究》，载《河南社会科学》2018 年第 10 期。

② 参见宋尚华、王多：《党纪处分和政务处分有什么区别——适用对象、依据、程序及权利救济不同》，载《中国纪检监察》2018 年第 22 期。

③ 参见秦前红、刘怡达：《制定〈政务处分法〉应处理好的七对关系》，载《法治现代化研究》2019 年第 1 期。

④ 参见本书编写组编写：《〈中华人民共和国监察法〉案例解读》，中国方正出版社 2018 年版，第 3－4 页。

⑤ 参见应松年、薛刚凌：《论行政权》，载《政法论坛》2001 年第 4 期。

侦查权[①]而归属司法权的范畴,而包括职务违法调查权在内的行政权则将调整对象限定为行政违法行为。由此可以认为,职务违法处置权本质上是一种行政性权力,职务违法调查主要是一种行政管理行为,从而有别于司法行为。

3."令人信服"标准有违行政性权力行使的客观性要求

《监察法实施条例》第 62 条第 4 项规定了职务违法证明中的"令人信服"标准。"信服"意指一种很高的相信程度,必须由富有经验的调查人员对证据三性进行推理、判断,从而使自身形成内心确信。正如立法评析部分对"清晰且令人信服"的分析,该项具有较强的主观性,意即调查人员的自由心证构成了职务违法证明标准的一部分。但如前文所述,职务违法处置属于行政性行为,应当遵循行政行为作出的客观性要求。职务违法证明作为职务违法处置的前置性环节,其证明结果将成为职务违法处置的依据。故在开展证明活动时,亦应当恪守客观性原则。"令人信服"的标准显然带有极强的主观性,有违行政性权力做出的客观性要求。此外,职务违法审查一旦受到自由心证的加持,将面临过分扩张监察机关自由裁量权的风险。监察机关具有极强的政治属性,预防打击职务违法行为是监察机关的一项政治任务,其针对性与倾向性较行政机关有过之而无不及,而其封闭性又使职务违法证明程度无法为外界所监督。因此,"令人信服"标准或将无形降低职务违法的认定门槛,使职务违法认定存在泛化风险。

三、职务违法证明标准之立法完善路径

行政违法行为与职务违法行为均属行政性违法行为,但行政处罚种类多、数量大,难以制定详尽的行政处罚证明标准。或许是囿于职务违法调查的强封闭性与弱救济性,立法者为平衡相对人救济权利赋予了职务违法行为明确的证明标准,并以实施条例的形式要求各级监察机关依此行事。因此,寄希望于参考行政违法(处罚)证明标准或采用"借用式"立法模式完善职务违法证明标准将失去规范依据,仅得从学理上对现有立法设计提出完善方案。

(一)将行政处分证明标准统一于政务处分证明标准

政务处分与行政处分各方面的高度相似性,必然招致对二者适用差异化证明标准之法理正当性的质疑,进而引发对统一二者证明标准的探索与追问。应该追

---

① 参见陈越峰:《监察措施的合法性研究》,载《环球法律评论》2017 年第 2 期。

问，不仅要解决“为什么要统一”的问题，还要回答“谁统一谁”的问题。因而本部分将先以证明主体的协调性为切入，完成对统一二者证明标准的正当性论证，继而从纪法关系特殊性的视角证成修改行政处分证明标准使之与《监察法实施条例》规定的职务违法证明标准相一致的适当性。需要说明的是，由于监察对象涵摄范围过广，若改变所有的行政处分证明标准恐牵涉面过大，不利于立法的安定性目标的实现。因此，笔者建议，从主体能力的视角出发，先从组织最为严密、要求最为严格的公务员机关着手，将公务员处分标准统一于政务处分证明标准，进而逐渐向其他公职人员机关推广。

1. 惩戒主体间的不平等性呼唤二者统一

从惩戒主体的协调性上看，将行政处分证明标准与政务处分标准相统一具有实践必然性。《公职人员政务处分法》第 2 条对政务处分和行政处分的惩戒事由作出了统一性规定，[①]即对于该法规定的惩戒性事由皆可由监察机关和公职人员所在机关共同管辖，且不得违反“一事不再罚”原则。但这势必引发监察机关与公务员机关争夺或推诿案件管辖权的问题。[②] 具体到实践中，二者互相推诿管辖权的情形更为常见：监察机关面临数量庞大的职务违法案件，若“事必躬亲”，必然使监察资源分配失衡，因此希望公务员机关能以自我监督的方式处理一定数量的轻微职务违法案件；但公务员机关自身并非专门的调查处置机关，其主责主业并非监督与处置。同时受到官僚体制避责逻辑的驱使，公务员机关会选择努力将责任分布于多个机构之间，[③]故必然将案件管辖权推向监察机关。但倘若双方持续推诿案件管辖，则必将放任职务违法行为，进而危及双方主体的工作绩效与法治成效。在监察机关与公务员机关的上述博弈中，基于双方主体权能的非对称性，公务员机关是监察机关的监督对象，其对职务违法案件的管辖必然受制于监察机关，导致二者在共同管辖事项案件的管辖博弈中处于不平等地位。

惩戒主体间的不平等必然使共同管辖的案件向较易完成的一方倾斜。在《监察法》第 52 条规定的监察处置措施中，囿于“监察建议”这一措施制度供给不足，仅有一般性规定，尤其是未对适用监察建议的情形予以细化。因此，在反腐败政

---

① 《公职人员政务处分法》第 2 条第 2 款第 1 句规定：“本法第二章、第三章适用于公职人员任免机关、单位对违法的公职人员给予处分。”

② 参见郭文涛：《〈政务处分法〉双轨惩戒制度之间的衔接协调》，载《法学》2020 年第 12 期。

③ 参见倪星、王锐：《从邀功到避责：基层政府官员行为变化研究》，载《政治学研究》2017 年第 2 期。

治任务的加持下，监察建议极易异化为具有强制力的命令。① 倘若政务处分证明标准高于行政处分证明标准，则无疑为监察机关运用监察建议进而“分锅”公务员机关提供了内生动力：监察机关使用监察建议，要求公务员机关对违法公务员进行内部调查并给予处分，进而将二者之间的“共同管辖”变为“指定管辖”，成功地将本应由监察机关管辖的职务违法案件适用较低的行政处分证明标准。在此情况下，即使对行政处分与政务处分的证明标准作出二元化区分，亦将导致职务违法案件最终适用行政处分证明标准，进而消弭此种差异化立法设计的效果靶向。

2. 纪法关系的特殊性要求二者统一

党纪与国法之间存在特殊关系：党纪在标准上必然严于国法，但在后果上却轻于国法，这就从正反两方面为行政处分证明标准与政务处分证明标准统一提供了论证。从党纪标准严于国法标准的视角出发，中国共产党是先锋队性质的政党，党的纪律标准必然要高于国家法律标准，②党内法规中所规定的“信仰条款”“忠诚条款”等实际上触及了法律法规无法调整的思想领域，对党员提出了更高的要求，进而证成“纪严于法”的基本原则。行为规范越是严苛，打击违反该规范行为的力度就要越大，证明其违反该规范的难度就应越低，因此党纪处分标准应当低于行政处分证明标准。但《监督执纪工作规则》第 53 条规定党纪处分的证明标准与《公务员法》第 63 条规定的行政处分证明标准皆为“事实清楚、证据确凿”（见图 1），不符合上述违纪违法证明标准的应然之义。因此，应当提高行政处分证明标准，并与政务处分证明标准等同，进而满足党纪严于国法的理论需求。从违纪后果轻于违法后果出发，若认为党内法规不具有溢出效力，③则即使是政治团体组织内部最严重的惩戒措施——剥夺成员资格（开除党籍），亦不会对惩戒对象的公民生活领域造成实质性影响。但行政处分作为国家对公务员违法的惩戒措施，其处分手段涉及惩戒对象工资报酬的损益、行政级别的升降甚至职业的存无，直接影响惩戒对象的生活甚至生存。因此，运用证明标准比例原则的理论进行分析发现，行政处分较党纪处分而言涉及利益更大，因此在作出惩戒决定时更要慎重，需要更高的证明标准限制之。若使政务处分标准统一于行政处分标准，则可

① 参见谭家超：《〈监察法〉实施过程中监察建议的制度建构》，载《法学》2019 年第 7 期。

② 参见汪仕凯：《先锋队政党的治理逻辑：全面从严治党的理论透视》，载《政治学研究》2017 年第 1 期。

③ 参见朱林方：《党内法规若干基本范畴思辨》，载《国家检察官学院学报》2021 年第 6 期。

依据上述论证反推出公职人员纪律高于党员纪律的荒谬结论。因此,二者不仅要统一证明标准,而且应使行政处分标准与政务处分标准相一致,皆高于党纪处分标准。

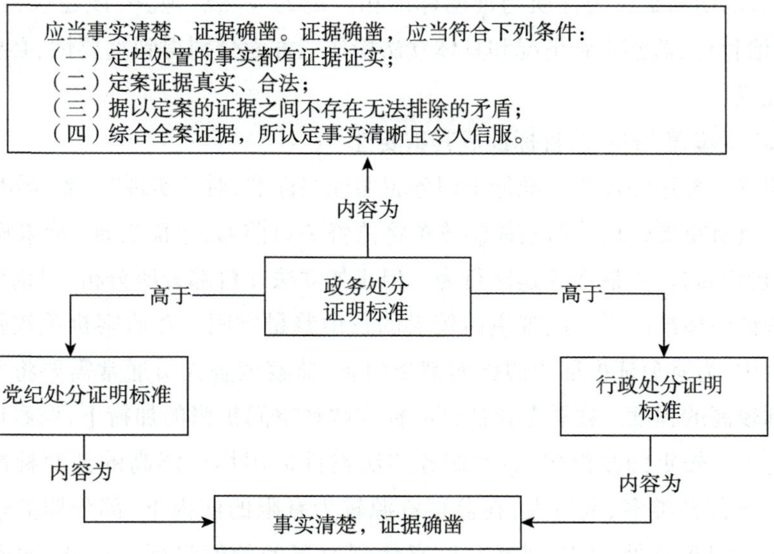

图 1　党纪处分、行政处分、政务处分证明标准间的关系

此外,有学者可能会从证明主体能力的角度出发,比较监察机关的专业性与公务员机关的非专业性,进而论证行政处分证明标准应当低于职务违法证明标准。此种观点看似中肯,实际上忽视了公务员机关管辖案件的特殊性。《公职人员政务处分法》与《公务员法》的惩戒事由虽部分重合,但公务员法亦存在自身独立的惩戒事由,如《公务员法》第 59 条第 17 项所规定的惩戒事由“旷工或者因公外出、请假期满无正当理由逾期不归”。此类惩戒事由属于公务员违反工作纪律,与职务违法事由存在显著差异,其证明材料与证明思路较为简单,以上述案件为例,仅须该公务员的考勤记录、请假签批文件、出差签批文件等材料便得以证明。因此即使对行政处分事由适用较高的政务处分证明标准,亦难对公务员机关的正常工作造成影响。

(二)明确职务违法证明标准低于职务犯罪证明标准

现行职务违法证明标准的相对模糊性引发了理论界与实务界的困扰。前述的证明标准比例原则要求职务违法证明标准应低于职务犯罪证明标准。虽然目前部分监察机关已通过内部规定予以明确,[①]却未能以立法的形式确认,故建议明确职务违法证明标准低于职务犯罪证明标准。作出该提示性规定的目的在于,提示调查人员在具体适用时自觉降低降低职务违法证明标准,使其低于职务犯罪证明标准,以期满足行为性质与证明标准相匹配的应然法理。[②] 该建议将从“全覆盖”政治目标、监察实践情况和具体立法操作三方面分别得到重要性、必要性与可行性证成。

1.“全覆盖”的政治目标证成其重要性

明确职务违法证明标准低于职务犯罪证明标准,对于实现“监察全覆盖”的政治目标具有重要作用。监察体制改革将监督关口前移,进而实现“治未病”“正歪树”的价值目标,控制职务违法行为。但正如立法评析部分所分析,目前我国的职务违法证明标准给予了微观主体较大的自由裁量空间。在监察机关较强的压力型体制中,为避免证据证明瑕疵而遭受问责,监察调查人员通常需要将案件事实证明到较高的程度。在职务违法证明标准解释空间扩张的加持下,监察调查人员往往背上了较重的政治包袱:对职务违法案件适用尽可能高的证明标准。但职务违法案件种类多、数量大,在监察资源较为有限的前提下,部分职务违法行为往往难以得到查处,进而削减了监察体制改革的价值目标。因此,明确职务违法证明标准低于职务犯罪证明标准,将限制职务违法案件证明难度的上限,有效减轻调查人员的负担,降低个案监察资源的分配,确保监察全覆盖政治目标的实现。

2.“避责”“邀功”逻辑证成其必要性[③]

在必要性方面,或许有学者认为增此规定是多此一举:我国还没有出现过相同或相似的立法例作为提示性条款,况且违法证明标准低于犯罪证明标准是证明法理的应然之义,无须专门增设条款明确。但考究制度的最优绩效不仅要通过规律判断,还要结合其特殊性予以把握。职务违法调查与职务犯罪调查的特殊性在

---

① 参见谢澍:《监察调查的证据标准及其认知保障——以职务犯罪案件的“监检衔接”为中心》,载《法治社会》2023 年第 2 期。

② 参见李学宽、汪海燕、张小玲:《论刑事证明标准及其层次性》,载《中国法学》2001 年第 5 期。

③ 邀功、避责机制是政府官员的行为逻辑,参见倪星、王锐:《从邀功到避责:基层政府官员行为变化研究》,载《政治学研究》2017 年第 2 期。

于两者适用同一调查程序,[①]职务违法案件和职务犯罪案件可能交替出现,若不对二者作出提示性区分,则极有可能混淆二者的证明标准。尤其是在监察机关强大的内控机制支配下,面对较为模糊的职务违法证明标准,监察调查人员可能会遵循"避责"逻辑:为避免因证明瑕疵而受到问责,常常"就高不就低",统一适用职务犯罪证明标准,造成原有"一元化"制度背景下监察资源浪费的弊端和程序诉累。同时,在纪检监察机关内部管理考核中,"大案要案指向性"考核机制并未得到根本改变,[②]职务违法案件相对难以受到重视。因此,在两者实际证明难度相当的情况下,监察调查人员往往会遵循"邀功"逻辑:将工作重心向职务犯罪案件倾斜,进而使职务违法调查资源空心化,不利于监察工作的常态长效开展。因此若不作此提示性规范,可能会诱发实践中监察资源分配不均,进而引发职务违法调查空心化的问题。

3."借用式"立法路径证成其可行性

在可行性方面,该立法提示应当避免"证明标准"一词的出现。"证明标准"始终为学理概念,我国的立法例尚未出现过"证明标准"的表述。原因之一就在于"证明标准"的语义较为模糊,常与"证据标准"相混淆。但基于以上必要性与可行性分析,切不可因噎废食,采用消极立法的态度。那么如何表述该提示性条款呢?我们认为,宜将其安排至《监察法实施条例》第62条第2款,采用"借用式"立法技术,具体可表述为"职务违法案件调查终结应当低于本条例第六十三条所规定的要求",即借用《监察法实施条例》第62条所规定证明标准的本意,对第62条、第63条之间的关系进行调适,以"要求"来代替"标准"。这一立法设计将合理规避对"证明标准"本身的释义之难,使该提示性条款能够完整表达职务违法证明标准低于职务犯罪证明标准的制度蕴含,且避免立法模糊之嫌。

此外,需要说明的是,由于我国党纪调查和监察调查的一体性,违纪审查和违法犯罪调查并驾齐驱,故是否应作"违纪证明标准低于违法证明标准"的提示值得讨论。但在立法学原理上,作为党内法规的党纪调查标准和作为国家法律法规的监察调查证明标准属于不同性质,不可由同一规范规定,否则将面临混同党纪与

---

① 在监察机关内部,一般设有多个纪检监察室,而这些纪检监察室多按照管辖地区或部门进行区分,因此每一个纪检监察室都会办理职务违法案件或职务犯罪案件,并未采用分流机制,这与我国公安机关进行治安管理处罚调查和刑事侦查分属不同部门的案件分流机制存在差异。

② 参见唐晓阳:《廉政建设重点应是立法建制》,载《中国行政管理》2000年第5期。

国法之嫌疑。因此,仅作职务违法证明标准低于职务犯罪证明标准的提示似乎为最优立法选择。

(三)删除"令人信服"的要求

此建议是为了回应职务违法证明标准主观性过强的挑战。"令人信服"具有较强的主观性,属调查人员自由心证标准,而行政性行为应尽量避免强主观性判断标准出现,进而遏制自由裁量权的无序扩张,故而作删除"令人信服"的建议。下文将从比较解释和体系解释两方面对"令人信服"的可行性与必要性进行分析。

1. 比较解释下移植"令人信服"的可行性存疑

从比较解释的视角出发,有学者或许会援引英美法系国家关于"clearandconvincing"的解释标准来质疑该建议:在英美法系国家证据法中,"清晰且令人信服"是介于 preponderance of evidence(盖然性优势)和 beyond a reasonable doubt(排除合理怀疑)之间的证明标准,即处在刑事证明标准和民事普通证明标准之间的证明标准,本身不存在不合证据法理之嫌,且在域外已经有相似的立法例和司法判例。但该质疑忽略了域外证据法规则移植本土的制度成本和阻力,且未注意到"clear and convincing"在国外的适用情形:"clear and convincing"仅适用于美国得克萨斯州法院的特殊民事案件中,如土地交易、居住地争端、家庭法、剥夺父母监护权、遗嘱异议、有关审判地的确定、恶意起诉等,①且不同法官对其适用尚存在争议,②因此其适用并不具有普遍性。此外,美国是英美法系国家,奉判例法为"圭臬","clear and convincing"最初仅在个案进行适用,经过 200 多年的发展才经美国联邦最高法院确定后被纳入判例法中,为法官作出心证时所采纳。基于以上双重原因,纵使"清晰且令人信服"的心证标准已经在域外有了立法例,仍不可轻易跨越不同的法律体系乃至法律文化而对特定的域外法律概念实行"拿来主义",否则有可能产生"橘生淮北"的消极效果。③ 尤其在目前监察机关的政治机关定位下,监察官尚未被纳入法律职业范畴,其法律专业性难以得到保证。况且行政官主要从事管理性行为,应当尽量避免主观性较强的心证标准,因此很难确保调查

① See Bill Vance, *The Clear and Convincing Evidence Standard in Texas: A Critique*, Baylor Law Review, 1996, p. 391 - 420.

② See Richard Glover & Peter Murphy, *Murphy on Evidence*, 13th ed., Oxford University Press, 2013, p. 391 - 420.

③ 参见房宁等:《民主与发展——亚洲工业化时代的民主政治研究》,社会科学文献出版社 2015 年版,第 88 - 90 页。

人员能够全面准确地理解并执行“清晰且令人信服”的真实制度蕴含。

2. 体系解释下删除“令人信服”的必要性证成

从体系解释的视角考究,《监察法实施条例》第 62 条、第 63 条第 1 款分别对应了职务违法和职务犯罪调查终结的证明标准,在立法技术上皆采限制性解释方式,即先规定总体性证明标准,进而对其蕴含分别展开诠释。从数量上看,第 62 条使用 4 项来解释“证据确凿”,第 63 条第 1 款使用 3 项来解释“证据确实、充分”。对第 62 条前 3 项和第 63 条第 1 款前 3 项的规定进行比较发现,二者相互对应,且基本能体现证明标准的对应性:第 1 项皆为“证据锚定”的规定,职务违法证明标准锚定于定性处置的事实,而职务犯罪证明标准则锚定为定罪和量刑事实,后者较前者要求更高;第 2 项则为对证据真实性、合法性的规定,职务违法证明标准简单要求“真实、合法”,而职务犯罪证明标准则在此基础上还强调程序合法;第 3 项则相对复杂,其为证据之间的协调规则,在职务违法证明标准上使用“不存在无法排除的矛盾”的立法设计,而职务犯罪证明标准则使用“排除合理怀疑”的表述。正如前述分析所言,犯罪证明呼唤自由心证的使用,而行政性违法行为则要求尽量适用客观性标准。“矛盾”倾向于证据之间客观逻辑上的不自洽,“怀疑”则更多涉及调查人员的主观判断,这一立法选择恰好符合行政行为与司法行为的差异化证明要求。因此“令人信服”的标准与《监察法实施条例》第 63 条的规定无所对应,冲击前 3 项所构造的证明标准层次化立法模式。倘若删除“令人信服”的标准,并不会影响原有职务违法证明标准的完整性,恰恰能使原有的两种证明标准各项间一一对应。

应当说明的是,“综合全案证据,所认定事实清晰”应当保留。“清晰”意为一种较低的标准,蕴含所认定事实之间不存在矛盾的语义,与《监察法实施条例》第 62 条第 3 项相呼应,且未体现出强主观性特征。因此“所认定事实清晰”是职务违法证明活动完成状态的应然之义,应当保留“所认定事实清晰”的规定。此外,该条作为职务违法证据的审查规则,是职务违法证明活动已完成的目标性状态,调查人员或案件审理人员在运用在案证据对待证事实进行证明完成后重新审视案件事实时应当“清晰”。因此,若一并删去“所认定事实清晰”,则会使职务违法证明目标无所凭借,陷入无法对照检查的困境之中。综合上述分析,将《监察法实施条例》第 62 条第 4 项变更为“综合全案证据,所认定事实清晰”兼具合理性与必要性。

四、结语

监察权主导着反腐败全局,使其自身面临着法治正当性考验。[①] 监察体制改革创造了独立于三大证据种类的监察证据,并衍生出全新的监察证明标准体系。随着监察证明标准的由"一元"走向"双轨",职务违法证明标准呈现出主观性较强、原创性较高等特点。通过分析发现其正面临一系列理论挑战,具体体现为背离形式正义基本理念、冲撞证明标准比例原则、违反行政性判断的客观性要求三方面。但"法律的未完成性不是什么缺陷,相反,它是先天的和必然的"[②]。在全面深化监察体制改革的背景之下,可通过将行政处分证明标准统一于政务处分证明标准、明确职务违法证明标准应低于职务犯罪证明标准和删除"令人信服"的要求等措施予以完善。"只要存在腐败问题产生的土壤和条件,反腐败斗争就一刻不能停,必须永远吹冲锋号。"[③]纪检监察工作的最终目标在于遏制和消除腐败,但唯有将纪检监察工作纳入法治化进程方能实现监察体制改革的制度愿景。

---

① 参见周佑勇:《监察权结构的再平衡——进一步深化国家监察体制改革的法治逻辑》,载《东方法学》2022 年第 4 期。

② [德]阿图尔·考夫曼、[德]温弗里德·哈斯默尔主编:《当代法哲学和法律理论导论》,郑永流译,法律出版社 2013 年版,第 186 页。

③ 习近平:《高举中国特色社会主义伟大旗帜　为全面建设社会主义现代化国家而团结奋斗——在中国共产党第二十次全国代表大会上的报告》,2022 年 10 月 16 日。

“三度一体”反腐败传播

——专题片《零容忍》的叙事价值探析

郑晓龙*

［摘要］ 专题片《零容忍》是在“两个一百年”历史交汇的关键节点创作出的一部反腐败传播力作。节目叙事价值在思想高度、法治维度和艺术温度方面实现高度融合，极大地提升了传播力和影响力。反腐败传播既是腐败治理的重要手段，也是扩大纪检监察信息公开和营造全社会对腐败“零容忍”廉洁氛围的重要途径。

［关键词］ 反腐败传播　思想高度　法治维度　艺术温度

“反腐败传播”是将传播学中的媒介再现、媒体动员以及互联网的监视理念纳入反腐败研究，通过掌控信源、把握时机和充分利用多媒体，实现对社会的议程设置，进而为新时代中国社会政治信仰的建设提供强力支持。① 近年来，由中央纪委国家监委宣传部与中央广播电视总台联合摄制的反腐败传播优秀作品层出不穷，从《永远在路上》、《打铁还需自身硬》到《巡视利剑》、《国家监察》，既最大限度地展现了全面从严治党的辉煌历程与经验实效，又赋予了作品丰富的价值理念和情感温度。《零容忍》是反腐败传播的又一新的重要力作，节目凭借权威的立场、鲜活的案例以及精良的制作，播出后引发了舆论广泛关注和持续热议，也将党中央

---

* 郑晓龙，西北政法大学行政法学院(纪检监察学院)讲师，法学博士。

① 姬德强：《反腐败传播的意义叙事与实践创新》，载《中国社会科学报》2018年8月30日，第5版。

惩治腐败"零容忍"的态度迅速传递到社会各界。反腐败传播这类严肃的政论片之所以能产生如此强烈的反响,主要得益于节目叙事将思想高度、法治维度与艺术温度完美地融为一体,体现出较高的宣传价值、新闻价值与审美价值,极大地提升了反腐败传播效能。

一、思想高度:宏观叙事传播主流价值　夯实政治认同

勇于自我革命是中国共产党最鲜明的品格和最大优势,也是区别于其他政党的显著标志。习近平总书记强调,自我革命关键要有正视问题的自觉和刀刃向内的勇气。党的十八大以来,党中央将全面从严治党纳入"四个全面"战略布局高度,以前所未有的勇气和定力深入推进党风廉政建设和反腐败斗争,深化制度反腐。经过十年的努力,我国的反腐败斗争已经取得压倒性胜利并全面巩固,获得了世界各国的普遍赞誉,也为全球反腐败治理贡献了中国方案。

作为影响力广泛的大众传播媒介,电视专题片有责任关注政治社会生活,传播主流价值观念,提升公众对国家制度的认同感,夯实反腐败的社会基础。因而反腐败传播的第一要务是明确新闻宣传工作的阵地意识,树立中国共产党在反腐败工作中的领导地位,抢占舆论阵地,让反腐败的社会舆论秩序井然、正气充盈。《零容忍》正是萌发和创作于全党上下朝着第二个百年奋斗目标昂首迈进之际,成功实现了一次反腐败的有效传播。该片主题鲜明、立意深远,内容紧扣全面从严治党战略方针,服务于党和国家反腐败工作大局,以富有力量感和形象化的"零容忍"为题统领全片,将抽象的党和国家意志具象化。该片共有《不负十四亿》《打虎拍蝇》《惩前毖后》《系统施治》《永远在路上》五集,分别从党的使命担当、全面从严治党常态化举措、工作方针政策、治理体系构建与决心意志等角度和侧面展开,内涵丰富、层次清晰、论述深刻,将党的自我革命与党的政治路线、政治建设贯通。通过横向铺陈将个案选择性串联,纵向延伸进行深度剖析,以强大的叙事主线勾连起分散的叙事元素,使之形散而神不散,既能带领观众穿越丰富的细节,又不致迷失方向。

在反腐败传播的宏观叙事中,通过对习近平总书记重要讲话及要求的深度解读、对党和国家政策方针等制度话语的内涵阐释,让公众在知其然基础上进一步知其所以然,从而实现对主流价值观的承载、引导和传递。《零容忍》通过权威的讲述视角,以绝对性的话语宣示重塑人民群众对国家反腐败长效机制的信心,其

播出具有深刻的现实意义。首先，它旗帜鲜明地宣示了党中央在反腐败问题上一以贯之的无禁区、全覆盖、零容忍态度，彰显了中国共产党勇于进行自我革命的坚强决心和坚定立场，产生利剑高悬的威慑效果，形成“不敢腐”的政治局面。其次，对党的十八大以来，党在管党治党、惩治腐败中积累的实践经验与理论创新进行总结，为今后进一步将制度优势转化为治理效能提供了基本遵循和工作方针，使公众形成“不能腐”的心理判断。最后，对新征程上继续强化政治监督，始终坚持严的主基调提出要求，增强了全党上下全面从严治党永远在路上的政治自觉和历史主动，也向社会传递出中国共产党将长期坚持、不断推进党风廉政建设和反腐败斗争的清晰信号，营造“不想腐”的内心自觉。通过回顾历史、立足当下、着眼未来，《零容忍》为受众立体全面地呈现了中国特色腐败治理道路，体现出强烈的时代特性、实践品格和思想高度。

二、法治维度：中观叙事凸显新闻价值　探寻腐败根源

反腐败传播虽具有鲜明的政治属性，但亦十分重视内容的新闻价值，二者相互统一而非冲突抵触。讲政治就是在政治立场、方向、原则和道路上同党中央保持高度一致，追求新闻性则要求既要准确报道个别事实，更需从宏观上把握和反映事件全貌，发挥媒体作为社会公器对社会发展的积极推动作用。①

首先，反腐败传播离不开对典型案例的分享，而这些案例往往具有显著的时新性、重要性、典型性和接近性价值。如《零容忍》就精心选取了新近查处的十六起代表性案件，其中既包括政治问题与经济问题交织的大案要案，也包括群众身边的微腐败和作风问题。通过故事化讲述，不仅及时回应了人民群众最关心的现实问题，而且生动地展现了党和国家监督体系的法治实践。法治是国家治理体系和治理能力的重要依托。党集中统一领导下的中国反腐败事业，是以习近平法治思想为指导，运用法治思维和法治方式推进，注重惩治和预防相结合，追求政治效果、纪法效果和社会效果相统一的法治反腐。任何人都不得凌驾于法律之上是法治的核心要义，法治反腐意味着有腐必反、有贪必肃，没有免罪的“丹书铁券”，也没有“铁帽子王”。正如节目中所言，“正部级不是护身符，退休也不等于上了安全岛，违纪违法问题无论隐藏得多久，最终都会被揪出来”。“零容忍”在这里不是抽

① 石艳红：《从政治高度讲好反腐败故事——兼谈党的十八大以来反腐败新闻报道呈现出的新特点》，载《新闻知识》2019 年第 11 期。

象的概念,它体现着法律面前人人平等,腐败不分大小,也没有例外,只要发现就要坚决查处的法治精神。

其次,在追求流量至上的当下,反腐败传播更注重建设性价值取向。建设性既是社会治理的价值理念,也是政治传播的目标取向。建设性传播聚焦"问题—归因—解决"的文本结构,报道框架越倾向于解决问题、调动受众的积极情绪,越有可能采纳报道建议、从事向上的行动。① 反腐专题片在内容上主要涉及贪污贿赂、违反纪律作风、侵害群众利益等负面信息,如何在负面内容中挖掘正面宣传价值,引导社会舆论朝着积极健康的方向发展,成为节目需要面对的一个重要问题,而建设性传播则为之提供了解决方案。《零容忍》以问题为导向,层层深入、直抵本质,并最终给出解决对策的建设性新闻探索,也与法治反腐的内涵要求相一致。中国特色法治反腐蕴含着"惩、治、防"结合,标本兼治、综合治理的内在要求。《零容忍》在讲述"打虎""拍蝇"故事时,更注重探寻腐败背后的成因根源,探索以案促改、系统施治的方式方法,多个成功案例均展示了这一方针在腐败治理中的重要作用。例如,节目中对孙力军、王立科的人生道路和价值观形成进行梳理,分析其与家风家教扭曲、理想信念丢失之间的关系;对医疗卫生、粮食购销等领域典型案件深度剖析,探寻背后的制度问题,实现以案促改、完善管理;通过对"惩前毖后、治病救人"这一党解决自身问题的方针政策的灵活运用,帮助违纪违法干部找回初心,最终实现自我改造等。这种既展现具体案例、深挖主观问题,又探寻体制机制的做法,将正风肃纪反腐与深化制度完善、提高觉悟源头治本贯通融合,有力地深化了反腐败传播内容,也与人民群众惩恶扬善的内心期望相呼应,为提升腐败治理效能提供了有力支撑。

最后,反腐败传播还具有消除反腐神秘化,满足受众新奇性与兴趣感的新闻价值。国家反腐败体系具有高度封闭运行的特点,反腐工作的场所、环境及内容以往很难为外界所知晓和了解,这也造成现实中公众易于对反腐败斗争产生神秘感。《零容忍》中出现了许多难得一见的珍贵画面,具有十分积极的意义。推进反腐工作法治化的前提是纪检监察工作自身运行的法治化,开展审查调查活动必须严格恪守职权法定原则,遵循《监察法》《监察法实施条例》《中国共产党纪律检查委员会工作条例》等国家法律和党内法规规定的权限与程序进行。节目中对监察

---

① 陈功、蔡舒敏、赵乾:《建设性新闻的适用性问题、本土化路径及价值》,载《当代传播》2021年第4期。

对象依法采取留置措施，对留置人员权益的保障，对谈话、讯问、证据收集以及移送审查起诉等调查处置环节和过程的大量展示，不仅体现出纪检监察机关运用法治思维和法治方式惩治腐败，将反腐败全面纳入法治化轨道的中国特色监察体制，而且这些画面和影像作为第一手资料，对受众而言无疑具有巨大的冲击力。

三、艺术温度：微观叙事呈现审美价值　激活情感共鸣

腐败问题最伤民心。《零容忍》充分展现了各级纪检监察机关把民心所向、民意所盼作为努力方向，直面社会反映强烈的痛点和"急难愁盼"问题，让人民群众在全面从严治党中感受到公平正义。移动互联网时代传播形式发生了深刻变化，受众不再是被动的信息接受者，传播要想实现直抵人心的宣传教育效果，需要不断创新传播内容与方式，动员受众产生情感共鸣。《零容忍》很好地做到了这一点，兼顾了艺术审美与情感温度。

首先，在视觉艺术呈现上，通过光影色彩对比、符号隐喻象征等方式，将政治导向与情感态度融合。电视节目作为声画合一的影像艺术，具有形象直观的特点，恰当的光影色彩变化，往往能以一种含蓄的方式传递情感，表明态度和立场。如《零容忍》开篇讲到党的历史、性质和宗旨时，运用蒙太奇手法将一组组百姓笑脸、嬉戏儿童、飘扬国旗等画面组合叠加，呈现出安宁祥和、幸福喜悦之情。讲到腐败问题的本质与危害时，则是天空乌云密布、街头人流冷漠等昏暗阴郁的画面。其寓意显然暗合了习近平总书记反复强调的，民心是最大的政治，人民群众最痛恨腐败，不得罪成百上千的腐败分子，就要得罪14亿人民的政治判断。在采访落马官员时，画面为黑白灰冷色调，与之相反，在采访办案人员和群众时，背景则呈红黄暖色调。前者了无生气，后者美好光明。这种精心的色彩光影处理，使褒贬态度和价值立场十分鲜明，于润物无声中直抵受众心灵深处。此外，该片在视觉符号选取上也极具代表性，如讲述腐败行为细节时，画面出现成捆的现金、堆积如山的名酒、琳琅满目的珠宝名表、奢华的私家园林、空荡荡的办公室等。这些视觉符号既凸显出腐败分子的贪婪性和破坏力，同时也满足了受众对腐败细节的关注和好奇。符号是意义的载体，建构国家认同最直接的方式就是"国家符号在场"，将符号融于叙事当中，与国家话语有机结合，通过情感化的呈现打动人心。[①] 节目

---

① 杨婕：《主旋律电视剧中的国家认同建构策略探析》，载《电视研究》2021年第9期。

中频频出现的天安门广场、国旗、党章、法庭等符号,则象征着党和国家意志,构建了一种腐败零容忍的庄重语境,极大地激活了观众内心的情感认同与是非判断。

其次,解说语言磅礴大气、表述生动贴切,将抽象的政策文件和专业术语转化为受众易于理解和接受的口语化方式娓娓道来,把复杂的人物关系、利益链条通过图表进行可视化处理,使传播内容清晰明了,避免流于枯燥。其中一些表述令人印象深刻,如以"闯红灯"巧妙地隐喻思想上放松要求,注定人生最终亮起红灯的结局。除解说词外,节目中对当事人同期声和音乐的选择也非常精彩,而这也是其他媒介难以比拟的。当腐败分子面对镜头深刻忏悔时,当办案人员揭秘办案过程和案件细节时,这种零距离的呈现,带给观众的将是无限的想象和强烈的震撼。

最后,在叙事结构上,通过多元化视角、反差性表达,于述论结合中增强节目张力,使价值意义更加鲜活。在选题已天然具备宏大叙事的优势下,如果只侧重宏观层面,则很容易将作品接受与传播的崖岸高高堆起,阻碍观众具体化认知过程,使作品难以产生感染力与影响力。[①]《零容忍》采用多元化叙事结构,将宏观视角与微观细节结合,使多重身份不同话语相印证,既丰富了节目内容,也增强了可信度。这种宏大叙事和个体叙事相渗透的叙事方法,一方面,全方位、多角度地向受众阐释了全面从严治党的成效,视域宽广、内容充实;另一方面,也使节目有人物、有故事,实现了"看到树木更要看到森林"的效果,增强了观众的感知和理解。在故事化叙事中还插入了较多反差性表达,以此揭示事物本质,增强立论力度。例如,许多落马官员自认为设置了"防火墙",或将赃款赃物转移到交好的老板处即可逃避审查,而节目则通过相关涉案人员归案后的主动交代,生动地展示出腐败关系的脆弱与自欺欺人的可笑。又如,贵州省政协原主席王富玉别墅墙上标榜廉洁的字画与屋内进行腐败交易的丑恶,以及一边修建海瑞大桥一边收受施工方贿赂之间的反差,使节目产生强烈的冲突感与艺术张力,有效地拓展了叙事的时空界限,从而更具警示和教育意义。

四、反腐败传播:提升腐败治理效能的有效抓手

治理腐败是一项极其复杂的社会系统工程,尤其是随着各种新型腐败、隐形

---

① 张峥、王睿:《〈中流击水〉:红船精神的历史重述与革命岁月的艺术复现》,载《电视研究》2021年第10期。

腐败的不断出现,腐败手段更加隐蔽,查处难度也更大。与此相应,反腐败工作也需要整合各种社会要素,系统全面地加以施治。反腐败传播就是提升腐败治理效能的一项有效抓手,应将其置于与腐败预防、腐败惩处同等重要的地位,充分发挥其传播再现、社会动员和传播监控的功能。反腐败传播是腐败治理的重要环节和有机组成部分,具有连通政府与民间两个场域的优势,建立系统完备的反腐败信息治理和传播机制,充分发挥其传播力与影响力,对于提高反腐败工作成效,提升党和政府的公信力具有十分重要的意义。① 反腐败传播机制的良性运转,还可以最大化释放反腐败斗争持续推进的强烈信号,统一党内外的思想和行动,提升反腐败的引导力。

反腐败传播也是纪检监察信息公开的一项重要途径。反腐工作的特殊性,使审查调查阶段具有高度的保密性,信息公开范围相对有限,这也给反腐败斗争蒙上了神秘的面纱。反腐败传播则在很大程度上发挥着与社会公众进行信息沟通的平台作用。以《零容忍》为代表的系列反腐电视专题片,根据调查进展适时扩大信息披露范围的做法,值得肯定和推广。信息公开是遏制腐败、防止"灯下黑"的有效途径,也是保障公民知情权的重要举措。国家层面战略性的反腐败传播对于减少媒体误读和谣言生成,减少反腐败信息的不确定性和改善受众刻板印象等方面,有着重要的作用。《零容忍》节目中通过采访纪检监察干部、群众和腐败分子等真实客观的报道,揭示出腐败行为的社会危害性,使反腐败斗争深入人心,从而在更大程度上凝聚共识、赢得支持。

反腐败传播还是将特殊教育与一般教育相结合,在全社会范围内营造人民群众对腐败"零容忍"廉洁氛围的重要途径。反腐败传播,对党员干部来说是一项特殊的警示教育手段,对普通群众而言则是一场精彩的法治宣传教育课堂。专题片以案件情景重现、违纪违法人员出镜说法、办案干部剖析点评,扬清抑浊、震撼心灵,这是对试图伸手者的当头棒喝,对思想松懈者的咬耳扯袖。② 令人欣喜的是,近年来许多地方纪委监委积极主动作为,制作播出了一批反腐败传播精品节目。如贵州省纪委监委联合摄制的《一刻不停歇——贵州正风肃纪反腐》在贵州卫视播出,湖南省纪委监委联合摄制的《反腐倡廉永远在路上》在湖南卫视播出,陕西

① 姬德强、胡正荣:《反腐败传播:理论模型与中国实践》,载《现代传播(中国传媒大学学报)》2015年第1期。

② 韩亚栋:《持续发力纵深推进反腐败斗争》,载《中国纪检监察报》2024年1月7日,第4版。

省纪委监委联合出品的廉政文化纪录片《廉鉴》在央视和陕西卫视播出。这一系列电视专题片的播出,对于传播廉政文化,厚植党的执政基础,获取人民群众的信任和拥护,培育崇廉拒腐的社会氛围和推动早日实现海晏河清、朗朗乾坤的清廉中国,必将发挥重要的促进作用。

在当下数字化时代,信息传播已成为推动社会发展的关键力量,改变和影响着人们的生活方式、观念和行为。反腐专题片的成功传播,既是正风肃纪反腐工作的“增亮剂”和“催化剂”,也是提升腐败治理效能的一项重要手段和有效路径。充分利用和发挥好反腐专题片的信息沟通与社会动员功能,对于新征程上持续纵深推进党风廉政建设和反腐败斗争具有十分重要的积极意义。